教师专业发展丛书 丛书主编 蔡笑岳

途中之思

——教师专业发展个案集

Some Thoughts on the Way
—the Collection of Cases
of Teachers' Professional Development

主 编 郑文勉 副主编 雷晓云

暨南大學出版社
JINAN UNIVERSITY PRESS
中国·广州

图书在版编目（CIP）数据

途中之思：教师专业发展个案集/郑文勉主编，雷晓云副主编．—广州：暨南大学出版社，2007.10
（教师专业发展丛书）
ISBN 978-7-81079-841-9

Ⅰ．途…　Ⅱ．①郑…②雷…　Ⅲ．师资培养—研究　Ⅳ．G451.2

中国版本图书馆 CIP 数据核字（2007）第 051847 号

出版发行：暨南大学出版社

地　址：中国广州暨南大学
电　话：总编室（8620）85221601
　　　　营销部（8620）85227972　85220602（邮购）
传　真：（8620）85221583（办公室）　85223774（营销部）
邮　编：510630
网　址：http：//www.jnupress.com　http：//press.jnu.edu.cn

排　版：暨南大学出版社照排中心
印　刷：广东省农垦总局印刷厂

开　本：787mm×1092mm　1/16
印　张：13.25
字　数：265 千
版　次：2007 年 10 月第 1 版
印　次：2007 年 10 月第 1 次
印　数：1—4000 册

定　价：27.00 元

目　录

其 他

前　言

随着人们对教育重要性认识的深入和教育改革的推进，教师专业发展已成为一个为社会日益重视的问题。

21世纪，教育已被视为应对未来种种挑战，使人类朝着和平、自由和社会正义迈进的一张必不可少的王牌①。人们对高质量的教育充满希望和期待，而高质量的教育依赖于高水平的教师。高水平的教师虽然可以从多种维度去描绘，比如，不仅应该有知识、有学问，而且应该有道德、有理想，还有专业追求；不仅是学位高起点的人，而且是终身学习、不断自我更新的人；不仅是学科的专家，而且是教育的专家，等等，但这些描绘聚焦为一点，就是教师的专业发展。一个高水平的教师应该是具有专业发展意识、专业发展追求、专业发展能力和专业发展行动的人。

教育改革的深入，特别是基础教育新课程改革的实施，对教师的专业发展提出了内在的要求，对教师的教育观念和教育行为提出了全面而深刻的挑战。它要求教师反思、完善甚至转变许多习以为常的教学方式、教学行为及潜伏在其后的教育观念。新课程改革能否达到预期目标，在相当大的程度上取决于能否拥有一支高专业素养的师资队伍，一支拥有新课程理念，并能通过自己的教育教学行为来实现新课程理念的师资队伍。因此，强调并通过多种途径来促进教师的专业发展成为当前推进新课程改革的重要举措。

正是在上述背景下，我们特别关注教师专业的发展。受广州市教育局的委托，我们于2004年承担了全国教育科学“十五”规划教育部重点课题“新课程师资培训策略与有效模式研究与实验”的子课题“沿海经济发达地区中心城市教师专业发展推进策略与模式研究”的研究任务。几年来，我们立足于广州，组织了一支由教育学、心理学研究人员，第一线的中小学教师和各级教育行政人员组成的研究团队；以广州大学教育学院为依托，以广州市一些中小学为实践基地，综合运用文献研究、调查研究、理论研究、行动研究、个案研究等多种研究方法，围绕教师专业的发展进行了广泛且较为深入的理论探讨与实践探索。课题的研究丰富和深化了研究团队对教师专业发展及其推进策略的认识，并有效地促进了相关学校、相关教师的专业发展。在课题研究的过程中，我们深感仅仅局限于课题研究团队内部的科研活动，难以完成较大范围的提升教师专业发展水平的重

① 联合国教科文组织总部中文科．教育——财富蕴藏其中：国际21世纪教育委员会报告．北京：教育科学出版社，1996

任。由此，我们萌发了撰写一套“教师专业发展”丛书的念头，意在面向广大中小学教师，为他们的专业发展提供必需的理论参考和实践指导。

教师的专业发展，特别是在职教师的专业发展，既需要拥有先进的教育教学理念，更需要有与教育改革和发展精神相适应的教育教学行为。教师的专业发展通过教师的专业活动来实现、来体现。鉴于此，本套丛书便主要以教师的专业活动及所涉及的活动领域、环境为选题取向，具体包括教师发展新理念、教师专业发展与教育科研、教师专业发展与学生成长、教师专业发展与课程研发、教师专业发展与教学智慧、教师专业发展与现代教育技术、教师专业发展与学校文化等内容。另外，实践中的教师专业的发展是通过一个个具体的教师来实现的，因此，我们以广州市的一些优秀教师为个案，对他们的成长轨迹进行了探索。

本套丛书力图从中小学教师专业发展的实际需要出发，注重必要的理论引领与生动的案例分析相结合，突出专业性、应用性、操作性、可读性，可为广大中小学教师培训、自学提供借鉴，也可为高校相关专业的学生的学习、研究提供参考。需要说明的是，丛书之间虽有一定的联系，但每册均自成体系。读者可根据自己的兴趣和实际需要有针对性地进行阅读。

本套丛书由广州大学教育学院蔡笑岳教授任主编，各分册则由该册的编写者完成，在丛书的编写过程中，广州大学教育学院的雷晓云博士协助主编做了大量的工作。我们希望，本套丛书能够为广大教师的专业发展提供一定的帮助。由于教师专业发展自身及影响因素的复杂性，加之编写者的水平所限等，丛书中难免有纰漏乃至错误之处，还望广大读者能够谅解，并不吝赐教。

编　委　会

2007年3月于广州

幼儿园篇

情洒杏坛二十载　一片丹心育桃李

广州市越秀区中六幼儿园　石向东

石向东，广州市越秀区中六幼儿园园长兼党支部书记，从事幼儿教育工作二十余载，先后获得了南粤优秀幼儿教师特等奖和广州市模范教师、越秀区模范教师、越秀区先进劳动者等十几项荣誉称号。石园长曾先后承担广东省“九五”普教科研课题“数学活动中激发幼儿创新思维的实验”、全国教育科学“十五”规划重点课题的子课题“信息化条件下幼儿主动学习能力的培养”以及全国教育科学教育部“十五”规划课题的子课题“幼儿园STS课题建构与实施研究”的研究；还曾公开发表十多篇学术论文，其中《幼儿素质教育的运作机制探析》《注重优化幼儿品德教育过程》《萌发幼儿感受美、表现美的情趣》《加强资料管理，促进家教工作》等论文发表在《教育导刊》上。其带领的团队也在幼教系统取得了优异成绩。

“一切为了孩子”是石向东园长的教育信念

羊城越秀是一片历史悠久、钟灵毓秀的土地，我生长于越秀，求学于越秀，最后又把自己的青春年华奉献给了这块生我养我的热土。1980年，21岁的我迈上教坛，从此爱上了幼儿教育这一太阳底下最光辉的事业。我先后在中六幼儿园担任大、中、小班的班主任；在流水井幼儿园担任业务园长；在越秀区教育局幼教科主管区辖内机关厂企办幼儿园的教研；在云台里幼儿园抓教研及担任园长工作；2001年又回到中六幼儿园担任园长兼党支部书记。无论在哪一个岗位上，我都要求自己做到干一行、爱一行、专一行，认真地履行教师和园长的职责。二十多个春夏秋冬，我和孩子们一起学习、生活、游戏，也和孩子们一起成长。二十多个春秋，我执著追求和实践着心中的那个梦想：为我所热爱的幼教事业奉献我的全部智慧和热情，做一名真正出色的幼教工作者。

回首二十多年的从教历程，我一直坚守着“一切为了孩子”的理念，在幼教这份充满爱心、播撒希望、耕耘未来的事业中倾情投入、默默奉献，从一名普通的教师逐步成长为业务骨干，最后走上领导岗位。这二十多年我也有幸得到了上级领导和群众的广泛认可，先后获得了十几项省、市、区级荣誉，个人也公开发表了十多篇学术论文，我带领的团队也在幼教系统取得了优异成绩，走在了同行的前列。

探索、实践、凝汗水，教学科研出成绩

教研是教育工作的核心，是教育能否真正促进孩子发展的根本保障，我无论何时都严抓教学和科研工作，力求做到“更具特色、更有成效”。我也懂得，教学和科研既是实践，也是探索，需要付出无数心血和汗水。为此，从踏入教坛起我就虚心学习，刻苦钻研业务，不断吸取和更新知识，积极参加各类教研活动，努力地充实自己，不断提高自己的思想和业务素质。早在中六担任班主任期间，我就积极参与幼儿语言教学的研究，致力于幼儿语言能力的发展。走上领导岗位后，我一如既往地把教研放在头等重要位置，要求自己做好示范、做好榜样。在流水井幼儿园，我曾带领教师进行幼儿美术教育的研究，写出的活动设计《祖国果果多又多》发表在《浙江教育》上。在越秀区教育局幼教科工作期间，我有目的、有计划、有条理地在机关厂企办幼儿园中开展教学研究，并多次举办讲座，向教师讲解有关幼儿发展课程的理论；我还深入班级听课，指导教师实施幼儿发展课程。

在云台幼的教改实践中，我结合本园多年的数学教学经验，带领数学教研组以“培养幼儿创造性思维和创新能力”为核心，编制了适合幼儿年龄特点和认知发展的《云台幼幼儿数学教学三年计划》。广东省“九五”普教科研课题“数学活动中激发幼儿创新思维的实验”也于2001年顺利结题并通过了省总课题组专家的鉴定。为了促进孩子的整体发展，我在云台幼还积极开展幼儿心理健康教育研究，云台幼被认定为广州市幼儿心理健康教育研究基地。在三年的研究中，我深入班级与教师一起钻研，指导教师具体操作和撰写论文，使教师队伍充满凝聚力和创造力。课题的开展使云台幼的幼儿变得活泼大方、热情有礼，表现出较强的求知欲和交往能力，受到家长和同行的广泛好评。我撰写的《幼儿园构建心理健康教育体系的探索》一文还在省级园长研讨会中交流，并被选入《中华教育文选》，还获得了市二等奖。

2001年8月，我接受组织的安排，调任中六幼儿园园长兼党支部书记。回到培养了我十多年的“娘家”，我倍感亲切，于是我为自己定下目标：一定要把中六幼的品牌发扬光大。为此，我从狠抓教研入手，通过教研锻炼教师队伍，深化园所素质教育。2002年8月，中六幼有幸被定为广州市三十五所《纲要》试点园之一。我组织教师学习《纲要》精神，抓好环境建设，坚持每周四巡班，每学期深入班级听课、评课不少于20天，听课节数在25节以上，认真督促和指导教育、教学改革，使中六幼在教研、内部管理、家园关系、园所文化等方面上了一个新台阶。我还先后带领中六幼的教师承担了全国教育科学“十五”规划重点课题“创新教学与创造力培养”的子课题“信息化条件下幼儿主动学习能力的培养”，以及全国教育科学教育部“十五”规划课题“中小幼STS课程建构与实施研究”的子课题“幼儿园STS课题建构与实施研究”。2004年5月，省教厅课题组在中六幼召开全国教育部“十五”课题“中小幼 STS 课程构建与实施研究”越秀区课题组中期汇报暨中六幼课题中期汇报现场会，展示了中六幼的教学科研成果。我们的工作得到了同行和专家的肯定，在省、市、区各级各类幼儿园中起到了良好的示范作用。我带领全体教师继续努力，不断完善教育教学，积极撰写科研论文。中六幼教师的论文及科技活动案例多次在广东省课题组研讨会上展示、交流，并获得多个优秀科技活动设计奖。2005 年该课题顺利结题。

除了把抓好本园教研作为己任，我还关注区内及番禺、肇庆、韶关等地幼儿园的教学研究，经常为他们讲课、传授经验；2001 年 5 月我还随省级园长研讨会前往银川、兰州等地进行讲学交流，用自己的实际行动支援了西北地区幼儿教育的发展。

尽职、尽责、求创新，深化管理见效益

“创新是一个民族进步的灵魂，是一个国家兴旺发达的不竭动力。”同样，我认为一所幼儿园也只有不断创新，才能永远充满生机和活力。作为一名管理者，不但要尽职尽责、善于学习，还要不断创新，更要向管理要效益。这“效益”就是幼儿的发展、教师的发展和园所的发展。为此，我在幼儿园管理工作中不断摸索，大胆创新，不断提高自己的管理水平和能力。

教师队伍素质是幼儿园教育教学水平的根本决定因素，因此，教师队伍建设也是幼儿园管理工作的重中之重。从 1992 年起，我先后担任过流水井幼儿园副园长、云台幼园长及中六幼园长，这一路走来，我时时不忘抓好教师队伍建设。在工作实践中，我认识到，骨干教师的努力和成绩具有良好的示范作用，于是，在严抓教研的同时注意发挥科、级组长和教研组长的“领头羊”作用，适当给她们压担子，给她们提供展示才华的舞台，注重以点带面，形成良好的“互学、互帮、共进”的氛围。

当今时代比以往任何时候都凸显出提升教师道德素质的紧迫性，要振兴 21 世纪的中国教育，我们必须建设一支德才兼备、忠诚于人民教育事业的教师队伍。教师的师德职德建设也一直是我从未忽视的环节。我坚信对教师职业的热爱和良好的业务能力是成为一名好教师的基本条件，而好的教师为幼儿发展所带来的影响是巨大的。为此，我积极开展“立高尚师德，树教育新风”的师德教育活动，通过座谈、观看《师德启示录》、个别谈心等多种形式，努力使教职工具备良好的职业道德意识和行为，做到干一行、爱一行、专一行，树立良好的师表形象，提升自己的各项素质。

管理者的管理艺术很大程度体现在“用人”上。为了优化队伍人员结构，更大程度地调动教职工的积极性和创造性，我建立了“优者上、平者让、劣者汰”的用人机制，在云台幼大胆首创并实施了教职工聘任制，并把这一制度带到了中六幼。实践结果表明，改革调动了保教人员的积极性，保证了工作的高效、

优质，也增强了集体的凝聚力。另外，我很注意强化民主管理，强调发挥职工代表大会和党政工团的作用。我鼓励每一个教职工积极为园所的管理和教育教学工作出谋划策，树立他们的主人翁意识，鼓舞大家群策群力把园所办好，形成了“团结、实干、创新”的园所文化。

年轻教师是教师队伍的新鲜血液，她们年富力强，进取心强，渴望有自我发展的舞台。为她们提供成长的阶梯，就会调动她们的工作积极性，这样才能使我们的幼教队伍常葆活力、后继有人。我一向非常关注教学骨干及后备干部的指导、培养工作，努力创设条件，让她们发挥所长，提高她们的教学和管理能力。张小青、吴泳波等一批教学骨干（5 人）被输送到区内公立幼儿园，走上了教学管理的岗位。梁穗敏被定为名教师培养对象，还获得了“越秀区十佳青年”的荣誉称号。同时，我也致力于制定完善有效的措施来鼓励青年教师参加更高学历、更高层次的学习，提高教师队伍的理论素质和自我学习能力。目前全园 18 名教师全部就读学前教育大专或本科课程，师资队伍的素质不断得到提高。

孩子们能在赏心悦目的环境中生活、学习是我最大的愿望。为了更好地配合和适应新时期对教育教学工作的要求，达到全方位育人的目标，我对园所环境建设也是常抓不懈。不论是在云台幼还是在中六幼，我都积极争取上级部门的支持，着眼未来，整体规划，加强园所的硬件建设，使幼儿园的面貌焕然一新。特别是回到中六幼后，我把有限的资金用于环境建设上，为幼儿和教师创设了一个良好的生活、工作环境。如根据《消防法》的规定，结合园所的实际对幼儿睡室、功能室等进行了合理的调整；在幼儿活动室中安装了冷暖空调，配置了合理的消防设施设备；配合教研工作的开展，全面改善教师的办公条件，将原来较落后的办公室配置成先进的电子备课室，每班都安装了教学用的电脑，建立了中六幼网站和校园局域网，提高了现代化办公水平。同时，为保障幼儿及校园安全，我选择安装了幼儿智能接送系统。累累硕果诚可喜，默默奉献永不息。

欣喜的是，我的辛勤付出结出了累累硕果。1997 年，云台幼顺利地被评为广东省一级幼儿园，成为越秀区第一所省级幼儿园；1999 年，云台幼被评为市绿色幼儿园，还多次获得市、区好园所、区家庭教育工作先进单位等多项荣誉称号；2000 年，其档案资料综合管理还率先在全区小学、幼儿园中达到省一级标准，对片、区、市的幼儿园保教工作起到了积极的示范作用。调至中六幼以来，我更是致力于增强办园活力和教职工的凝聚力，市、区有关领导在视察指导中对我园的工作给予了充分的肯定。2002 年，中六幼档案管理率先在全区小学、幼儿园中达标并升省特级；2003 年，中六幼顺利地通过了广东省一级幼儿园的复评；2004 年，中六幼顺利地通过了广东省绿色幼儿园的复评。

在教研和管理的路上，我不断思考，认真总结，有多篇论文发表或获奖，其中《幼儿素质教育的运作机制探析》《注重优化幼儿品德教育过程》《萌发幼儿感受美、表现美的情趣》《加强资料管理，促进家教工作》等论文发表在《教育导刊》上。我也先后获得了南粤优秀幼儿教师特等奖和广州市模范教师、越秀区模范教师、越秀区先进劳动者等十几项荣誉称号。

我一直认为，为了孩子们的生活、学习能够快乐充实，为了孩子们能够获得更充分的发展，一名教师能做的就是爱岗敬业、不断钻研，努力做到更好。回首这二十多年的从教历程，作为一名教师，我努力钻研业务，提高自身的各项能力，力争把教学做到最好；作为一名管理者，我力求带出一支热爱本职工作、有较强业务能力和自我更新能力的教师队伍。所有的努力都离不开一个终极主题——一切为了孩子，一切为了我所挚爱的幼教事业。这二十几载既有苦辣，也有酸甜；既有付出，也有回报，不变的是我始终执著地热爱这份事业，并感激它带给我的全部。我的梦想一直都没有改变，那就是：为幼教事业奉献我的全部智慧和热情，做一名真正出色的幼教工作者。为此，我还要不断奋斗，继续奉献。

幼儿园——我追求的快乐园地

广州市幼儿师范学校附属幼儿园　林咏瑜

林咏瑜，广州市幼儿师范学校附属幼儿园副园长，从事幼儿教育工作十多年，因工作成绩突出，荣获了多种荣誉称号。如：1999年，被确认为广东省普教系统首批“百千万人才工程”名教师培养对象；1999年，被评为广州市青年岗位能手、广东省南粤教书育人优秀教师等；2001年，被评为全国优秀教师。林老师对幼儿教育充满热爱，并以研究的态度来面对工作。在多年的教育教学实践中，林老师一直坚持多种形式的研究，承担或参与了多项课题的研究，发表了多篇研究论文。林老师还积极加强幼儿园教师团队的建设，积极参与多种活动，如下乡支教、去外地讲学等，为促进广东省学前教育事业的发展贡献了自己的力量。

林老师说：“幼儿园的工作是我一生的钟爱，我乐在其中。相信在我生命终结之时，我会幸福地说，幼儿园，带给了我一生的快乐！”

一

1990年，怀着对幼教事业美好的憧憬，青春年少的我从广州市幼儿师范学校毕业后进入了附属幼儿园工作。任教十七年来，凭着一颗对党的幼教事业忠诚的心，我在幼儿教育这块土地上收获了人生最丰富的果实——教学能力的增长，教育理论水平的提高，家长的信任，孩子的爱戴……

说真的，我很爱我的职业——幼儿老师。我觉得，幼儿园的老师应该像妈妈一样关心每一个孩子，使他们对幼儿园建立起与在家一样的安全感，对老师产生与父母一样的信赖感。在我刚刚执教小班的时候，我班上俊俊小朋友的手不慎摔伤了，妈妈要他在家休息，他却吵着要回幼儿园，说“林老师会喂我吃饭的”。对于小班的孩子，我循序渐进地培养他们的生活自理能力。我班还有一个从聋校转来的有听觉障碍的孩子畅畅，在日常工作中我常常多关注他一点，经常利用下班时间教他发音。我发现他喜欢小动物，就引导他仔细观察，渐渐地使他成为班上的“动物学专家”而受到同伴的尊敬；他爱画画，我就鼓励他多画，鼓励他参加美术大赛并多次获得奖励。这激发了他学习的积极性，进入小学后他的学习成绩优秀，他妈妈总是说“畅畅是不幸的，但有幸碰到了这样好的老师”。家长的认可就是对我的工作的最大认可！1994年，全国计生委主办的《家家乐》杂志1994年第六期以《妈妈般的老师》为题对我作了专题报道；1996年，广东经济电视台又以《幼儿园的女教师》为题对我作了报道。我常常想："我只是做了自己应该做的事情，尽了自己最大的努力去爱孩子，花了最大的心思去实践我的教育理想，而我们的家长、孩子、社会却给了我这么多……"我的心里充满了感激。

我认为教育孩子的工作是全方位的，在做好教学工作的同时，我们还必须加强基础，提高素质，这样才能促进幼儿的全面发展。因此我很注重协同班上人员，加强幼儿的体卫工作和自我服务能力的培养，并根据幼儿的年龄特点开展形式多样的德育活动。我根据实践经验及时总结并写成文章，《三岁班幼儿自我服务能力的培养》刊登在1995年广州《现代育儿报》上，《幼儿园教育活动的德育渗透》刊登在1998年第一期《教育导刊》（幼儿教育版）上。而我所教的学生在德、智、体、美诸方面全面发展，健康活泼，热情开朗，爱学习，所教班级连年被评为幼儿园优秀班组。

二

我始终认为，教师要以研究的态度从事实践工作。从教第二年，我就开始研究以语言教育为主线开展系列活动，从观察入手，丰富幼儿的知识、词汇，发展幼儿表达能力的路子。我在园内外上观摩课，介绍经验，得到了领导和同行的一致好评，彰显了我园语言教学特色。经过不断探索，我对语言教学原则、组织形式进行改革，并及时写出《水平目标的制定与实施》《幼儿园语言教学的思考》等文章，分别刊登在《教育导刊》（幼儿教育版）1994年第二期和1997年第四期上。1994年，在广州市教委所属幼儿园青年教师技能竞赛中，我荣获全能第一名。应广州市东山、天河、黄埔等区及江门、新会、南海、海口等市教育局的邀请，我曾为幼教同行传授教学经验；1997年，应香港幼教界的邀请我到香港教师中心为幼教同行作语言示范教学。

1997年10月，我被上级任命为副园长。领导的器重、同事的支持既增强了我的信心，又让我觉得肩上的担子更重了。我深深地知道，要做好这个岗位的工作，必须加强学习和研究，必须积极地参加教育改革和实践。幼儿园要适应教改新形势就必须参与教研，通过教研促教改、促教学水平提高、促教育质量提高。为此，我以素质教育为目标，引进科研课题，推动课程改革的深入。1996年，我园成为广东省"九五"重点课题"幼儿园科学启蒙教育"试点园之一，我是课题核心组成员，并担任试点班教学，对科学启蒙教育的目标、内容、实施途径，以及科学发现室的创设进行了大量的实践，初步形成了幼儿园科学启蒙教育的目标体系和内容领域；探索出实验、查阅、游戏和日常观察等幼儿主动学习科学的途径和方法。在广州市课题组结题报告中，我负责撰写近万字的科学启蒙教育评价部分。我还写了多篇文章，其中《幼儿园科学发现室的设计原则与活动指导》刊登在《教育导刊》（幼儿教育版）第四期上。我所执教的“人体的骨骼”“水的净化”“风”等科学系列活动分别在广州市科学启蒙教育现场会及天河、东山区教研交流会上展示，这些活动得到了来自全国各地的幼教同行、专家的高度评价和充分肯定。通过实践，我在科学教育领域形成了自己独特的风格，形成了我园的办学特色和优势。我把自己与其他老师多年研究的成果汇编成《为幼儿创设科学探索的天地》一书。我在广东省“百千万人才工程”高级研修班中，申报通过了专项研究课题——“幼儿园科学探究活动研究”，这是对前一课题的深入与拓展。我以解决问题为中心，让幼儿通过自己的学习，发现问题、分析问题、解决问题；让幼儿通过自己寻找答案，养成对科学的浓厚兴趣，习得正确的科学方法，获得丰富的科学知识。我撰写的《探究法在幼儿园科学启蒙教育中的运用》一文获2000年广州现代教科中心等五个单位联合举办的“教育创新与创新教育——广州现代教育第一次学术研讨会”一等奖，并在大会上介绍。同年在广东省学前教育协会举办的幼教改革系列研讨班中介绍并作教学展示。2001年，此文入选世界幼儿教育联会香港分会第五届国际研讨会，应邀在香港作学术交流，此文还刊登在《学前教育研究》2001年增刊上。1999年，我被确认为广东省普教系统首批“百千万人才工程”名教师培养对象；1999年，我荣获广州市青年岗位能手、广东省南粤教书育人优秀教师等称号。2000年，我园成为华南师范大学袁爱玲教授主持的“学前创造教育课程及其理论构建”课题（教育部人文社会科学“九五”专项课题）试点园之一。我们运用以往科研成果，在德、智、体、美全面发展的基础上突出培养幼儿的探索与创新精神。在研究的过程中，我鼓励老师积极写作，指导老师写了4篇论文及10个教育活动设计，分别刊登在《学前创造教育研究》及《学前创造教育活动设计》上。

在学习的过程中，我对幼儿园的课程渐渐形成了自己的看法。幼儿园的课程设计应该强调给予幼儿更多的时间和更大的空间，让幼儿在自主的状态下学习。我们通过全园性活动、级组活动、家庭活动、社区活动及幼儿自选活动，使教育所达层面更多、更广泛，潜在课程灵活多样。我所撰写的《如何组织幼儿开展自主游戏》一文曾在全国幼儿教育研究会举办的全国幼儿园游戏、课程与教学关系研讨会上获优秀论文奖。

我认为孩子是在与环境的交互作用中得到发展的。因此，在幼儿园的环境创设上，我坚持以“小巧优雅，让每个角落都发挥对幼儿的教育作用”为设计特色，变静态环境为动态环境，为幼儿提供充分的自由与自主的空间，让幼儿获得生动活泼的发展。无论是走廊还是班上的壁画，都是老师与幼儿共同商讨、师幼合作的成果展示，或是幼儿探究学习过程的记录与展现。全国各地的同行对我园环境给予了高度赞誉。根据设计思路和老师们的实践，我撰写的《优化教育环境，为幼儿发展提供更好的机会和条件》为1997年在广东省省一级幼儿园工作研讨会的大会发言稿。我还编辑了《幼儿在动态环境中发展素质》一书。

我认为把教育局限在幼儿园有限的空间是不够的，要促进幼儿的全面发展，需要家庭、社会与幼儿园三方面的共同努力。我始终倡导建设没有“围墙”的幼儿园，挖掘家长、社会的教育资源为幼儿所用。幼儿园所在的小区环境就是课堂，孩子的家庭就是课堂，公园、工厂、田野、马路、车厢、商店、购物中心、影剧院等都是我们教育的课堂。教师，更不应局限在班上的“二教一保”，孩子的父母是教师，小区的保安叔叔、绿化队员、清洁工人、管理人员是教师，社会上各行各业的工作人员是教师，乃至到园参观的同行、友人、慰问的领导、来宾也能成为孩子们的老师。如大班的孩子要认识标志，辨别方向，我们就把孩子带到天河城，邀请家长当助教，与孩子们一起进行实地考察，在解决问题的过程中丰富经验，获取知识。我还倡导建立家长助教制度，让有时间、有能力的家长成为老师，参与教育教学工作。孩子们走到哪里，那里的人们就是孩子的老师。甚至连同行来园观摩，我们也积极地利用起来，让孩子与之互动，使孩子有更多向不同的人学习、与不同的人交往的机会。

三

人的一生都应该保持学习的热情和学习的心境。我珍惜每一个学习机会，先后参加了各类研修班的学习，到各地参观考察，在国际研讨会上进行学术交流，还坚持每周都到图书馆看书学习，吸纳多方面的信息。外出支教也是一种学习方式。我多次随广东学前教育协会下乡支教，曾在汕头、韶关、顺德、龙门讲学，并多次应邀到广州市的幼儿园进行教学指导。我参与了《广东省幼儿园教育指南》及广州市的《家园联系手拉手》的编写工作，参与编写的由新世纪出版社出版的《幼儿入读小学须知》在广州市幼儿园大班广泛使用。同时，我还担任了天河区教育局督导评估员的职务。各种学习和锻炼的机会让我有更多的渠道收集、筛选和提取有益的信息，选择适合本园的最优教改之路。

作为主管教研的副园长，建立有效的教研模式、提高师资素质是我的一项重要任务。提高幼儿园教育教学的整体质量，单靠个人的力量是行不通的，还需要一支思想素质高、业务能力强的教职工队伍。为此，我大力开展园本培训工作，促进广大教师整体素质的提高。我注重制度的建立，通过各种学习、教研制度的建立规范从园方到教师个体的参与培训的行为。在制度的保障下，广开言路，为教师建立一个敢想敢说敢干的平台。同时，我利用各种有利资源，把园外的专家、教师请进来，把我园的教师带出去。在接受检阅式的公开活动、与姐妹园的交流及为姐妹园作的教师培训的过程中培训我园的教师，以达到他们自身和姐妹园双赢的效果。在对教师的评价上，我采取动态评价的方式，不用一个标尺衡量每一个教师，而是引导教师自拟发展方向，鼓励他们发现自己的问题，根据自身的特点解决问题，使他们在自己原有的水平上不断地发展。我认为，只有调动教师的内在积极性才能使教师的教育行为与教育追求有长久的动力，才谈得上幼儿园教育的可持续发展。我从来没有放弃对教学一线的深入了解，在实践中我认识到，园长不仅仅是教学研究的管理者，更应成为教师的促进者，了解教师原有经验，引导教师反思，提出有促进性的问题使教师把握自己、加大学习与教研工作的主动权、自主构建崭新的教育观念和模式。根据教师学历、经历、阅历的特点，我分析得出我园现有教师可分为操作型、交流型、理论型、展示型、随意型等几种类型，针对不同类型教师的需求有的放矢地开展教研活动。目前，我园一名教师成为广州市“百千万人才工程”名教师培养对象，一名教师成为广东省骨干教师。2001 年，我被评为全国优秀教师。

对于保育员，我制定了从“经验型”转变为“专业型”、从“事务型”转变为“科学型”的保育员队伍管理目标，立足园本培训，健全学习制度和继续教育制度。在互动式的教研过程中，教师、保育员不断学习，获得专业发展，建设了一支“能说”“会写”“想学”“敢做”的业务素质高的保教队伍。我总结教研经验，撰写的《以点带面，促进教科研水平的提高》及《建设高质素的保育员队伍，全方位提高教育质量，促进幼儿身心和谐发展》分别入选《九九年市教科研工作会议材料汇编》和《二〇〇〇年市教育工作会议参阅材料汇编》，其中《建设高素质的保育员队伍建设，全方位提高教育质量，促进幼儿身心和谐发展》一文在广东省省一级幼儿园第二届研讨会上交流，同行称其“有导向性”。《让教师在互动式教研活动中提高》刊登在《广东教育》2001 年第 10 期和广州《幼教通讯》2000 年第 12 期上。

担任行政职务后，我仍把相当多的精力放在指导老师如何在面向全体的同时开展个别教育的工作。当个别孩子出现较多的逆反心理、偏差行为影响了集体时，我及时地与老师交流，研究对策，并亲自与家长沟通，帮助家长树立先进的教育观念，寻求家园同步的教育方法。我认为，尊重是一种共同的氛围。于是我与班上的老师协商召开主题家长会，鼓励家长畅所欲言，探讨对孩子的认识问题，与家长达成共识，营造了很好的尊重氛围。不仅是教师与孩子之间，孩子之间、家长之间、家长与孩子之间也应相互尊重，成人尊重孩子，孩子尊重成人，在这样的大环境下，孩子进步会很大，攻击性行为不断减少，最终成为受大家欢迎的孩子。

幼儿园的工作是我一生的钟爱，我乐在其中。相信在我生命终结之时，我会幸福地说，幼儿园，带给了我一生的快乐！

用青春与激情奏响梦想的乐章

广州市黄埔区育蕾幼儿园　郑少娟

郑少娟，广州市黄埔区育蕾幼儿园副园长，广州市黄埔区学前教育研究会教育科研组组长，从事幼儿教育工作二十年。二十年来，她凭着积极向上的工作热情和对幼教事业的执著追求，以过硬的业务素质和较好的理论功底，在平凡的岗位上取得了优异的成绩，先后被评为广东省南粤优秀幼儿教师、黄埔区优秀教师、黄埔区首届“十佳青年教师”、黄埔区教育系统人才培养工程第一届“名教师”、黄埔区创建广东省教育强区“先进个人”、黄埔区优秀教师特等奖，并获黄埔区政府嘉奖。她承担了广州市教育科学“十五”规划课题的研究，发表论文多篇，《谈如何在幼儿园开展木偶游戏》曾获广东省教育学会幼儿教育研究会优秀论文、黄埔区教育学会论文一等奖和黄埔区科技论文二等奖。编排的舞蹈《泥娃娃》在黄埔区幼儿舞蹈比赛中获一等奖，创编的木偶剧《黑衣服和白衣服》荣获广州市第二届少年儿童“小百花”艺术大赛木偶类一等奖。

“在幼教这块净土上，我找到了永远天真和年轻的自己，找到了梦想中远方的绿荫，把梦想化为行动，用青春和激情奏响美好梦想的乐章！”这是郑少娟老师发自肺腑的感言。

辛勤耕耘，芬芳满园

1986年，怀着心中珍藏的满满的童年梦想，年仅十九岁的我走进了黄埔区育蕾幼儿园，来到了孩子们中间。当时，育蕾幼儿园还正在筹建当中，到处空荡荡的，淤泥随处可见。但在我的心中只有一个愿望：要让这里成为孩子们的欢乐王国……就这样，我开始了我的教师生涯。

聪明活泼的我有着高度的责任心和良好的敬业精神。我认真钻研业务，虚心好学，不断地积累经验，很快就成了幼儿园的教学骨干。我常常想：“做什么事情要想成功就要踏踏实实地干，你付出越多，收获也就越大。”1991年，幼儿园选送我参加“广州市木偶游戏培训班”半脱产学习一个月，当时我的孩子还不满周岁，既要上班，又要学习，还要带孩子，加上本人晕车，产后身体又不太好，非常辛苦，但我克服了种种困难，坚持勤奋刻苦地学习，我的表现得到了当时广东省木偶剧团曹老师和市幼教处领导的高度赞扬。

为探索一条有自己教学特色的路子，我以“如何在幼儿园开展木偶游戏”为研究课题，在实际工作中积极尝试，充分发挥木偶在教育教学中的作用。我在班上设置了木偶角，提供各种用蔬果、盆、碗、碟及各种废旧材料制作的木偶，让孩子自由选择进行操作，趣味盎然的木偶活动极大地激发了孩子们学习的兴趣，满足了他们的好奇心。孩子们在玩乐中，其语言表达能力、想象力、创造力都得到了充分的发挥，良好的性格、情感也得到了培养。同时，我耐心指导幼儿学习木偶剧表演，让他们和老师一起创编和表演木偶剧。1991 年，我创编的木偶剧《黑衣服和白衣服》荣获广州市第二届少年儿童“小百花”艺术大赛木偶类一等奖。我认真总结经验，撰写了论文《谈如何在幼儿园开展木偶游戏》。该论文于 1993 年获广东省教育学会幼儿教育研究会优秀论文、黄埔区教育学会论文一等奖和黄埔区科技论文二等奖，并发表在《教育导刊》1993 年第 10 期上。

1996 年，黄埔区教育局幼教科准备举办一个全区性的环境教育专题现场观摩会，我接受了这个艰巨的任务。之所以说艰巨是因为当时环境教育作为系统的教育内容在幼儿园实施，尚属于刚刚起步阶段。经过反复思考，我选定了“植物世界”这个主题。为了给幼儿更多的、更准确的知识和更好地开展活动，我翻阅了大量有关植物的书籍，请教了从事园林工作的同志，并带幼儿实地参观。然后，根据幼儿的年龄特点和实际水平，有系统、有重点地选择教材内容，开展了“花”“草”“树”等系列主题活动。我采取了多种教学方法，使幼儿获得了很多有关植物的知识，促进了幼儿语言表达能力、观察能力和操作能力的发展。我组织的教育活动“我的花儿朋友”在接待广州市同行的观摩中得到了大家的一致好评；组织的另一个教育活动“我的植物朋友”接待了全区幼教同行的观摩，该活动以其先进的教学理念、创新的教学形式和幼儿出色的表现，赢得了同行们的高度评价，该活动设计发表在《教育导刊》（幼儿教育版）1997 年第 3 期上。

凭着对幼教事业的执著追求、对孩子们无私的爱，我在主班老师的岗位上工作了十五个年头，经历了五次小、中、大班的循环班教学，多次承担区、市级公开课任务，练就了扎实的业务功底，积累了丰富的教育教学经验。我所带班级的孩子，德、智、体、美诸方面都得到了良好的发展，赢得了家长的信任与爱戴。我编排的舞蹈《泥娃娃》在黄埔区幼儿舞蹈比赛中获一等奖，并代表黄埔区参加广州市少儿舞蹈节会演；辅导幼儿参加广州市幼儿普通话比赛获一等奖、二等奖；辅导幼儿参加黄埔区幼儿早操比赛获二等奖；我撰写的多篇论文在市、区各类比赛中获奖并发表。

甘当绿叶，做好配角

2001 年 6 月，在黄埔区委、区政府的重视和支持下，育蕾幼儿园新园舍落成。园领导抽调我为搬迁筹备组的成员，我知道这是一份苦“差事”，也是一件光荣的事。我主动承担责任，以主人翁的姿态，为幼儿园出谋献策，参与幼儿园的总体规划，与筹备组的人员一起吃苦耐劳、无私奉献。七、八、九月，天气非常炎热，我经常顶着烈日往返于新、旧园舍之间，担负着环境布置、工程跟进等工作，并配合园领导做好现场工作的处理。特别是在环境布置上，很好地发挥了自己的特长，带领老师从幼儿园的大环境到幼儿园的每个活动室，从各个功能室到每一个角落，都进行了精心的策划和布置，对各项装修工程等认真监督，及时发现问题，及时请示园领导，及时改进，为园领导解除了后顾之忧。

经过短短两年多的建设，我园已经是一所设备设施完善、功能齐全、现代气息浓郁、舒适优雅的儿童乐园，成为黄埔区的一大亮点。近年来，我园先后接待了东山区、天河区、番禺区、花都区、白云区等各大幼儿园的参观，可以说园舍环境优势为我园赢得了较高的知名度。

2002 年，我被聘为保教主任，负责配合业务园长抓教育教学工作。面对前所未有的挑战，我迎难而上，拼搏争先，把协助幼儿园提高教师的整体素质和提高幼儿园的保教质量作为己任。我深知作为一名教育教学工作的管理干部，在要求教师成长的同时，绝不能忘记自身的提高，理论水平、专业素养和知识面都必须不断地充实和更新。为此，我积极参加各类进修、培训，如饥似渴地看书、学习，请教资深的幼教专家，积极争取到各地名园参观取经的机会，使自己不断得到成长，保持先进的思想和超前的教育理念，以增强工作的主动性、预见性和创造性。

我以特有的冲劲、热情及对教育的敏锐性，认真钻研新颁布的《幼儿园教育指导纲要（试行)》，翻阅了大量的资料，领会新的教育理念与现代幼儿教育的要求，与时俱进，带领教研组的老师以学习、讨论、竞赛等方式开展对《纲要》的学习。在具体分析了我园当前教育的状况后，我大胆实施课程改革。根据《纲要》精神，认真地组织有关人员对幼儿园各方面情况，包括硬件、师资、家长、社区资源等进行了分析、比较，提出了开展主题探究活动课程的新思路。活动中，我积极参加广州市有关培训，主动联系到深圳等地的实验园去学习、考察，解决活动开展中所遇到的问题和困惑，找出我们的共同点与不同点，结合幼儿园的具体情况，制订符合园情的研究计划。平时，我经常与老师们一起学习、交流和反思，深入班级听课，了解各班级的教育教学情况，指导老师运用新的教育理念开展教学工作。通过示范课、研讨课、改良课等各种观摩活动，促进教师之间的有效互动。

经过几年的探索、反思、提炼，幼儿园确立了以主题探究活动课程和各学科领域课程相结合，以国际象棋、分享阅读等课程为补充的课程特点，并结合市级、省级科研课题“幼儿交往实践活动研究”的研究与实践，充分挖掘幼儿园、家庭、社区等各种教育资源，建构了教师、家长、社区三位一体的教育资源网络，形成多元化的课程内容。

教育、科研是幼儿园发展的重要保证。多年来，我园进行了区级、市级、省级等多项课题的研究。我一直是课题组的核心成员，在研究中发挥了重要的作用。2002 年，我园的研究课题“幼儿交往实践活动研究”获得了广州市教育科学“十五”规划课题（广州市仅有两所幼儿园获得此项立项）和广东省学前教育协会“十五”科研课题的立项。研究中，我积极配合课题负责人开展课题研究工作，如组织制定各种量表，组织前测和后测工作，进行家长问卷调查，整理和收集各种课题研究资料，组织教师培训，组织幼儿园、家庭、社区实践活动等工作。因为我思维周密，组织能力强，因此成功地策划和组织了多次大型活动，收到了良好的效果。如"'环保灯笼贺中秋'亲子环保活动""小公民绿化教育实践基地启动仪式暨护绿活动""庆'六一'全园性开放式游园活动""小公民道德建设——大家谈"征稿活动，等等。每次活动，我都承担了制订方案、组织活动、收集资料、汇总资料和揭晓结果等工作，使活动进行得有声有色，并保留了大量有价值的资料。2004 年 3 月，我领导的教研组获得了广州市"巾帼文明岗"的光荣称号。

勇挑重担，无私奉献

育蕾幼儿园自 2001 年 10 月搬迁以来，一年上一个台阶，2002 年成为广东省绿色幼儿园，2003 年 9 月通过广东省一级幼儿园的评估，并在社会上赢得了较高的声誉，为黄埔区创建教育强区作出了贡献。

为了这一切，我付出了巨大的努力。在创建省一级幼儿园的工作中，我勇挑重担，凭借多年的教育督导员经验和一丝不苟的工作态度，高质高效地完成了多项艰巨任务。如认真撰写自评报告和大量的文字材料；指导和参与所有资料的收集、整理和审查复核工作；配合园长有条不紊地进行人员的合理分工，做好幼儿园大环境布置、功能室设置、保健室改造、教育资源库建立、图书资料充实、大型板报设计等工作；认真编辑并出版了质量较好的《教育经验集》《教育活动荟萃》等书籍。由于白天要抓教育教学工作，因此我只能利用中午、晚上、节假日、寒暑假等时间加班加点，废寝忘食。2002 年 11 月，一向身体健康的我终于病倒了：功能性子宫出血，病情严重。手术后还没等身体恢复，我毅然又回到了工作岗位。2003 新学年一开始我园就要接受广东省一级幼儿园的评估，困难很大，但我带领教研组的全体老师迎难而上，积极主动地配合园领导做好各项工作。如迎接新生、安定幼儿情绪、做好幼儿一日作息时间的调整、开展晨间锻炼、统筹调整好和安排好评估两天的教育教学活动等。我园顺利通过了广东省一级幼儿园的评估后，我忍不住流下了热泪，心中百感交集，思绪万千……为了这一天，从筹备搬迁起，我连续五个寒、暑假没有休息过，好长一段日子没有看到夕阳红了，这一天来之不易啊！

本以为这次的国庆长假可以好好休息一下，没想到，我区创强工作提速，我的计划被打乱了。我再次振奋精神，马不停蹄地投入到创强工作中。按照上级部署，勇挑重担，全力以赴。我承担了园本教材《环境教育课程指引》的开发、编辑和出版工作，幼儿园宣传画册的设计和制作工作，并领导宣传组担负起艰巨的宣传任务，负责幼儿园大环境和会场的布置以及幼儿园宣传板报等。对于大型板报，我严把质量关，承担起策划、撰写文字材料、确定设计版面的工作，为此，国庆七天长假里，我一直"泡"在幼儿园和广告公司。两次迎检中，我园的宣传工作都非常出色，幼儿园营造了浓厚的创强氛围，接待工作有条不紊，受到了有关领导的好评。2004 年，我荣获黄埔区创建广东省教育强区“先进个人”称号。

挑战自我，体现价值

经过多年的学习和实践，我得到了历练，在历练中挑战自我，逐渐成长。2004 年 7 月，我参加了育蕾幼儿园园长竞争上岗，被聘为育蕾幼儿园副园长，主抓教育教学等工作。三年来，我以“以人为本”的管理理念为基础，在管理中树立起“管理就是服务”的现代管理思想，尊重、信任和支持教师，调动教师的积极性和主动性。改进了一些常规管理工作，减轻了教师负担，让教师轻装上阵，全身心地投入到教育教学工作中去。为了切实提高教师的综合素质和专业素养，我广辟途径抓培训，开展了多角度、多层次的园本培训——举行专题讲座、教育活动剖析、互动研讨、分层次小组教研、业务竞赛、外出参观学习、参与课题研究等，使教师得到了不同程度的进步。

我是黄埔区学前教育研究会的教育科研组组长，工作中我探寻了一条把我园教育教学工作与指导我区开展课程改革、促进幼教科研相结合的路子，积极开展活动，发挥示范影响作用。2005 年 4 月，我园率先承担起黄埔区课改试点园首场教学观摩交流活动，共开放了六个不同年龄班的教学活动，充分展示了我园开展主题探究活动的课改成果。观摩活动结束后，我代表育蕾幼儿园向同行们详细介绍了我园开展课改试点工作的经验和体会。这次交流会带给全区幼教同行新的触动，同行们给予了高度的评价，还得到了区教育局领导的充分肯定和高度赞扬，认为我园通过实施课改，整体水平又上新台阶。2005 年 6 月，我园成功召开了广州市教育科学“十五”规划课题“幼儿交往实践活动研究”课题结题交流会，向专家领导和全区幼教同行们汇报和展示了我们的研究成果。以现场交流会为载体，指导各幼儿园开展课题研究工作，推进我区幼教科研工作的进步和发展。

此外，我还是黄埔区第三、四、五届特约教育督导员，黄埔区第六、七届政协委员。多次参与督导评估活动和政协视察活动，让我有机会对各个学校的内部管理、办学理念、办学经验等进行全方位、深层次的了解，使我受益匪浅。一方面，我从他们的成功经验中博采众长、融会贯通，运用于实际工作中，而他们存在的问题，也让我引以为戒；另一方面，等级评估有一套完善的指标体系，对学校、幼儿园管理有很强的指导性，多次的操作，使我对评估指标相当熟悉，我时常以此为依据，运用于日常管理工作中，工作起来更加得心应手。

在幼教这块净土上，我找到了永远天真和年轻的自己，找到了梦想中远方的绿荫，把梦想化为行动，用青春和激情奏响了美好梦想的乐章！

小学篇

学习即享受 教学即反思 研究即成长
——记广州增城市荔城第二小学王先秀老师

王先秀，广州增城市荔城第二小学教师。王老师从教十七年，曾荣获增城市优秀少先队中队辅导员、增城市优秀教师、广州市优秀班主任、广州市优秀教师等荣誉称号；还获得过广州市小学语文青年教师阅读教学现场比赛二等奖和三等奖；教学设计《桂林山水》获广东省电化教学设计一等奖，课例《菜园里》获广州市优秀课例三等奖，课例《翠鸟》获全国网络教学研究总课题组增城交流会一等奖；《枫叶答错了问题，羞红了脸》《把要求变需求，引导学生主动地学》《小学语文〈可爱的动物〉专题学习网站的构建与应用》《网络环境下小学语文“动物篇”“自主化”教学模式研究专题教学设计》《让每一个孩子愉快地走进写话乐园》《发挥BBS论坛的魅力，有效组织课堂讨论》等十多篇论文获得各类奖励；另在市级以上刊物发表教育教学论文五篇。

一、教育无界限，赤诚育人心永在

时光荏苒，日转星移，王先秀老师自踏上三尺讲台以来，已经历了十七个春秋。她一贯忠诚于党的教育事业，爱岗敬业，老老实实做人，认认真真教书，把自己的青春献给了教育，献给了天真烂漫的孩子们。王老师是一个普通而平凡的人，但是就是在点点滴滴的平凡小事中，我们看到了王老师对教育事业的热爱和执著；看到了王老师甘做红烛、无怨无悔的奉献精神；看到了她精益求精、努力向上的敬业精神；看到了她锐意进取、敢为人先的创新精神。

这十七年来，王老师先后在湖南、广州教书，然而，教育无界限，无论走到哪里，她那颗赤诚育人的心始终如一。当初，对文人气质的迷恋，对诗情画意的陶醉，对故事情节的向往，对文字意蕴的感悟，让她喜欢上语文；同时，对教师高大形象的崇敬，对教育的热爱与追求，使她热爱每个孩子，享受着每一个与孩子为伴的日子。她从孩子那感受到喜悦的幸福，脸上总是有着甜甜的笑容，心中总是装着满满的快乐。还因为她对孩子的喜欢——喜欢孩子的天真，喜欢孩子的稚气，喜欢孩子纯洁的眼神，喜欢孩子稚气的语言……让她无悔地选择了小学语文教师这个职业，而且更致力于教育事业，更用情于所教学科。她不断学习、实践以求超越自我，不断置身科研以求提升专业素养。爱，是她投身小学教育的原动力。因为热爱，因为痴迷，她走上了小学教师之路，并毅然前进，一步一个脚印地走下去。

到增城市荔城第二小学后，王老师更是锐意进取，敢为人先。学习—实践—反思—更新—实践，是她一贯的工作习惯，是其不断超越自我的最佳途径。科研是她不能终止的兴趣所在，是其提升专业素养的灵丹妙药。

二、学习即享受，积极与名家对话

俗语说："好笋出好竹，好师出好徒。"那怎样的老师才能成为好老师，才能教出好学生呢？这个问题也曾经困扰着王老师。自走上工作岗位后，在课堂实践中，从专家的讲座里，王老师深深地懂得要真正上好一节课，要成为一名好的语文老师，光有热情是不够的，必须要懂得教书育人的真正含义，要有扎实的专业理论知识和过硬的教学本领。为此，学习便成了王老师生活的重要组成部分，孜孜不倦地学习教育理论——教育学、心理学、课程与教学论、校本课程开发等。这些枯燥的书籍大大方方地走上她的案头，开启其教育智慧。教育论著、教育家精选，更是与她宿宿为伴，开阔其视野。多少个假日佳节，别人玩得不亦乐乎，王老师却在畅游于理论著述之中，与一个个教育理论一起度过这良辰美景；多少个夜深人静的晚上，别人早已酣然入睡，美梦甜甜，王老师却在与苏霍姆林斯基等大教育家对话，聆听着夏丏尊等教育专家的教导，品味着《叶圣陶语文教育论集》，关注着《小学语文教学通讯》《小学语文教学》《语文学习》等语文大刊上的教改文章。

叶圣陶先生的"教是为了达到不需要教"的名言时时在王老师的脑海里浮现，语文教学的最终目的就在于让学生"自能读书""自能作文"的精辟概括，让她醍醐灌顶，让她找到了一辈子努力的方向。从此，王老师在语文教学中努力改变以往灌输式的教学模式，而把多种游戏贯穿在教学中，以学生为主体，尊重学生，以情景教学来感染学生，使他们身临其境，在不知不觉中学习语文、享受语文。"教育内容生活化，教学过程活动化；从玩中学，从学中玩"，成了王老师努力追求的语文教学境界，也是她始终追求的目标。她的识字教学——《菜园里》，正体现了其追求的目标。这节课追求"识字生活化、情境化、游戏化"，让学生在课堂上真正动起来。王老师精心设计了丰富多彩的教学情景，通过小组学习、合作学习、互动交流、角色表演，促使学生动脑、动手、动口、动眼，调动多种感官参与学习，让学生在生活中识字，在游戏中识字。她的这种教育观念和教育行为，都是在叶老这一句看似简单实则深奥无比的教育格言的指引下形成与展开的。

魏书生老师说过："在我们的生活里，有真、善、美，也有假、恶、丑。在这个世界上有阳光、鲜花、小蜜蜂、老黄牛和雷锋，也有阴云、烂草、苍蝇和政治野心家。追求真、善、美，憎恶假、恶、丑，这是一个头脑清醒的学生应该具有的可贵品质。"这朴素的语言，常常提醒她，教师的天职不仅是教书，更重要的是育人，小学生的可塑性很强，更要注重品德教育，让其分清真、善、美。因此，她更注重培养学生的品德教育，把品德教育巧妙地渗透到学科之中，同时，自己也做到身正为范。

美国教育家杜威的“生活即教育”的名言牢牢铭刻在王老师的心中，开启其把教育放到生活里，从生活小事中开启学生的智慧。有一次早读课后，学生围在她身旁谈天，不经意间，一名学生看到了她语文书中的枫叶书签，他从书中抽出书签拿在手中把玩着。孩子们的注意力马上集中到红红的枫叶上，他们争相传看着，议论着……这时，一个学生说：“王老师，枫叶为什么是红的?”面对学生的问题，王老师并没有立刻回答，而是让学生们自己去找答案，她知道“教师的工作是激发学生对生活无限的好奇心”，于是她故意说：“哎呀，这可真难倒王老师了。这样吧，我们分头去找答案，时间是一天，明天交流答案。”同学们愉快地接受了任务。王老师抓住生活中每个可以开启学生智慧的机会，授之以渔，培养学生解决问题的能力。

三、学以致用，在教学实践中反思

学以致用，是王老师的一贯作风。从书本上、生活中学到的理论知识，她总是尝试应用到实践中，使实践与理论相结合。然而，理论与实践操作毕竟不是简单的融合。课堂上，尽管精心准备过，仍然会出现许多不和谐的音符，甚至遭遇失败。但是，王老师深知失败乃成功之母，最可怕的不是失败，而是不懂得从失败中走出来，反思使王老师找到走出失败之门。在平时的工作中，王老师喜欢从学习中思考，从思考中学习。每上完一节课，特别是公开课，她都会反思这堂课，总结好的方面，积累经验，找出不足，作出分析，同时听取领导、同事的意见和建议，想出改进方法。她还会向名师求教，借来于永正、支玉恒、窦桂梅等名师的书籍与录像，一遍遍揣摩名师的点拨、评价、激励等语言艺术的精妙之处，细细推敲课堂设计蕴涵的理论知识，深入思考课堂设计的技巧与要领……把名师的精粹适当地融入自己的教学中，更新自己的教学观念。经过反思和更新改进，再把理论运用到实践中，尽可能得到最佳的教学效果。渐渐地，在课堂上，王老师觉得自己有了底气，学生有了灵气；渐渐地，她的课堂形成了自己的一些特色，并尝试把自己的思考写成文章在校本研修时交流。

四、课题研究推动，在科研中成长

王老师诚恳地说：“科研，让我不断提升专业素养；没有科研，就没有我的成长。”王老师注重科研，把科研当做提高专业素养的灵丹妙药，并且牢牢抓住任一提高自身素养的机会。1998 年，王老师调入增城市荔城第二小学，正碰上学校省级科研课题“小学自主化教育教学模式研究”在全校正式启动。面对这样的大好机会，王老师有一种身逢适时的欣喜。全心投入，奋战科研，她感觉自己多了一份责任，更多了一份欣悦。由于她在学校表现出色，校领导多次让她上研讨课，因而她也多了许多实质性锻炼的机会。2003 年，新课程在增城市全面铺开，荔城二小成为新课程实验的试点学校。校长便把她定为从事此项实验研究的中坚力量，让一向担任高年级语文教学的她担任一年级语文教学。面对挑战，王老师无所畏惧，勇敢面对，全心搞好科研。在科研期间，何校长亲自带领本校老师进行新课程实验研究：一次次组织她们学习《新课程标准》；一次次对实验教师进行科学研究方法的指导；一次次走进课堂，指导她们上课。王老师认真听取校领导的意见，全身心投入，科研能力得到很大的提高，教师专业化得到很大的发展。2004 年，该校又被确立为全国教育科学"十五"规划重点课题——"网络教学的设计与评价研究"的试点学校，该校确立了"网络环境下小学语文'动物篇'自主化教学模式研究"的科研课题。校领导把此项重担交给了王老师。因而她又多了一次提升专业素养的机会。机会难得，王老师紧紧地抓住了它。她与实验教师一起学习相关教育理论，一起开发专题学习网站；她带头上实验课，指导实验教师上课。在实践中，她的科研水平进一步提高，专业素养也在不断提升。

总之，在荔城二小六年的工作实践中，王老师不断地在实践中探索研究，同时吸取新的教育理念和思想，学习—摸索—尝试—内化，形成了自身独特的教育理念和教学方法；坚持"教学应以人为本，着眼于学生素质的提高"，形成了自己真实、扎实、朴实的教学风格。

五、相互的帮助就是力量，在鲜花中感恩

王老师获得了鲜花与掌声，但她从来没有归功于自己一人。她在获得荣誉的同时，内心充满了感激，感激她的领导、同事以及家人对她的支持和鼓励。在她的眼里，别人的支持和帮助，是她坚强的后盾。回顾自己的教育之路，她难忘原广州市天河区云山小学苏湛英校长对刚刚从事小学语文教学的她的谆谆教导；难忘原增城市教研室副主任何老师对她的热情帮助；难忘同事与其并肩作战的苦乐；难忘……她诚恳地说："有了领导的支持和同事的帮助，我就像雨后春笋一样快速成长起来。"

从王老师的身上，我们看到了她的热情、执著、努力，也看到了她的诚恳、谦虚。她的学习再学习的做法，激发了我们学习的热情；她的反思再反思的习惯，提供了一种走向成功的方法；她的诚恳谦虚，启发了我们如何做人……

（执笔：黄健宜）

厚德　博学　善教

广州市黄埔区怡园小学　孙冬梅

孙冬梅，黄埔区怡园小学教导主任，教龄近二十年。从1995年开始，孙老师就被定为黄埔区的小学语文骨干教师；并被评为学校、区、市的优秀教师，优秀中队辅导员（或班主任）；曾获得全国“创新杯”优秀辅导员奖；被评为黄埔区“爱教育、爱学校、爱学生”优秀共产党员；在全国“十五”重点课题“电影课题”成果评比中获得一、二、三等奖；获得广州市小学语文教师教学技能大赛二等奖、黄埔区首届教师基本功大赛小学语文组一等奖、小学语文优质课比赛一等奖、黄埔区小学语文高级教师基本功比赛一等奖、黄埔区小学语文论文一等奖、黄埔区“优化课堂教学的设计与实施”实验成果评比一等奖等。

孙老师认为，一个好老师应该拥有“三慧”：一是拥有一颗慧心，感悟书本、感悟生活、感悟社会，不仅要拥有知识，更要拥有智慧；二是拥有一双慧眼，善于发现，善于捕捉，敏锐快捷；三是拥有一双慧手，勇于探索、勇于创新。

十几年来，我立足小学语文教师这个平凡的工作岗位，兢兢业业，严于律己，善于学习，勇于探索，教育教学日趋成熟，取得了非常好的成绩，得到了同行、家长和学生们的广泛好评。

我认为一个老师必须具备“六字”素养，即“厚德、博学、善教”，这是教师与教书匠的区别。常言道“医者父母心”，我时时告诫自己作为一个教师，也要做到“师者父母心”，首先要为人厚道，善待每一个学生，这是道德基础，也是师德基础。有了这个基础，才会有强烈的责任心，才会敬业爱岗。从教以来，我被称为学生的良师益友、家长的贴心人。一个好老师就应该是一本丰富的书、一个宝贵的资源库，既要博学，又要善教。一个好老师还应该拥有“三慧”：一是拥有一颗慧心，感悟书本、感悟生活、感悟社会，不仅要拥有知识，更要拥有智慧；二是拥有一双慧眼，善于发现，善于捕捉，敏锐快捷；三是拥有一双慧手，勇于探索、勇于创新。带着这样的感悟，三尺讲台在我的眼中成了一个庄严而坚实的人生舞台。

一、来自前辈的震撼——信念赢得尊严

在我的人生中，曾面临着两次职业选择：第一次，刚踏出校门的我认为教师这个职业既平凡又高尚，符合我的理想，所以选择了它；第二次是在12年前，我离开了原来任教的学校准备调到怡园小学任教。当时许多好心的朋友都劝我改行，认为当老师既辛苦又没出息，小学老师就更不用说了，不如借这个机会坚决改行。就在我犹豫的时候，我的学生们送给了我一份令我意想不到的礼物：一副他们亲手书写的对联。上联是“嬉笑怒骂皆文章”，下联是“举手投足都精彩”，横批是“恩师风采”。捧着这份珍贵的礼物，我不禁热泪盈眶，我是一个非常平凡的人，在这大千世界中如同沧海一粟，因为做了一个教师应该做的事，学生们就把他们心中最高的赞美给了我，那么真诚地热爱自己的老师。也就在这个时候，我从书本上认识了我们小学语文界赫赫有名的老前辈斯霞老师和张平南老师。两位前辈让我非常震撼：小学老师居然可以当到这种境界！她们的事迹广为人知，无论是经历别人没有经历过的艰辛，还是获得令人羡慕的荣誉，她们都那么安宁、平和。那种宠辱不惊的气度，不以物喜、不以己悲的人格魅力，令我肃然起敬。正所谓“文胜质则史，质胜文则野，文质彬彬，然后君子”。那种气度和魅力是由内而外散发的，是无法装扮出来的。那种对教育事业的执著和忠诚，造就了她们的成就，为她们赢得了尊严。她们虽然只是小学教师，但她们的人生却特别有尊严。

就这样，我再次选择了教师这个职业，踏上了怡园小学的讲坛，成了一名小学教师，也将自己个人的发展与教育事业连在了一起。

二、课堂插曲的感悟——博学塑造魅力

有一次，我走进教室，发现几个调皮的男同学正因为一些鸡毛蒜皮的小事吵闹不休，我非常恼火，觉得现在的学生不知道惜福，不懂得珍惜，就严厉斥责他们：不求上进、不学无术，无事生非，太没有骨气，并令他们站到镜子前反省自己。我越想越觉得痛心，就将毛主席的词《沁园春·长沙》抄在黑板上，还在“问苍茫大地，谁主沉浮”“恰同学少年，风华正茂；书生意气，挥斥方遒。指点江山，激扬文字”的下面画上重点符号，说：“人家少年，你们也少年，你们看看人家想什么：问苍茫大地，谁主沉浮？做什么：指点江山，激扬文字。那是什么气概？哪像你们胸无大志，整天为芝麻绿豆大的事纠缠不清？”一个学生叫起来：“老师，我们好崇拜你啊！”学生们都笑起来：“老师，你不愧是才女，批评人都引经据典，连生气都很帅哦！”原本紧张的气氛变得轻松起来，我从这首《沁园春·长沙》开始，和学生们谈起诗经、楚辞、汉赋，以及唐诗宋词……连下课铃响了，他们都不愿下课，还提议去“指点”黄埔。这个提议给了我很大的启发，黄埔人杰地灵，历史人文资源非常丰富，值得开发。于是，我根据当时

学校参加的国家“九五”重点课题“电影课题”设计了一个课例《有大主意的孩子》，并利用双休日和学生一起活动，指导他们收集资料、整理资料，在活动的过程中，班风悄然发生变化。我们在2000年和2001年由这个活动派生出的电影课例《有大主意的孩子导看纪实》、中队活动《追寻黄埔》均获得了国家级奖项。

这段教学经历中的小插曲，让我明白了厚实的文化功底能使一个老师在课堂上挥洒自如，信手拈来，反应敏捷，这是一个老师人格魅力的重要体现。正如一位名教师所说的：“要给学生一杯水，就应该先拥有一条源源流淌的小河；要给学生一朵云彩，就要先拥有一片天空。”因而，我利用业余时间博览群书，也阅读了大量有关教育教学的书刊杂志，并与自己的教学实践相结合，从而形成自己的见解，以优化自己的教育思想。扎实的教学功底使我受益匪浅，我的课堂教学既在课本之内，又跳出课本，学生不仅爱学语文，也会学语文；不仅语文成绩较好，语文素养也普遍较好。我也被称为“全面型”教师，除了经常承担语文教学的公开课外，还成功地承担过思想品德、综合实践活动课的市级公开课，在市教研室的听课检查中均获得优秀。

三、明信片的启示——善教造就精彩

香港即将回归祖国的那个圣诞节热闹非凡，我收到了一大沓的圣诞卡，最时尚的祝福语是中文里夹杂着“半咸不淡”的英语。我心里很不平静。我们中华民族的文化源远流长，博大精深，西方到十六世纪才发现地球是椭圆的，地球是绕着太阳转的，而在2500年前的中国，诗人屈原在《楚辞·天问》中，就以诗歌的语言、逻辑推断出地球是椭圆的，地球是绕着太阳转的。现在，我们的学生似乎很淡化民族文化而盲目崇尚外国文化，这无论从民族的角度还是从学生自己的角度来看都是很悲哀的。我一直想设计一些有文化底蕴、洋溢着传统文化气息的语文课来感染学生。我利用课余时间，仔细琢磨，精心设计了一个系列语文活动课例。这个系列包括三个课例：《成语王国》《漫游古诗百花园》和《散文风采》。其中，《漫游古诗百花园》以巧妙的设计、生动的形式、丰富的内容以及我个人许多独特的感悟引起了人们的关注。这个课例获得了黄埔区语文活动课比赛第一名并代表黄埔区参加广州市的比赛，以专家打分第一、与会老师无记名投票第一的成绩赢得了广州市同行的一致好评，该课在接待香港同行时也获得了阵阵喝彩。

我积极探索优化教学的途径，力求不断超越自己，常常为了设计一个教案、上好一节课、写好一篇论文而通宵不眠。我先后参加了国家“九五”“十五”重点课题“电影课题”的实验研究，设计的导看纪实和课例以“新、活、实”的特点引起了课题组其他学校的关注，受到了总课题组专家的高度评价。2001年，应总课题组的邀请我参加了在人民大会堂举办的成果展示会；2004年，获得了该课题第三届成果评比的一等奖和二等奖。此外，我还参加了广州市重点课题“优化课堂教学的设计与实施”的实验，积极承担实验课，撰写实验论文，在第二阶段和第三阶段的结题现场会上，代表怡园小学发言，以新颖的观点、独到的见解赢得了与会专家的好评。课题实验研究为我提供了一个高起点的平台，撰写的多篇实验论文在市级以上刊物发表或者交流，上的区、市公开课也总能给人耳目一新的感觉。

四、心灵的触动——爱心提升风采

1998 年，我新接了一个班，发现一个学生总是没精打采的，学习也跟不上。一次上课的时候，我发现这学生又趴在桌子上，我关切地问他是不是不舒服，学生们七嘴八舌地告诉我：“老师，你别管他了，他一直是这样的。他妈妈都说他没救了，懒得跟猪一样！”听着这些话，看到那个学生无奈的目光，我心里很不是滋味，陡然觉得肩上的担子重了。老师不仅要关爱学生，还要教我们的学生学习关爱别人。我思考了一下，对学生们说：“我相信他不过是暂时遇到了困难，在同学们的帮助下，他一定会克服的。”他吃惊地抬起了头，其他同学却不好意思地低下了头。我到他家家访时，他妈妈一见我就诉苦：“老师，你见过这么懒的人吗？每天做作业都要三催四请，经常拖到十一二点。”我认真地提醒她：凭我的直觉，这个孩子是身体上有什么不舒服，希望她引起重视。第二天，半信半疑的妈妈带他到医院检查，发现孩子果然患有严重的贫血，还有隐性胃出血，两个“+”，医生建议孩子在家休息一段时间。我给孩子买了几本书，带着班上的同学去看他，他和妈妈含着眼泪一个劲地表示感谢。这个学生病好来上学的时候，我和全班同学为他举行了一个欢迎仪式，看着他红润的脸上洋溢着快乐的笑容，我的感触良多。“医者父母心”，作为老师也应该拥有一颗时刻关爱孩子的慈母心。

爱心和责任心总是连在一起的，2005 年 1 月通过竞争上岗担任学校教导主任以后，我还坚持担任班主任，所任教的班级学风好、班风好，是学校有口皆碑的优秀班级。教育孩子是一门大学问，爱心和慧心是紧紧相连的，爱学生不仅要有爱的情感，还要有爱的智慧，给学生创造出一个充满爱和智慧的土壤；更需要有一双慧眼，能发现每个孩子的潜力和进步的契机。一个学生迷上了电视连续剧《还珠格格》，看完这个台又追那个台，还不过瘾，就买了影碟来看，他妈妈一气之下把电视机的插线都藏起来了。他又弄了一套卡片来欣赏，连上课的时候都在摆弄。我想：明星偶像们的气势有点像洪水，堵是堵不住的，只有疏导了，仔细想想剧中蕴涵的文学资源也是很丰富的，如紫薇做的菜都用李白的诗句来命名的，如“凤凰台上凤凰游”“燕草如碧丝”“秦桑低绿枝”。我灵机一动，开展了一个“发现《还珠格格》剧中诗”的活动，让学生去寻找其中的古诗，如李颀的《古从军行》。我送给这位小“还珠迷”一本李白诗集，其他同学都很羡慕，我趁机宣布：举行背唐诗比赛，奖品就是诗集。放《还珠格格》那段时期，我送出了十几本诗集。后来，这个学生成了我们学校的金牌小主持和金牌小指挥。

“不经历风雨怎么能见彩虹?”没有“为伊消得人憔悴，衣带渐宽终不悔”的过程，又怎会感受“蓦然回首，那人却在灯火阑珊处”的惊喜？教师这个职业是艰辛的，也是快乐充实的。这些年来我付出了爱和汗水，收获了感悟。“厚德”是教师精神的脊梁，为我们赢得尊严；“博学”是教师财富的源泉，为我们塑造魅力；“善教”是教师成功的桥梁，为我们造就精彩。“厚德、博学、善教”是我在教学生涯中不断追求的目标，鞭策我不断超越自我，不断提升素质，做一个与时俱进的优秀教师。

人生因追求而美丽

广州市海珠区同福中路第一小学　郑　贤

郑贤，广州市海珠区同福中路第一小学教师，教龄虽仅十四年，但已是广东省信息技术学科的小学特级教师，获得过多种荣誉称号。2004 年，郑老师被评为全国模范教师。她曾辅导学生参加各级教育部门组织的比赛，获奖学生人数达一千多人次；本人也在参加全国、省、市、区组织的各项教育教学活动竞赛中获得几十项奖励。郑老师的突出成绩来源于执著的教育信念："教育是我生命的一部分。正因为对工作的挚诚，学校已经成了我的第二个家。为了一个学术上的问题，我会不眠不休；为了一个好的教学设计，我会通宵达旦；为了转变一个学生，我会不离不弃。无论工作多忙多累，我始终以旺盛、积极、乐观的心态投入工作。"

我是幸运的，因为我不是师范生，却在十四年前的海珠区的公开招聘中被录取了；我是幸运的，因为十四年来我获得了学生们对我的深深钟情和无限厚爱，他们带给我的情谊和收获远不是语言所能表达的；我是幸运的，从师不到十年，我就被评为广东省特级教师，在 2004 年教师节，我还荣幸地被评为"全国模范教师"。

十四年来，如果把我自己的获奖和辅导学生的获奖合在一起，真可以说是无数。就说辅导学生参加由教育部门组织的各种各类的全国、省、市、区的比赛，获奖人数达一千多人次；而我自己参加全国、省、市、区组织的各项教育教学活动竞赛，获得一等奖等几十项；个人获得由全国、省、市、区颁发给我的荣誉称号也有十几个。如果这都可以说是幸运的话，那我可以坦率地说，幸运的背后是不断的追求和不懈的努力！掌声的背后是学校领导和老师们的支持、帮助和鼓励！

十四年来，我已经从一个搞教育教学的外行变成内行，从一个普普通通的教师成长为特级教师。我是如何成长的，是如何在教师这一平凡而又崇高的岗位上工作的，我想通过坦露自己的心路历程，把自己的所得所悟与大家分享。

一、对教育事业的挚爱，是我不断努力追求的动力

人的生命中最宝贵的是信念。虽然我是半路出家当老师的，但从我能幸运地

当上老师那天起，我就立志要当一名出色的、学生喜爱的老师。就是在这一信念的支撑下，为了我所钟情和热爱的教育事业，十四年来，我坚持不断地学习、不断地钻研、不断地追求。

（一）刻苦钻研，用比别人多几倍的时间弥补差距

1993年初，我应聘被录取到同福中路第一小学任教，当时我不知道这是一所名校。可是，当我来到这样一所充满活力也充满竞争的学校时，我就在思考：我已经32岁了，可以说是起点低，年纪大，与其他同龄的老师相比，我的教龄几乎少了十年。在这样的环境下工作，我应如何生存，而且还要生存得出色？我为自己树立了一个目标：那就是通过自己的奋斗，用比别人多一倍、两倍甚至更多的时间去工作、学习，把这相差十年的差距追回来，我要用自己的努力去创造一片属于自己的蓝天！

抱着这一信念，我尽心竭力地干好每一件事情，包括教学工作、学生工作、家长访谈等各项工作。十四年来，我一直承担学校二至六年级的18个班的信息技术的教学任务，以及大量的学生培训工作，任务之重可想而知，但是只要是在岗位上，我就会以饱满的热情投入工作。我对教育的热爱就正如我在接受电台采访时所说的：教育是我生命的一部分。正因为对工作的挚诚，学校已经成了我的第二个家。为了一个学术上的问题，我会不眠不休；为了一个好的教学设计，我会通宵达旦；为了转变一个学生，我会不离不弃。无论工作多忙多累，我始终以旺盛、积极、乐观的心态投入工作。

记得在1993年初，我刚到同福中路第一小学不久，学校就交给我一个任务：指导学生参加四月份的广州市小学生LOGO程序设计竞赛。说实话，当时我对LOGO程序设计懂得不多，就会那几个简单命令，要带学生参赛，真是谈何容易。但我觉得：这对于新人的我可是一个机会，是一个挑战，并且是获得领导和老师认可和信任的机会。由于距离比赛时间只有短短的两三个月，我在四、五、六年级各物色一个学生进行培训。那段日子想起来真是很苦，几乎天天晚上要看书学习，分析、编写程序，若遇到难题常常要搞到半夜三更。我是晚上学，到了第二天放学就教学生，而且是与学生一起交流、探讨、研究，确是教学相长。结果，在那次的比赛中，我的学生虽说是初出茅庐，却分别获得了市一、二等奖。那段师生共同奋斗的日子，使我和学生建立了深厚的友情，成了我们今天难忘的回忆。现在已大学毕业的他们，有时谈起十年前的这段往事，仍津津乐道。

（二）严谨治学，不断提高教师专业化水平

记得我刚到学校工作的时候，除了了解本学科的一些专业知识之外，不要说什么教学的思想、教育的理念，可以说连教学的一些基本常规都不大清楚。然而，在强烈的事业心驱使下，在学校团结奋进的氛围下，我满怀信心，朝着自己心中的理想目标默默地、踏踏实实地迈进。一个人在良好的环境中工作，除了机会，更需要个人的努力和奋斗！我坚信：只要你努力，相信一定行！那么怎样才

能不断提升自己的专业水平？我的做法是：

第一，不断学习，不断创新。经常阅读教学杂志和本专业的书籍报刊，使自己所掌握的知识尽可能处于一种常新的状态。

第二，刻苦钻研，虚心求教。信息技术发展、更新很快，这更需要不断钻研、不断学习新的知识，从而提高本专业的知识水平。本专业有特殊性，如能虚心请教同行，不耻下问，往往有立竿见影的收获。

第三，多听好课，虚心学习。这么多年来，我都坚持一个做法，那就是只要有公开课，无论是哪一学科，我都尽可能去听、去学习，吸取各学科教学的长处，努力提高自己的教学水平，形成自己的教学风格。

第四，视生为师，教学相长。多年来的教学实践，尤其是培训学生参加各级各类的计算机比赛，使我深深感到，学生是一种资源，一种能丰富和提高老师教学的资源。学生的敢想、敢问、敢做、敢于尝试，给老师提供了很大的思考空间。面对学生提出的奇思百问，我会与他们一起研讨、一起探索，在解决问题的过程中，学生学会了解决问题的方法，而我也从学生提出的问题中得到了启发。这就是我常常所说的“双赢”。

第五，反思总结。我非常重视通过反思自己教育教学的过程来学习和掌握教学的特点和规律。不管是一节公开课、研究课，还是一个阶段的教学情况，我都要从整个过程的反思中找出自己教学的成败得失，不断改进教学的方法，不断提高自己把握教学的能力和水平。

正是由于自身的不断刻苦努力，虚心求学，使我从一个不会看教学论文又不会写教学设计的新手成长为本学科广州市编《信息技术》教材和《教师教学用书》的编写者之一，我撰写的论文有的被收集到本学科的市编论文集，有的获得省、市、区中小学计算机优秀教学论文、优秀教学设计一等奖，而且我还成为广州市唯一一位信息技术学科的小学特级教师。

（三）投身科研，勇当教学改革的排头兵

学校一直重视教育科研工作，我就是在学校教育科研的沃土上，学会了用研究的眼光开展工作，学会了创造性地进行教育教学。我自觉投身教育科研，并根据不同时期的要求自行设定研究的课题，在教育科研中边学习、边实践。我每一年都围绕不同的研究专题，完成“六个一”：一份专题研究计划、一份专题研究课课前简介、一节汇报课、一份优秀的教学设计、一份优秀的教学论文、一份专题研究总结。我就是在这种良性的压力下，围绕目标，推动自己由开始时的疑虑、畏难，到后来的勇于承担。我就是在这一次次完成研究任务的过程中逐渐成长起来的。

例如，2004 年在我校的六年级，我率先进行了“基于 Webquest 网络环境下的主题性探究学习”。我结合语文课本中的一篇课文《只有一个地球》开展了一系列的研究，让学生学会利用网络资源，围绕“只有一个地球”这一专题进行了“大自然警钟长鸣”“保护我们共有的家园”“二十年后的地球”等三个不同方面的探究学习，让学生把在信息技术课上学到的知识运用到实际中去，并能对所学习的知识进行求知、求真和创新。这样不但大大地提高了学生运用信息技术解决问题的能力，更重要的是真正达到了学有所用、学以致用的目的。在2004年年底，我曾经把这些课在省、市公开课中进行了研讨和展示，受到了听课的专家、领导和老师的高度评价，为我省、市在基于网络环境下的信息技术与课程整合的研究和学习开辟了一条新的探索路子。

带着科研实践中的各种问题，我孜孜不倦地学习，学校组织的各种学习活动我都非常认真地参加，通过听专题报告、讲座，参与教师论坛，交流读书笔记等方式，不断提高自己的教育教学水平和理论素养。例如，我参与了学校科研课题“让课堂教学交往充满爱”和校本课题“交往教育”的研究，每周的科研活动，我既作为研究者，探索在课堂教学交往中进行德育渗透和交往教育的有效方式；同时也作为反思的实践者，在不断的共同研究中总结出教育教学的策略，然后，把经验合理地、有机地与工作结合起来。我在学校展示的两节研讨课《争做小画家》和《网络交流——话邮箱》就收到了良好的研究效果，得到了听课的专家和老师们的好评。

（四）辐射作用，带动校内外教师成材

自评上广东省特级教师以后，我感受最深的是它带来的除了荣誉，更多的是自我境界和责任的提升。我对工作注入了更多的热情、积极、主动，在忙碌与辛劳中，我感受到了工作的充实和快乐，感受到了在工作中自我价值的提高，我更感受到了“特级教师”这一荣誉称号带给我的奋斗、自强不息的力量！那种力量是无形的，它令我在思想上、认识上有了新的飞跃和超越。它使我对工作更加主动，考虑事情更加全面，处理事情站得更高，这些感受都是在我评上特级教师前所没有的。

例如，我更加明确了自己的工作任务与职责，不但是自己要上好课、教育好学生，而且还要以自己良好的师德风范，以及精湛的教学技艺带动身边的相同学科甚至不同学科的教师，使他们也能得到不同程度的进步。在学校、在海珠区，甚至在广州市，我都有帮带对象，只要是老师们需要，我都会尽力帮助。在没有减少日常教学工作量的情况下，我经常给年轻的老师们讲课、评课，与他们一起备课、研究教材、探讨教法等。在这些过程中，我毫无保留地把自己的见解、看法与年轻老师交流。特别是对我校和我区的好几位年轻教师，我把他们视做弟妹，经常与他们谈心，帮助他们解决困难，激励他们努力进取，指导他们的教学工作，使这些老师在教学上都有了质的飞跃。真诚、无私的帮带使我赢得了老师们的感激、称赞，在学校和区内都产生了较好的影响。

我校周老师就是我尽心尽力帮助的一位。周老师要参加广州市自然学科教学竞赛，我就与他一起备课，帮助他整理教案，使他的教学语言逐渐规范。好几个晚上都可以看到我俩在自然实验室忙碌的身影，为周老师最终在比赛中取得市二等奖尽了自己的一分努力。

近几年，我在区里也帮带了四五位年轻的信息技术老师，这些老师现在已成为我区信息技术的骨干老师，而且他们在参加省、市信息技术优质课的评比中都获得过二、三等奖的成绩。在帮带年轻老师的同时，我深切地感受到发挥特级教师辐射作用所带来的成就和喜悦。

二、对学生真挚的爱，是我不断努力追求的源泉

爱是教育的源泉，在教育教学工作中我牢记着"让爱沁入每个孩子的心田"这句话，我把学生当做自己的儿女、朋友，把爱奉献给他们。正因为爱学生，才使我除了在教育教学中积极开展科研活动和注重学生能力的发展和提高外，更注重教我的学生如何"做人"，我认为这才是为人之本。

每年，我都把几个"活宝"作为我"重点扶持"的对象，有不笨但有许多不良习惯的，有自律性很差还要惹是生非的，有又懒、学习又较差的等。改变他们仿佛是在修建一项工程，给我的感受是：在修建的过程中，你不可能时时看到效果，只有等到竣工的时候，你才能体会到你的成功。

（一）育心育人，只缘于一个"爱"字

基于对学生的爱，我以"爱心换真情"和学生建立了亲密的师生情谊。对学生在生活上给予关心和爱护，在精神上给予鼓励和支持，在学习上给予耐心的帮助和辅导，尤其关心学习有困难的学生，使他们勇敢、自信起来。

例如，2004 年，我班有一个常常喜欢捉弄人、爱搞小动作的调皮学生，对他我就采取了"钉子"的方法。在将近两个月的时间里，我天天盯着他，发现他有不妥行为，就先让他进行"换位"感受，然后再作"反思"，另外还注意跟家长紧密联系。只要该生有进步，我就马上给予鼓励、表扬。我还针对这个学生挺聪明且爱好电脑这一特点，对他因材施教，重点辅导他网页制作技术，使他与另一同学合作制作的网页在"2004 年全国中小学电脑作品制作活动"中获得二等奖。他尝到了成功的喜悦，切身感受到了老师对他的严格要求其实都是出于对他的爱，他逐渐变成一位对人友善、勤奋好学的好学生。

六年级有一位学生上课特别调皮捣蛋，常常令师生都不得安宁。为了帮助该生改正缺点，我主动与其家长联系。当得知其父亲刚下岗，家境不太好，教育孩子的方法简单粗暴时，我就与家长一起研究、交流对孩子进行引导、教育的方法。另外我还邀请同班、同组的同学一起和该学生交流谈心，使该生十分感动，表现有了很大的改变。面对孩子的进步，家长感激万分。

二年级有一个姓陈的学生，平时喜欢我行我素，谁的话也不听，对同学经常拳头相向。我并没有因此嫌弃他。通过观察，我逐渐发现了这学生的一个特点：喜欢听好话。于是我就对他采取"赏识教育"的方法。只要他稍有进步，我就

马上给予表扬。同时多关注他一点，以便随时发现他学习上的困难，给予及时的帮助。我还常常激励他向困难挑战，树立战胜困难的信心。对他的一丁点儿进步，我不但会在全班同学面前进行表扬，而且还适当地给予小礼物的奖励。就这样，在老师耐心而又充满爱的教育下，小陈的进步非常大。有时一整节课的打字训练，他竟然可以很认真、很专注地进行练习。看到他那好不容易坚持下去的样子，我总会发自内心地表扬他，搂着他说："只要你能坚持、努力，你一定会成为一个很棒的人!"

教育，是一种温暖的抚爱。"没有爱就没有教育。"给学生抚爱，就是要多一份呵护，多一份激励。教育，也是一种殷切的期待。给孩子一个希冀，他将还你一个喜悦；给孩子一份期待，他将还你一个奇迹。教育，还是一种巧妙的忍耐。忍一时，峰回路转；耐一刻，天高海阔。就是在这令人难以忍耐的过程中，定会出现那"润物细无声"的效果，达到那"柳暗花明又一村"的美妙境界。

（二）主动请缨，为的也是一个"爱"字

曾有人问我，学生于你来说，意义是什么？我说是互帮互爱、共同成长的伙伴。与其说十四年来我培养了很多学生，倒不如说学生造就了我。学生的成长总像一面镜子不断鞭策我，使我不断改进、不断学习、不断提高，这样我的教学才有生命力。

说一说2004年我与已毕业的六年级的学生一起上的一节很特别的课吧。面对即将毕业的六年级学生，教了他们五年，与他们共度五载所结下的情谊早已是亦师亦友，那种彼此依依不舍的情愫总萦绕在我和学生的心头，一个从未有过的想法冒出来了：我要为我的学生做一件事。过去常常为了学校的任务，让学生上公开课、接待课，那么我能不能专门为孩子们上一节课，把他们的父母请到课堂里来，让家长一起感受孩子们在小学最后阶段的一节课呢？当我把这想法告诉学生时，得到的是他们的振臂欢呼！我请示校长并得到批准。那就上一节让每个孩子都有机会展示自己才华的课吧，让他们的父母一起来感受孩子的成长和快乐。

请听听家长们在听完这节课的留言，"这样的电脑展示课，充分体现了当前课改的基本理念和精神，充分体现了学生的主体作用，课堂生动活泼，效果很好。同时也让家长从中领略了老师的教学风采和孩子的学习情况。希望以后多开展这样的活动。""通过观摩今天的信息技术公开课，我们看到同福中一小在教育创新方面取得了很大的成就。特别是在应试教育的今天，这样具有创造性的信息技术课更是难能可贵，这样的课程使学生在学习的同时更富于创新的精神，更有利于学生学习积极性的提高，有利于逐步激发、培养、锻炼学生的创新思维，为今后的学习打下牢固的基础。建议一学期可多举办一两次这种学习活动。""电脑课上得很好、很棒！非常活跃、精彩、生动、有创意。感谢郑老师！"

我不是没事找事做，相反，繁重的工作早已令我习惯没有工作日和休息日之分。之所以要做一些没人要你做却又主动做的事，那完全是对学生那种浓浓的爱让我不断地开拓自己、挑战自己！

例如，知道学校搞家长开放日后，我主动找校长请缨：在校级的墙报上出一期“学生电脑作品展”，利用这一机会，让更多的家长和来宾看到我校学生在信息技术学习方面的才华和能力，让学生的收获有更多的人分享，从而更进一步激发学生不断努力、不断追求新的成功的动力。谁不愿意得到赞赏和激励？尤其是学生。墙报展示后，从学生一脸的自豪和兴奋中，我感受到我为学生做了一件有意义的事。

（三）无私奉献，收获一片纯真的“爱”

这么多年来，在不断奉献自己的心血和精力、真诚和爱心的同时，我也在不断地获取。我获得了学生纯真的爱和友情，得到了学生莫大的信任和支持。这可是一笔无价之宝啊！

就说2004学年开学的第一天让我感动的事吧。在上午的开学典礼上，校长向学生介绍行政、老师，当介绍到我时，只听到全场响起了学生雷鸣般的掌声和欢呼声，而且是全场之最。你说我能置身其中而不感动吗？我感动得眼泪直在眼眶中转。常有人问我：为何总见你如此精力充沛？这是因为我与学生互动的爱带给我源源不断的动力！

工作带给我的感受是热爱、快乐、充实、成就，我想这就是能让我一直坚持下来、十年如一日的成功秘诀吧。至于说到我与学生的关系，是师生？是朋友？好像都不尽然，因为总有种难以割舍的情感。每年我都有学生毕业，每年我几乎都会哭，会很伤感；看着他们留下的电脑作品，都会让我想起他们纯真、调皮的种种。在我与学生中有许多说不完的小故事。读大学了，谈恋爱了，他们会把开心和不开心的事向我诉说；在中学参加比赛拿了奖了，他们会告诉我并与我分享；父母离异，心里很孤独，会找我倾诉；失去了最亲的人，会在我怀里痛哭；被同学欺负了，会找我相助；受到委屈，会找我倾诉；中考失利，会找我寻求安慰；遇到困难，会找我出手……

下面我举两件小事，相信你看了也会与我一样感动。在2004年的六月，我十年前毕业的一个学生，她恳请我在她大学毕业之际到她学校与她合照一张在人生路上富有纪念意义的“博士”相。当时，我看到昔日曾受挫不振如今已意气风发的学生，我顿感做老师的幸福莫过于此！我常跟我的学生说：今天的付出、努力，其效果不是立竿见影的，也不是明天就能体现的，它将在今后的岁月里慢慢地给予你启发、感悟、回味，收获往往是在意想不到中得到的。

还有一件事，是在最近发生的。有一位家长写信来告诉我，他带孩子去买防辐射眼镜。买完要走的时候，孩子说：“那我的电脑老师呢？她不也需要吗？”看到这里，我心里是怎样的感动啊！感动的是孩子那份纯真的心啊！有你很爱的学生，也有很爱你的学生，有什么比做老师更幸福的呢？

三、对课堂教学的精益求精，是我不断努力追求的目标

教师的成长与发展，很大程度上取决于课堂；而学生学业的收获与进步，很大程度上也取决于课堂。因此，课堂教学是教师的主阵地。如何在这主阵地上，优化课堂教学，提高教学效率，让每个学生更好地发展，这是我一直不断努力追求的目标。

（一）不断提高自身素养

古人云：亲其师，则信其道。我深知：教师广博的学识、精湛的专业技能、多方面的才艺、慈爱友善的个性特点、幽默风趣的语言风格、正直无私的高尚品质等都是吸引学生的魅力所在，所以不断提高自身素养是我不断完善自己、改造自己的目标。

一方面，提高文化素养，树立“学无止境”意识。在今天倡导终身学习的社会氛围中，我只有不断吸取新知识、新理念，用先进的思想武装自己、完善自己，才能完成教书育人的光荣使命，才能无愧于“人民教师”这一光荣称号。另一方面，提高品德素养，树立“修身”意识。孔子说过：其身正，不令而行；其身不正，虽令不从。因此，我时刻提醒自己做事要以身作则、心底无私、品行端正，要给学生作出表率。教师要先学会“做人”，才有资格“育人”。教师的人格会潜移默化地影响学生的人格。

（二）扎实做好常规教学

教学如何适应学生，并使每个学生更好地发展，这是我备每一节课时所思考的重要内容。第一，备好教学设计，并在每节课前做好上课的充分准备工作。例如，根据学生上节课的学习情况和现有的知识水平设计好教学过程；如利用网络事先发送学生上课时所需要的软件材料等。第二，关注每个学生的学习状态，尤其是学习有困难的学生，根据学生在课堂上的反应和学习情况及时调整自己的教学进度和教学方法。运用合作学习的教学方式，提高课堂教学的效率。第三，每节课后我都会马上进行教学反思，把课堂上成功的地方或出现的问题记录下来，为下一节备课提供有力的依据。

（三）让学生学会自主探索

信息技术课程是一门集知识性和技能性于一体的基础性课程。它不仅承担着让学生了解、熟悉、掌握信息技术的基础知识和基本操作技能的任务，还承担着通过学习，学会利用信息技术培养解决真实、开放问题能力的任务。例如，在网络学习中，当学生学会了如何在网上搜索信息后，我就根据教材的内容，让学生自主学习，探究如何使用网络开展主题探索学习，如何在浩如烟海的信息中快速地搜寻到所要的信息等。在信息技术教学中，教师要给学生支架，让他们稳步前进，但教师也要及时地撤除支架，使学生养成自我探索的意识，为学会知识的迁移和举一反三的知识运用打下基础。

（四）让学生学以致用

信息技术是一门工具性极强的学科，但这并不代表它是操作性的学科。我认为，信息技术课的开展应有助于学生在以计算机和网络为载体的信息化学习平台上，进行自主学习和个性发展。例如，学生通过网络对画图作品、板报作品等进行交流、评价。这样，为他们在其他学科中开展网络环境下的活动打下良好的基础。信息技术课还应教会学生通过网络更为广泛地获取知识，为其他学科的学习服务。

曾经获得的成绩、荣誉只是过去的注脚。今后的路还很长，我会更加努力地追求。为了我所钟情的教育事业，我会继续奉献我全部的爱。

生命因梦想而存在，无论你是伟大，还是平凡。没有梦想，生命将会枯萎；为梦想奋斗，你会感受到人生的美好。

凝聚为一个字——爱

——记广州从化市流溪小学巢秀珍老师

说到爱，也许很多人都觉得俗不可耐。

可是没有爱就没有教育，没有教育哪有学生成材？

正是这爱，让她成了一颗闪亮的教育之星，受人爱戴。

——题记

巢秀珍，广州从化市流溪小学教导处副主任，从化市小学语文教育学会理事。巢老师已有二十多年的教龄，曾被学校评为“十佳爱生模范”“语文学科带头人”“先进老师”；先后四次被评为“从化市优秀班主任、优秀教师”；是从化市“十佳教学能手”“从化市小学语文学科带头人”。巢老师有十二篇论文在从化市级、广州市级、国家级教育教学报纸杂志上发表，有近十篇教学论文、教学设计获从化市级奖励，其中两篇获广州市级奖励、两篇获国家级奖励。

1985年7月，巢秀珍老师从师范毕业，正式踏上了三尺讲坛。分配后的前三年在从化市流溪河林场中学任教，之后的三年在神岗赤草中学任教，1991年9月至今在流溪小学任教。踏上讲坛的第一天，她就默默地许下了一个心愿：要做一名优秀的人民教师。从教至今已有二十个春秋，现在的她担任学校教导处副主任，兼任从化市小学语文教育学会理事。

二十年来，她严格要求自己，不断学习，不断改革创新，与时俱进，工作认真踏实，辛勤地耕耘，默默地奉献，在教育教学实践中取得了优异的成绩。回首参加工作后所走过的路，她是这样说的：因为爱，让她在教育教学这块净土里生根、发芽、长叶、茁壮……

一、爱的召唤

冥冥中，是爱的呼唤，是爱的神奇力量让巢秀珍走上了为人师之道。儿时，巢秀珍是个懂事爱学、品学兼优的学生。在她心目中，老师是最有学问、最受人尊敬的人。她想：等自己长大了，也能当上老师，那该多好啊！为了实现自己的梦想，她刻苦学习，初三毕业后，终于考上了师范学校，从此进入了为师之门。

二、爱的力量

爱是源泉，爱是动力，爱无坚不摧。

巢老师常常说：当教师，就要有爱心、耐心、责任心，否则，对不起自己的良心。多年来，巢老师把师爱、母爱倾洒在学生的身上。有一次，学校组织学生到珠海春游，在回来的路上，大部分的学生因太累而很快就在车上睡着了，有两个学生晕车的老毛病却又发作了，为了照顾好他们，巢老师一路上坐在这两个学生的身边，细心地照顾着他们。忽然，其中一个学生实在忍不住了，把脏物吐到了巢老师的裤上，难闻的气味顿时充满了车厢。巢老师不仅没有嫌弃这个学生，还连忙把脏物处理干净，又是安慰这个学生，又是给她抹风油精……后来，这个学生在她的日记中写道："巢老师，真对不起，那天我把您的衣服弄脏了，您对我的关心我一辈子都忘不了，您真像我的妈妈呀！"

巢老师善于用爱来感化顽皮的学生。四年前，她接教了五（4）班。刚接手这个班的时候，其他老师就笑着对巢老师说："巢老师，这回你真走运，你遇到强手啦！"其实，巢老师早已对这个班里的"级霸"——小郭有所耳闻。接教这个班后，巢老师特别关注这个"级霸"，很快就摸透了他的特点：聪明、倔强、爱闹事，特别爱得表扬。利用课余时间，巢老师很快与小郭的家长取得联系，并与家长做好沟通，双管齐下，坚持不懈地做好转化工作。巢老师对小郭软硬兼施，可他就是不领情，可有一件事，彻底改变了他对老师的态度和他做人的态度。事情是这样的：一个寒冷的下午，放学了，值日的时候小郭表现态度恶劣，还因自己的不慎磕破了头，巢老师连忙把他送去医院，挂号交钱。也许由于天气太冷了，小郭在不停地打战，巢老师连忙脱下身上的大衣披在他的身上。医生帮他缝好了伤口，整个过程，争强好斗的他没有流下半滴眼泪。夜幕降临了，因为小郭的父母都出差了，巢老师顶着寒风把他送回家里，在走出他家门的那一刻，小郭忽然大声地喊道："巢老师……"小郭流泪了！一个流血不流泪的男孩流泪了，这是多么宝贵的眼泪啊！从此，小郭变了。在巢老师一而再再而三不弃不离的教导下，爱终于感化了他；爱，终于让他明白了什么才是"霸"；爱终于让他走上了品学兼优的道路。小郭的父母激动地对巢老师说："多亏您啊，巢老师，是您照亮了我孩子的光明前途呀！"

这是对教育教学的爱，这是对孩子们的爱，巢老师一路耕耘，一路春风化雨，一路收获。

三、爱的步伐

二十多年来，巢老师一直在教学第一线上辛勤耕耘着，在十多年的小学教学里，她主要担任中高年级的语文教学。教育教学的春风吹遍了祖国大地，也吹进了巢老师的心窝，尤其是新课标颁布实施以来，巢老师利用课余时间学习改革的理念，争取外出听课学习的机会，利用课余时间在家看课例，刻苦钻研教材，把新的教育教学理念运用到课堂教学中。她利用"看谁(师生)是守诺言的孩子"的评比活动建立新型的师生关系，实现师生之间平等、民主的关系，营造和谐的课堂学习氛围。她还利用其他学科教材上的内容优化语文课堂学习。通过建立语文学习档案，积累和运用反思材料；设置评价项目，明确反思内容；组织比赛活动，促进学生反思；再现活动情景，帮助学生反思；进行阶段性评价，巩固学生反思来培养学生反思的习惯，提高学生学习的效率。在阅读教学和作文指导教学上形成了自己的教学特色，积累了一定的教学经验。她曾先后为学校、从化市讲授多节公开课，多次指导青年教师执教学校、从化市的公开课乃至广州市的竞赛课、展示课，多次随教研室的教研员到乡镇学校听课调研，曾先后四次为乡镇学校来跟班学习的老师带班，她的工作得到了越来越多人的肯定和赞扬，她的研究课题也在从化市立项。巢老师对教育教学的爱是那么执著，爱的步子迈得大而有力，紧跟着时代的步伐。

四、爱的提升

巢老师全身心投入到党的教育事业中去，她知道：时代在进步，做老师的更加要进步。老师要进步，必须要有终身学习的理念。师范毕业后，她参加了中文大专面授进修，以优良的成绩获得了学历证书。1999 年她又参加了中山大学主办的汉语言文学本科自学考试。2002 年，顺利获得了省自考办发的本科毕业证书。

多年来，巢老师虚心好学，不耻下问，善于发现、学习身边同行的优点、先进的教学经验，结合自己班级的实际，把学习到的教学经验灵活地运用在自己的课堂中。每次外出听课学习，她的笔记都做得认真而详细，她还抽出时间认真整理学习笔记，再次学习。一直以来，她坚持订阅《小学语文教学》《广州教学研究》《小学语文教师》等有关教育教学的书报杂志；购买了大量关于教育教学改革理论的专著和优秀的课例光盘，从中汲取大量教学方面的“营养”。文学书籍也是巢老师喜爱的读物，她手袋中的小本子是她随时记录新发现、新知识的好帮手。一有空就提起笔来，写上一个半个小时是她修炼基本功的好习惯。总之，随时随地都可以见到巢老师学习的影子。巢老师就是这样以学促教，为教勤学，不断地增加教的砝码，让自身升值，让爱浇灌出一片艳丽的花朵。

五、爱的推进

一枝独放不是春，百花齐放春满园。为了让全体学生都能全面提高自身的素质，巢老师不断地把爱推进到更高的层次。反思是一个具有责任感的教师自我发展的内在需要。巢老师清醒地知道，随着时代的发展，教改的深化与培养高素质创新型人才的需求，教师的责任将更加重大。新形势对广大教师，既是难得的机遇，也是严峻的挑战。高素质的教师要与时俱进，高标准、严要求、自觉地、不断地对自己的教学观念、教育教学行为乃至为人处世之道进行反思、总结与改进，在反思中完善，在完善中自强，在自强中发展。渐渐地，巢老师养成了反思的习惯，从多方位进行反思。

（一）反躬自问——内自省

反思，首先是反躬自问，进行自我反思。自我反思，要求人们用冷静的态度对所做事情的结果、实施的策略等进行分析、总结，从中看到自己的进步，作出积极的评价，产生鼓舞；或看到自己的退步，总结教训，重新建构，调整策略，以免再犯同样的错误。巢老师常常提醒自己：老师的工作对象是学生，在工作实践中，常常会遇到意想不到的事情，在随机应对这些事情的时候，如果敷衍了事，往往会造成既伤害了自己又伤害了别人的后果。如果一个人养成了内自省的好习惯，即使在事情发生之后，也能及时反思、发现为人处世的不妥，然后“亡羊补牢”，以减少不良的后果。

（二）以人为镜——作比较

“以人为镜，可以知得失。”反思是一种对比，通过对比显现出彼此的差异，对比反思的方式主要是横向比较。巢老师善于用对比反思的方式进行反思，她常常用相同的教材比较各人不同的教学方法、教学效果；用相同的学习内容比较学生的作业情况、知识的掌握情况；比较同一年级学生班干部管理班级的能力。在比较的过程中发现自己教学上的优点和存在的问题，从而重新调整自己教学、工作的策略。

（三）海纳百“评”——再反思

海纳百川，虚怀若谷，是一个人有修养的表现。要完善自我，就要在“自省”的基础上“再反思”，虚心接受他人的意见和建议，完善自我。工作中，巢老师从领导、同事的评价中反思；从学生的眼中认识自己、自我反思；从家长的反馈信息中反思；从学科检测成绩中反思；从课堂录音、录像中反思；从学生的综合能力中反思。良好的反思习惯，多方位的反思，使她变得更加成熟，从而更有效地促进了她的成长和进步。

六、爱的硕果

用爱去耕耘，爱的硕果不仅累累，而且香甜。在教学上，巢老师取得了优异的成绩：每年的教学成绩均超过上级下达的指标，所教的五届毕业班，共有四十多位学生考上了从化中学，多年来辅导学生参加各项竞赛，获校级奖励的共有一百二十人次，获从化市级奖励的共有七十多人次，有五十多篇学生的习作先后发表在《乡村语文报》和《现代小学生报》上，指导学生参加作文比赛、征文比赛，有二十多人次获得好成绩。担任教导主任前，她一直担任班主任和语文教学工作，由于她的工作出色、有特色，她所教的班经常被评为学校的文明班。她的工作得到了学校领导的肯定，赢得了家长的信赖和夸奖。

巢老师刻苦学习和研究，善于总结教学经验，把实践上升为理论。她每个学期末所撰写的总结论文基本能获得学校论文评比的一等奖，并积极向各种报纸杂志投稿。其中《学做小编辑》《巧用歌曲教〈长征〉》先后发表在《乡村语文报》上；《提高学生阅读水平的点滴体会》《浅议语文教学中版画的运用》《语文教学要重视背诵指导》《提高小学生作文水平的途径》先后发表在1996年第12期、1998年第6期、1999年第6期、2004年第6期《广州教学研究》上；《让写字课快乐起来》发表在2005年第11期《小学语文教师》上；《多方反思，自我完善，自我发展》发表在2005年11月《广州教研》上；《提高学生阅读水平的几点做法》发表在1998年《小学改革与实验》上；《提高学生作文兴趣的几点做法》《在竞赛中建立新型的师生关系》先后发表在2000年第1期和2003年第5期《广州师训》上；《利用其他学科教材内容，优化语文教学》发表在2004年第2期《从化教研》上；《如何指导学生写好活动类作文》发表在《从化第二阶段教学设计与实施活动优秀成果汇编》上；《〈草地夜行〉的教法》刊登在从化《教育教学论文》选辑上。所写的论文中有七篇总结论文被编入2002年学校的论文集《教海扬帆》上。总结论文参加市级评比多次获奖，其中《〈草地夜行〉的教法》获从化市教育论文二等奖；《一件值得回忆的事》1997年被评为“从化市小学优秀教学设计”二等奖；《教师精心设计，学生自主学习》获1999年从化市优秀论文三等奖；论文《提高学生阅读水平的几点做法》《浅议语文教学中版画的运用》《语文教学要重视背诵指导》《提高小学生作文水平的途径》《在竞赛中建立新型的师生关系》《利用其他学科教材内容，优化语文教学》《培养学生反思习惯，提高语文学习能力》分别获得从化市论文评比一等奖。其中《提高学生阅读水平的几点做法》获广州市论文评比二等奖；《利用其他学科教材内容，优化语文教学》获广州市小学语文教学研究成果三等奖；《提高学生阅读水平的几点做法》获全国小学教师“红烛杯”论文竞赛一等奖；《提高小学生作文水平的途径》获2005年全国小学语文教师论文比赛二等奖。

七、爱的纽带

巢老师有一颗火热的心，她热心帮助年轻教师的生活和工作，一有空就深入课堂听课，与执教者分享成功，分析不足，并提出宝贵的教改建议。巢老师还常常向同事们推荐好书，为学校浓厚的教研气氛作出了努力，这爱的纽带使老师们心连心。她认真履行语文教研学会理事和学科带头人的职责，工作作风严谨务实，做到学校工作和语文教研学会理事工作两不误，为从化市语文教学工作尽了自己的力量。

八、爱的继续

巢老师这人，说她平凡，可又不平凡；说她简单，可又不简单。她二十年如一日，在清贫而又富足的讲坛上，辛勤地耕耘着。爱，没有让她停下脚步；成绩，没有让她视线模糊。她深情地说：“我要把自己的爱继续奉献给讲坛，奉献给我的孩子们。”

（由从化市流溪小学供稿）

追求卓越　平凡教师岗位创佳绩

广州市番禺区市桥先锋小学　彭佩华

彭佩华，广州市番禺区市桥先锋小学教师，广州市、番禺区体育特约教研员，二十年教龄。因工作成绩突出，个人曾荣获多种荣誉称号，包括：1995 年荣获广州市教育新秀荣誉称号，被评为广州市电教先进个人；1996 年被授予番禺巾帼献才建功活动先进工作者、三八红旗手；1997 年享受番禺市政府特殊津贴；1998 年被评为南粤教坛新秀，荣获番禺优秀青年、优秀教师荣誉称号；2000 年被评为广州市先进劳动者，被授予番禺区“第四届十大杰出青年”殊荣；2002 年被评为广东省“百千万人才工程”首批省级培养对象高级研修班优秀学员、广东省特级教师；2003 年被评为广州市劳动模范；2004 年被聘任为广州市体育特约教研员，被评为番禺区优秀共产党员、全国优秀教师；2005 年被评为番禺区好家长。她所负责和主管训练的学校运动队成绩显著，仅学校轮滑队就多次参加全国、省、市、镇的速度轮滑比赛，共获奖励六百多项，其中国家级奖二十五项，省级奖五十六项。

她积极开展各种教学活动和教学竞赛，优化课堂教学，成绩显著。1994 年设计与执教的“持轻物投远”一课获广州市中小学体育教学一等奖；1995 年代表广州地区参加第十一届全国十城市中小学体育研讨会的教学竞赛获一等奖，并获最佳教态奖；在番禺市第三届小学教学新秀评比活动中，“分腿腾越”一课获一等奖。

她参与了多项省级、国家级重点课题的研究，撰写的十多篇论文在教育类刊物上发表并获奖。其中《从体育课的愉快教学说起》《让学生在练习中学会发现》等论文获广州市二等奖；《体育课实施“三动”教学模式的探讨》刊登在《教育导刊》2000 年第 10 期上，被收入广东省“百千万人才工程”现代教学模式研讨会《案例报告集》；专项课题“情境教学在小学低年级体育教学中的实效性探索”的结题报告荣获番禺区第十五届教育学会年会一等奖，并获第十七届中国十城市中小学体育教学研讨会一等奖，实现了番禺教育学会论文一等奖小学教师获奖“零”的突破。

她充分发挥教学与研究的示范作用。1994—2004 年，她为市、镇以及全国十城市的同行们和专家们进行了三十多次公开教学汇报，均受好评。芳村区教育局、教师进修学校还特意送来“体育改革先锋”的锦旗。

1986年，我师范中专毕业了。按照定向分配的原则回到黄埔，安排在黄埔区大沙镇珠江小学（现荔园小学前身）担任体育教师。不知不觉间，已二十年了！多年来，无论在黄埔，还是在番禺，我都能坚持党的基本路线，以邓小平同志“建设有中国特色社会主义理论”为指导，实践江泽民同志“三个代表”的重要思想，认真贯彻党的教育方针，确立了“学生的成功就是自己最大的快乐”的教师职业理念，在岗位上兢兢业业，不断完善自我，改革创新，取得了一定的工作业绩并得到了上级与同行的表彰、肯定。面对如此多的成绩、如此高的荣誉，我愧疚。我立志，与时俱进，追求卓越，用科学的态度对待教育教学，为了小学体育教学的发展，不断充实、完善自我。

一、勤奋学习，努力成为孜孜以求的学习者

牢固的敬业乐业思想、过硬的专业技能和强烈的工作责任心是教育工作者的必备条件。教师应是终身学习者，要跟上时代的节拍，就必须不断“充电”。

刚工作的第一年，我觉得只有中专水平的自己，不能很好地胜任教学工作。听说华南师范大学招收大专函授生，我跑书店买来复习资料，一边努力完成本职工作，一边认真复习，准备考试。这对新入行的自己无疑是百上加斤，但我心中只有一个信念，那就是“一定要考上，要趁年轻多学一点”。经过严格的考核，我终于盼到了录取通知书。三年的函授学习是艰苦的，因为体育专业与其他专业不同，必须到体操馆、运动场实地学习各项运动技术、技能。一节课下来，往往是汗流浃背，手脚青一块、紫一块的。许多男同学熬不住退学了，关心我的同事、亲友都心痛地说：“佩华，不要太拼了。”我却凭着坚强的信念，以良好的成绩完成了三年大专函授学习。获得的知识既为自己成为合格的体育教师打下了坚实的知识基础，又为自己解决了很多教学实践中的问题。

1999年，我成为广东省“百千万人才工程”首批名教师的培养对象，与全省各地的教学能手一起探索学习，多么难得啊！但我发现和他们在一起交流、讨论是一种无形的压力：自己教育教学理论底气不足。我要继续读书，同年9月，我报名参加华南师范大学体育自考本科班的进修，并在1999—2002年三年间，同步参加了省名教师培养对象高级研修班、区中小学名教师培训班、体育自考本科班、省体育（与健康）新课程培训班的深造学习。在学习中，我获取了大量的教育信息，了解了国内外最新的教育动态，掌握了具前瞻性的教育理论。我不懈努力地向着科研型的教师行列迈进，努力成为一名实施素质教育的探索者。

二、实践创新，努力成为实施素质教育的探索者

获得过硬的专业技术后，我带领同科组教师积极开展体育课题研究，经常在一起互相学习讨论，互相研究。多年来，我们结合教育学、心理学等理论大胆改革、不断创新，针对传统体育教学的不足，结合我区区域文化深厚丰富和学生的

年龄特点，深入探讨教学规律，开展了一系列体育课堂教学实践活动，推动了本地区中小学体育教育科研的发展，达到了“一切为了学生的发展”的课程目标。

1999年，在导师刘鸣、梁永丰等教授的仔细分析和耐心指导下，我结合自身的教学实践和体育教学领域中“快乐体育”的热门话题，向培养指导中心提交了“情境教学在小学低年级体育教学中的实效性探索”的课题研究方案，经专家审查成为省“百千万人才工程”的专项课题，并已按计划在2002年5月结题，撰写的《情境教学在低年级体育教学中的实效性探索》结题论文获得番禺区第十五届教学年会论文评比一等奖，并获第十七届中国十城市中小学体育教学研讨会一等奖。

2002年，我校被推荐为广东省体育（体育与健康）实验学校，承担了全国“十五”规划教育部重点课题“构建体育（体育与健康）课程体系的研究”和“全国中小学体育场地、器材设备的研制”两项研究任务。接受课题后，我和同事们团结协作，为课题实验方案的制订、原始数据的统计、新课程理念的实施等工作忙碌着。

“情境教学在小学低年级体育教学中的实效性探索”课题研究借鉴情境教育教学的暗示、移情、角色转换、心理场原理等心理科学及儿童注意力发展的规律，结合体育教学实践和特点，基本形成了设境激情、暗示诱导，情感驱动、语境唤情，优化情境、角色转换，心理整合、诱发动力，寻境觅情、营造和谐，设赛激情、享受成功的体育情境教学模式。我大胆实施情境教学，把音乐、舞蹈、故事情节带进课堂，并注意记录教学个案、收集相关的原始资料，结合实践写成论文《创设体育课的和谐》《谈皮格马利翁效应在体育课堂的应用》《让学生在练习中学会发现》等。

在“持轻物投远”一课中，我以郊外春游活动的游戏形式为主线，让学生“身入其境”，愉悦、欢快地参与体育锻炼。由于春游活动目的地较远，需要坐火车前往，于是先设计了“开火车”的游戏，让学生们模仿开火车的动作走成圆形，“车厢”内播放着“天天锻炼身体好”这首儿歌，在音乐的伴奏下，边唱儿歌“早上空气真正好，我们大家来做操，伸伸臂、弯弯腰……”边做操。为了在学习新授课的内容时，练习密度和运动强度得以保证，在场地器材的布置时，还模拟出小河流、小山岗、独木桥等情境，让学生们在消灭害虫后，跨过小河，翻过小山。“持轻物投远”一课的情境设计既符合低年级学生的年龄特点，易提高他们的学习兴趣，又把较枯燥乏味的投掷教材转化为学生积极参与的“打害虫的活动”，更能够保证练习密度和运动量，使课堂教学在学生充满主动获取的心境中进行。最后，同学们以舞蹈“娃哈哈”庆功，开着火车踏上归程。课中学生形成无意识的心理倾向，情不自禁地投入教育教学活动中，并表露出内心的真情实感，从而迅速地对学习焦点的变化作出反应。不显露目的、用创设情境和优化情境的间接方式来完成教学内容，对儿童的心理及行为产生影响，从而一步步达到既定的教育目标。

“情境教学在小学低年级体育教学中的实效性探索”课题研究进一步推动了番禺区的体育教研，同时也从初始的低年级体育课堂教学的研究推进到后来的中高年级的体育课堂教学的研究，从个人的课题研究扩展到整所学校，乃至整个番禺区，并结出了累累硕果。

2002年，在番禺区教育局组织的“新课程标准学习观摩现场会”上，我成功演绎了“跳高”一课的教学。这一课根据“健康第一”的指导思想，以身体、心理和社会整体健康的课程目标为依托，继续运用情境教学的理论，以“橡皮筋”为情感的纽带，以“参加小型运动会”活动为主线创设情境教学。课中贯穿运动会的各项比赛，让学生的思维、情绪、活动与教学情境交融在一起，使师生最大限度地沉浸在“乐学好练”的氛围之中，达到了发展个性、提高学生自主锻炼的能力、了解体育活动对心理健康的作用的课程目标，同时把番禺区中小学体育教育科研推上了一个新台阶。

在体育课堂教学改革中，我坚持不懈地学习—实践—探索—积累，再学习—再实践—再探索—再积累，初步形成了一套体育教学风格——把愉快教学和情境教学融入体育课堂。

三、无私奉献，努力成为有特色的体育教师

追求课堂教学的高效率，是体育教师的责任。推动学校的群众性体育活动，提高学生的身体素质，增强学生的健康水平更是开设体育课的根本。

多年来，为了提高全体学生的身体素质，我们针对学校运动场地窄小的情况，开展大课间活动，并组织了篮球队、轮滑队、象棋队、古传太极队。场地不够，就带学生到镇灯光球场、市桥中学、英东体育场进行训练。学校课外活动有声有色，群体活动生气勃勃。我们体育科组团结互助、积极进取，学校连续八年被评为“广州市体育达标先进单位”，多次被评为番禺区体卫艺工作先进单位、实施学校体育工作条例优秀学校，体育科组荣获番禺区优秀科组一等奖。

1997年，根据上级要求，我校组建了第一支速度轮滑队，训练的任务落到了我身上。小孩子学轮滑，身子轻、比较容易入门，30来岁的我学起来却不简单。当时已是一个6岁孩子母亲的我，穿起了溜冰鞋，在操场上试着一蹬一滑，不知摔了多少次，伤了多少回。功夫不负有心人，我终于掌握了溜冰的基本技术，开始了轮滑队每周一至周五下午4:30～6:30及周六下午4:00～6:00的常规训练。几年来，我带轮滑队训练，早出晚归，队员们渴了、饿了，我掏钱买来矿泉水和面包，为队员们补充能量；队员们累了，我为他们揉背捏腿进行放松。我把学生当做自己的子女、自己的骨肉。带队到各地参加速度轮滑赛，为了让学生在陌生的地方能好好地休息，我总是一个又一个地为队员进行肌肉保健，待队员们都睡着了，才带着满脸的倦容、疲惫的身躯去休息。

由于长时间的暴晒，自己白嫩的肌肤被太阳烤成黑黑的。在空旷的运动场，必须大声讲课，学生才听得清楚明白，我的嗓音渐渐变沙哑了。一次，因为疲劳过度，我病倒了。到区人民医院检查是声带严重化脓，且长了一个结节。医生说："有两种可能，一种是一般的息肉，一种是致癌的囊肿。"但我在配合治疗的同时仍然坚持训练。幸运的是，经检查那只是一块一般的息肉。

无私的付出，使轮滑成为先锋小学的体育特色项目。轮滑队在广州地区颇有名气，是一个团结向上、积极进取的集体。近年来，轮滑队在全国、省、市速度轮滑赛中屡获佳绩：广州市"晓港湾"杯、"三鸿星"杯中小学生速滑赛，获团体总分第一名；广东省轮滑锦标赛，获得四金、二银、四铜及团体总分第四名的好成绩，并获体育道德风尚奖；全国速度轮滑公路赛，获男子丙组团体总分第三名，男子乙组、女子丙组团体第四名。《番禺报》曾以"轮滑先锋"为题大篇幅地对我校轮滑队进行报道。广州市溜冰协会的王庆光处长和市体委群体科的谭桂章科长亲自带领溜冰协会的教练员到先锋小学观看轮滑队的训练后，感慨地说："未来的十年，广州市的轮滑比赛先锋小学将占一重要席位。"

在番禺区政府、区宣传部的大力支持下，学校组建的轮滑队"龙凤队"，继承了失传近百年的市桥民间艺术——三堂凤舞。龙凤队多次参加番禺市"迎千禧烟花晚会"和"龙腾狮跃贺千禧"等大型文艺演出，受到了区委领导及广大群众的好评。在先锋小学轮滑队的影响下，群众性的轮滑运动在番禺悄然兴起。每逢星期五及双休日的晚上，在番禺广场便可见老老少少的溜冰人群。更值得一提的是，在广州市都市热浪广场文化展演之"都市热浪、番禺之光"的表演中，先锋轮滑小龙队以勃勃向上的生机、生龙活虎的姿态赢得了来自全省各地宣传部领导的称赞。元宵节小龙队应邀参加了珠江电视台"宝墨生辉庆元宵"的拍摄以及"碧桂园元宵璀璨夜"和"月圆在番禺"等表演。在番禺区第三届恳亲大会上，小凤队做好了迎宾的工作。南方日报的记者禁不住把镜头对准我们的小队员，相信您也在电视、《番禺报》、《广州日报》上看到过我校轮滑小龙队的英姿吧！

回顾走过的二十年，我没有做过什么惊天动地的大事，我所做的一切都是一个人民教师和一个普通的党员应该做的工作，都是一件件平凡的小事，党和政府却给了我极大的荣誉和关怀。我先后被评为番禺"十大杰出青年"、番禺优秀共产党员、广州市劳动模范、广东省特级教师和全国优秀教师。今天，就算是我一生工作的一个中段小结吧。但我清楚地知道，我没有中场休息的时间，小学教师虽然艰苦，但充实、光荣、幸福，因为，我热爱这份工作。

有境界则自成高格

广州市海珠区江南新村第二小学　雷　婷

引子

听雷婷老师上课，许多人都有一种宛若春风拂面的清新感觉，都会对雷婷老师的气质和禀赋、娴雅亲切的教态和清晰准确的语言、独具个性特色的教学风格留下深刻的印象。

——摘自海珠区优秀教师事迹集《绿叶》

作者：海珠区教师进修学校校长钟浩梁

从十八年前当教师之日起，我就怀着一个美丽的梦想——争当一名特级教师。这个梦一直牵引着我成长，因为，特级教师，于我来讲，是良好师德与高超艺术融合的象征，是教育生涯的最高境界！我会一辈子朝着这一理想奋斗！为此，我上下求索，勤奋进取，努力创生教育智慧，钻研教材，研究儿童心理学，研读课程标准，研定教学策略；我请教专家，请教学生，大量阅读，笔耕不辍；我争取一次又一次公开教学的机会，参加一个又一个教学竞赛，为的是能在众人面前展露才华，同时也真实地暴露自身存在的问题，请大家毫不留情地给我根治教学顽症，让我在“痛苦”中脱胎换骨，以便更好地提升教学水平、更好地培育孩子！

“引子”中的话，既是对我多年来语文课堂教学水平的肯定，更是对我今后教育教学工作的激励和鞭策！

1988年，我师范毕业跨进了小学的门槛，成了一名光荣的人民教师。面对天真纯洁的孩子，我强烈地意识到肩上责任的沉重和艰巨，未敢有半点懈怠，从此踏实、从容地迈开了步子，在这个为年轻人创造机遇的时代，辛劳地耕耘，真诚地奉献。曾经有人劝我，教学工作其名甚微，其利甚薄，何必钻研不止？但是，我认为从事教学工作其乐融融，只要你爱它就行。冰心老人说过：“有了爱，就有了一切。”是的，我正是凭着对学生的热爱、对教育事业的忠诚、对语文教学的情有独钟，甘愿刻苦地磨砺自己、奉献自己，同时也在实现自我、成就自我。

悠悠岁月，孜孜以求，我在十八年的教学生涯中为提高自身的教学水平，付出了无数的心血和精力。我出身教师世家，深深明白作为“人类灵魂的工程师”

对社会、对学生应负的责任。从教以来，我一直认真履行工作职责，开拓创新，深得家长、学生的拥戴。我认为：教师的劳动应该是创造性的劳动，不可墨守老一套的教学方法，必须在改革中探索教学规律，闯出一条新路，形成自己的风格。因此，我刻苦磨炼教学技艺，认真解读课程标准，确立先进的教学理念，进行深刻的自我反思，逐渐形成了自己的教学特色——在我的语文课堂上，学生经常沉浸在美丽的画面、诗的意境和爱的怀抱之中，一改以能力训练代替心灵感受的僵化模式。我拥有独特的教学见解和教学气质，课堂设计常能从新颖的角度切入，具备张弛有度的教学结构和灵活扎实的教学风格，因此，学生学得愉快，教师教得优雅。

十八年来，我之所以能幸运地取得一定的成绩，除了自身的努力之外，更重要的是，我还得到了专家的悉心指导、领导的亲切关怀和同行的支持帮助。我不断地磨砺自己的锐气和灵性，一步一个脚印地前进着。

1992 年，在教育专家许汉老师的指导下，我开展了“情境教学法和自学辅导法优化组合”的实验课题研究，并多次在区、市、省的语文教学研讨会上上观摩课，撰写了多篇教学论文，均发表于市一级刊物和国家一级刊物。在工作的第四个年头，我参加了越秀区青年教师教学大比武。我从严要求自己，苦练基本功。一次又一次地深入钻研教材，精心修改教案，大量搜集资料；一次又一次地设计、思考、再设计，反复摸索确有成效的教学新路子。赛场上，科学小品文《琥珀》提纲挈领、充满情趣的现场教学，使我获得了评委们的一致欣赏：“这堂语文课新颖独特，真切扎实，教者富有创意，学者轻松愉快，听者如沐春风。”结果，我在比赛中名列第一，荣获“教坛新秀”称号。

迈出了成功的第一步，我并没有自满松懈，我认为自己的教学尚属青涩幼嫩阶段，因此更加虚心地请教各地名师，如全国著名特级教师李吉林以及广州市语文教学专家卢务全、王亚芸、魏春峰、张满惠和何润玲等；教育、教学的有关刊物、理论专著，我都广泛涉猎，记下点滴心得，吸取先进经验，以便更好地指导教学实践。我认真地观摩各地优秀课例，积极投身课题实验研究，大胆改革，锐意创新。1993 年，我获海珠区“明珠杯”教学竞赛一等奖；1994 年，我代表广东省远赴江苏南通，参加“江苏省推广李吉林教改经验表彰大会”，与李吉林的大徒弟、全国著名特级教师施建平同台献艺，凭《繁星》一课获“珠媚园”优秀奖；1995 年，广州市教委授予我“广州市教育新秀”称号。紧接着的几年，我连续多次在各种级别的语文课堂教学观摩会上作示范教学，反映热烈，好评如潮，获奖无数；1998 年，省教育厅授予我“广东省南粤教坛新秀”殊荣。

为此，我无限感激，同时，也心存不安，感到肩上的担子越发沉重了！

1996 年当上母亲之后，我发现自己对儿童的爱的内涵有了更深刻的体会，对学生的教育更加将心比心了。我与学生在课堂上共度美好时光、共历学习过程。学生成长的同时，我也在不断地成长；学生成功的同时，我也在实现自我。

我越来越痴迷于教育事业，希望更多的老师与我一样，对学生充满爱和责任，不断提高自己的综合素质，更好地为祖国的未来一代服务！其间，我从海珠区实验小学调到海珠区教研室，再到梅园西路小学、江南新村第二小学，我当过区教研室的语文科教研员、学校的教导主任和主管教学科研工作的副校长，但我始终没有离开过我最心爱的岗位——语文课堂！小学语文教师一直是我最鲜明的身份和角色。

教学中，我十分注意利用自己的语言优势为学生创设美的情境，激发学生的情感，让学生更有效地理解课文，掌握知识，培养能力。我在《创设情境，激发感情》一文中强调："美的事物，是儿童最容易也是最乐于接受的。在小学语文阅读教材中，有许多文质兼美、充满情趣的课文，教师应巧妙创设与教材相适应的情境，把审美教育寓于语言文字训练之中，利用多种教学方法、教学手段激发学生兴趣，唤起学生真、善、美的情感，训练学生的语言能力。"课堂上，我擅长以读激情，带领学生进入美的气氛，诱发美的创造，为学生理解难点内容从情感体验上作铺垫。学生在我生动而富有情感色彩的语言描述和朗读中通常能一步步进入课文意境，从而理解文章内容，进行语言训练，培养美好情感。在长期的教学实践中，我深深体会到：创设情境，激发感情，能促进儿童对美的向往和追求，把知识的学习、能力的培养与情感的陶冶结合在一起，从而塑造出和谐发展的人格。

除了善于以自己的感情作为导体、作为火种，把自己对教材的感受及情感体验传递给学生，我还特别注重对学生自学能力的培养，指导学生掌握正确有效的学习方法，调动学生学习的主动性和自觉性，以充分发挥学生在课堂上的主体地位。我在《教师善"导"，学生才能善"学"》一文中指出："如何充分发挥学生的主体作用？关键在教师。只有教师的善'导'，才有学生的'学之得法''学有所得'。"教师必须牢固树立学生是学习主体的观念，努力提高自己"导"的能力和水平，才能使学生真正成为学习上的主人。

我坚持磨炼自己的教育教学基本功，刻苦钻研教材，不断提升教学技艺，继续在区、市、省、国家级的教研观摩活动中上公开课，如《少年闰土》《桂林山水》《瀑布》《狐狸和乌鸦》《可爱的草塘》《一夜的工作》《泊船瓜洲》《桂花雨》《花钟》《她是我的朋友》等，赢来各方好评，为其他老师作出新课程理念指导下课堂教学的示范。2002—2004 年，我撰写的论文《优化作文教学策略，促进学生主动发展》《语文课堂要加强动态生成意识》《新课改背景下的语言训练》和《谈谈写作指导中的思维训练》分别荣获中国教育学会语文教学法专业委员会颁发的语文教学研究论文特等奖和一等奖，并分别发表在 2003 年 1 月的国家级刊物《语文教学与研究》和 2004 年 1 月、2004 年 5 月的《广州教学研究》上。

除了学校工作以外，我还担任了广州市小学语文教学研究会的理事以及广州市语文学科的特约教研员，参与了“新课程标准下小学生语文学法指导”和“小学语文学习个性化”两个课题的研究工作，在专业发展道路上进行不懈的探讨和追求。

我于实践探索中发现，在当前的语文学法指导工作中确实存在问题：教师指导学生的学法，其实是教师认为的学法，一切都运行在教师自己设计的框架之中。一直以来，对于如何指导学生学习、使学生达到最佳效果这一论题，古今中外的专家、学者和第一线教师都作出了不少尝试，形成了一系列可贵的理论成果和实践经验。但是，由于某些根深蒂固的传统观念，教师对学生学习方法的指导仍存在着偏差，不少教师仍然习惯于以自我为中心，设计的是教案，研究的是教法，使课堂上的所有环节包括学法指导都按照自己设定好的思路行进，而学生仅是教师操纵的对象。即使学生掌握了一些学习的方法，也是共性的，缺乏独特的个性，没有选择的余地，不能超越老师所规定的范围，导致学生的学习能力大打折扣。

通过多年来对大量案例的研究，通过对《语文课程标准》的深入学习，通过参加省、市、区教研室组织的各类教学研究活动，我对当前学生语文学习的状况以及水平提高的对策有了自己的体会，课题研究给我的语文教学带来了新的感受和体验。

《语文课程标准》的制定，为我们语文教师提出了全新的教学理念，特别是将课程目标以“知识和能力”“过程和方法”“情感态度和价值观”这三维来设计，将学习过程和学习方法提高到“三重”之一的位置，对于我们教师更新教学观念、改进教学方法，有着极其重要的影响。它要求我们必须重视学生的学习方法和学习过程，把视线转移到学生身上，要认真考虑怎样让学生灵活掌握学习方法，选择个性化的学习方式，关注学生的个体差异和学习的不同需求，不搞学法指导“一刀切”，并考虑给学生创设大量的语文实践机会来运用学法、提高学力。关注学习的“过程和方法”，必然会引起权重的转移，有利于教法向学法转向。课程标准要求的学法指导，再也不是让学生简单划一地学习几种方法，更有着通过学习方式的转变来促进学生学习能力发展、使学生的学习个性化的深刻内涵。

我认真学习理论，更新教育观念，研究从建构新课程理念下的语文学法指导模式开始，着力提高自己的综合素质和专业水平。我的语文课堂形成了新的教学策略：指导自学，形成习惯；反馈学情，调整设计；总体把握，放手探究；创设情境，突出训练；精选作业，强化综合。有了模式的指引，有了策略的帮助，课题研究中出现的各种实际问题便得到了较好的解决。

在教学实践中，我摸索出了一系列能激发学生学习兴趣、发挥学生主体作用的教学方法。我认为，学生是能动的主体，因此，我尊重、理解、相信他们，师生间如同朋友，平等交流。课堂上，我善于让学生通过自己的阅读和思考为自己提出学习目标，从而把通常由教师制定的教学目标转化为学生自我需要的学习目标和策略，让学生选择适合自己的方式进行学习，自己设计课外作业。学生在为自己制定学习目标，然后评价目标达成情况的过程中，逐步培养和形成自己提出问题、自我总结评价的能力，自觉地自主学习，自觉地向老师学习，自觉地向同学学习，扩展了活动的时间和思维的空间，真真正正地掌握了学习的主动权。我喜欢让学生进行充分的讨论、朗读，师生共同设计板书；让学生自己总结学习方法，有自己的思路，有自己的问题，有自己的体会。此外，我还十分注意发挥小组合作学习的功能，鼓励学生互帮互助，自觉地与小组的同学切磋交流，积极发表自己的见解，认真听取别人的发言，不重复别人说过的话，只补充或提出不同意见。在师生的共同努力下，同学们学习语文的兴趣非常浓厚，语文教学的效率和质量稳步提高。

就是这样，付出与收获，实践与总结，经验与教训，虚心与勤奋，成绩与进步，构成了我前进道路上的每一个步履。记得王国维在《人间词话》中曾说过："词以境界为最上，有境界则自成高格。"经过无数次的成功与失败，经历了无数的酸甜和苦辣，我的教学正在进入一种"境界"。但教学上的探索和改革，永无止境，我愿继续坚定地走下去，因为，我挚爱语文教学这方热土，挚爱莘莘学子，无怨无悔。

除了语文课堂的示范教学，我还多次在市、区、外校和本校作专题演讲，以饱满的情感、翔实的材料和鲜明的见解引领老师们的行为，激发老师们的热情，更新老师们的观念，感动老师们的心灵。最终，我用滴滴心血凝聚成二十多万字的演讲集——《同伴对话与教师成长——雷婷演讲集》，我好像又孕育了一个深爱的孩子。

我兢兢业业，我孜孜以求！演讲集的形成，让我体会到我多年的来之不易，更让我感受到集体对我的关心和激励！江南新村第二小学的赖海虹校长，对我工作的大力支持，令我感动！刘丽凤老师，为我进行部分文字初稿的打印，令我感动！学校的全体老师和行政人员，长期以来对我的肯定和配合，令我感动！家人给予我的爱与慰藉，令我感动！上级领导对我的亲切关怀，令我感动！

无尽的感激和感恩，使我难以言表，唯有更加用心，为海珠区、为学校、为学生、为老师们献出我所有的才华和智慧！

当一名特级老师，于我来说，至今仍然是一个美丽的梦，我将继续努力，一如既往，奔向这个梦！让自己的一切思想和行为，达到理想中的教育境界！

特级之梦，魂牵梦萦！无论最终结果如何，我付出过了，奉献过了，尽全力了，一生无憾，矢志不渝！

附：

主要工作业绩：

越秀区教坛新秀（1992年）

海珠区明珠杯教学竞赛一等奖（1994年）

广州市教育新秀（1995年）

海珠区优秀班主任（1996年）

海珠区青年文明教师（1997年）

广东省南粤教坛新秀（1998年）

海珠区先进青年（1998年）

海珠区突出贡献教师（1999年）

广州市优秀教师（1999年）

广州市继续教育优秀学员和海珠区优秀教师（2003年）

《优化作文教学策略，促进学生主动发展》获2002年中国教育学会语文教学论文特等奖；获全国小学语文教师作文教学论文比赛一等奖；获2004年广州市海珠区科协系统优秀论文评选一等奖。

《语文课堂要加强动态生成意识》获2003年中国教育学会语文教学论文一等奖。

《新课改背景下的语言训练》获2004年中国教育学会语文教学论文一等奖；获2004年广州市小学语文教学研究成果一等奖；获海珠区新课程实施及第三阶段教学设计与实施活动成果评比一等奖。

《谈谈写作指导中的思维训练》获2005年中国教育学会语文教学论文一等奖。

2005年4月获广州市海珠区人民政府嘉奖。

已有十多篇语文教学论文发表在国家级和市级教学杂志上；并有二十多万字的个人专著《同伴对话与教师成长——雷婷演讲集》。

情牵校园　塑造人类灵魂
——记广州市越秀区文德路小学詹木英老师

詹木英，广州市越秀区文德路小学数学教师，从事教学工作三十多年，为教书育人倾注了自己的全部心血。詹老师曾荣获多种荣誉称号，如“全国教育系统劳动模范”“全国模范教师”“广东省南粤教书育人优秀教师特等奖”“广州市优秀教师”等。詹老师十分赞同“在‘教’中研究，在研究中‘教’”的观点。1994年至今，她积极开展各种教育教学研究活动，比如参加全国、省、市、区、校的教育科研课题研究。在平凡的耕耘中，詹老师有付出也有收获。她的教学研究、教学风格得到省、市、区有关领导的好评，先后在区级以上上过公开课二十八次，发表过论文三十多篇（含获奖）；她任教过的学生二十多人次获得全国数学竞赛一、二、三等奖，十人获省级以上数学竞赛一、二、三等奖。

“点燃学生学习数学的热情，让每一位学生不仅爱老师，而且爱学习数学”，是一些学生对詹老师的评价。

詹木英老师从事教学工作三十多年，为教书育人倾注了自己的全部心血，执著追求，敢于创新，勇于进取，以科研促进教学水平的不断提高，形成了独特的个人教学风格，把数学的美和学数学的乐带给每一位学生。多年的默默耕耘结出了丰硕的成果，赢得了学生和家长的爱戴、社会的肯定，在平凡的工作中作出了不平凡的贡献。学生们说：“詹老师是我们最爱的老师。”家长们说：“詹老师是一个有学识、有人格魅力的老师。”同事们说：“詹老师接手的班中下生迅速减少，学生基础扎实、思维活跃、兴趣浓厚。”领导专家们说：“詹老师已经成为一个研究型、专家型的老师。”种种称赞，都表达了人们对詹老师的敬佩，同时也是对詹老师业绩的肯定。让我们跟随詹老师成功的足迹，来把握詹老师发展的特点……

一、正确的意识，母亲般的关怀

詹老师有着母爱的品格，正是这种品格铸就了她敬业乐业的精神。詹老师常说：“干一行就要爱一行，要对事业负责，对自己负责，对社会负责。”她执著追求事业，爱校园胜家园，将三尺讲台作为传授文化知识的阵地，无论是刮风下雨还是身染疾病，她从未缺过一堂课。她对工作精益求精，课前认真备课，堂上认真讲授，课余虚心向老师和同学们征求意见，为寄宿生辅导功课、料理琐事。

詹老师对教育事业无私地奉献着。她最初任语文教师，后因学校数学科师资力量薄弱，她放弃自己驾轻就熟的语文而改教数学。因其工作业绩突出，教学经验丰富，组织上多次想调她到机关工作，但她均以喜欢数学教学，舍不得孩子们为由而婉言谢绝。近年来，不少家长以重金聘请詹老师做家教，也同样遭到婉拒，她说："我不能分散教学精力，要把精力全部用在课堂上。"

詹老师适应时代发展的需要，大力促进素质教育水平的提高，对学生不仅重德而且重教，爱生如爱子。她在传授文化知识的同时，关注学生的健康成长和全面发展，对学生存在的缺点、错误从不训斥，而是因势利导，循循善诱，避免学生产生心理阴影和抵触情绪。有一位学生多才多艺，成绩优秀，在家却不尊重父母，在学校对同学颐指气使。詹老师多次找他谈心，给他讲做人的道理。在她的耐心帮助下，该同学逐渐成为品学兼优的好学生。一位女同学由于家庭原因造成自卑、孤僻，学习成绩不良。詹老师发现后，经常到孩子家里家访，帮助家长树立男女平等思想，鼓励孩子自信自强，并帮她补习功课。经过半年多的努力，终于使这位女学生变得性格开朗、活泼，学习成绩也不断提高。

二、不断地学习，形成个人风格

詹老师用心血和汗水积累了丰富的教学经验；参加教育科研，又使她有了教育创新的积淀。走上讲台三十多年来，詹老师一直坚持刻苦钻研业务，不断更新知识结构。从教育学、普通心理学、儿童心理学，到教学理论研究，她博览群书，开展家访和社会调查，走访专家学者，并将理论知识应用到实践中，不断总结经验，逐步形成具有一定特色和推广价值的教育理论，得到了专家的充分肯定。

詹老师的教学风格可以概括为"以生为本，全面关爱""寓教于乐，引发兴趣""合作教学，培养技能""科研主导，探索创新"。

"以生为本，全面关爱。"詹老师在教学中，坚持面向全体学生，尊重学生学习的主体权，设计的教学活动都力图建立在学生的认知发展水平和已有的知识经验基础上，努力激发学生的学习积极性，给他们提供尽量多的思考空间和参与数学活动的机会，为学生创造成功的机会。尤其是数学思维反应较慢的学生，詹老师从不放弃他们，总努力创设适合他们参与的机会，"扶"着他们迈出学习中艰难的一步，发掘他们的闪光点，使每一个学生在她的课堂中都得到不同程度的发展。詹老师对学生的关爱，体现在"润物细无声"中，是在"平和""亲和"中体现出来的。

"寓教于乐，引发兴趣。""知之者不如好之者，好之者不如乐之者。"教学中，詹老师经常自制直观教具，运用不随意注意组织教学，使学生学得轻松且有成效。她针对不同的数学知识引导学生动手画、动手做（如教完"平面图形"后，指导学生用各种平面图形画家居设计图，并举办优秀成果作品展），让学生动起来，主动参加教学过程，把知识活用于生活实际中。成功的经验激发了学生浓厚的学习兴趣，学习兴趣引发了强烈的成功动机，这样，詹老师的数学课，成了追求成功、体验快乐的课堂。

“合作教学，培养技能。”詹老师的数学课中，师生配合默契，关系融洽，心情愉悦。詹老师常说：“我相信每一个学生都是一个真正会探索、可发展的人。”她正确地把自己定位在学习的组织者、引导者和学生的合作者的位置上，突出学生的主体自主发展的地位，重在引导、启迪学生选择恰当的学习方法去探索，去获得经验和知识。学生在主动参与中闪现智慧的光芒，开启了自主探索、自我发展之门。

“科研主导，探索创新。”作为一名老教师，詹老师是与时俱进、精益求精的典范。尤其是1994年至今，詹老师积极参加全国、省、市、区、校的教育科研课题研究，以科研带动教学工作，在“教”中研究，在研究中“教”，已经成长为既经验丰富，又有理论水平的“研究型”“专家型”教师。詹老师所撰写的论文、教学设计、心理教育个案研究等有十余篇分别刊登在各级刊物上，二十多篇分别被评为全国、省、市、区的一、二、三等奖，其中《应用题自主创新学习模式探索》获全国素质教育论文评比二等奖，发表在《课程与改革》上。詹老师也把这种探究的热情传递给了学生，并体现在教学中。如2000年度，教学小学数学第十二册百分数的应用二——利息这一知识时，詹老师尝试探索新型的教学形式，带学生走出课堂，走进银行，让学生通过参观、访问、搜集资料、实践活动等途径去获得知识。

在平凡的耕耘中，詹老师付出了许多，也收获了许多。她的教学研究、教学风格得到了省、市、区有关领导的好评，先后在区级以上上过公开课二十八次，发表过论文三十多篇（含获奖），她教过的学生二十多人次获得全国数学竞赛一、二、三等奖，十人获省级以上数学竞赛一、二、三等奖。更重要的是，她点燃了学生学习数学的热情，让每一位学生不仅爱詹老师，而且爱上了学习数学。

三、无私的奉献，教师的楷模

作为“东教名师”的科组长，詹老师积极发挥带头作用，带领数学科的同事一起学习，研究探索教学改革，不断尝试新的路子。她从不保守，经常把自己的探索心得与同事交流、分享，她多次在省、市、区作专题经验介绍，多次参加省、市、区现场会课，两次代表省、市参加全国性现场会课，6次应邀到深圳、南海、东莞等地讲课，受到人们的高度评价。在广州市小学数学界，詹老师无论是为人还是教学艺术都有极好的口碑。对于年轻老师，詹老师不仅关心、帮助他们，还虚心请教，在科组里营造出一个平等、进取的氛围。她每周坚持听年轻老师的课，并及时给他们评课，扶着一批年轻人走好新教师的路并不断向骨干教师迈进。年轻老师说：“我们的成功有詹老师的汗水，是詹老师帮我们找准了方向，让我们少走了弯路。”现在，詹老师有了更高的追求，她不仅自己在业务上精益求精，还带动一批年轻教师，一起进行教育科研。她说：“他们的成长是给我最高的奖赏。”

正因为詹老师具有这些品质，使她在教育事业中有所建树。詹老师曾获“全国教育系统劳动模范”“全国模范教师”“广东省南粤教书育人优秀教师”“广东省特级教师”等称号，多次获得省、市、区二、三等奖。也正因为具有这些特质，让她在平凡的岗位上作出了不平凡的贡献。詹老师常常怀着一颗感恩的心，她说她有今天的成绩都是靠领导对她的关心与重视、教师的无限支持、家长的体谅、学生的配合，她今天的成绩其实是属于他们的。詹老师经常说：“若要正人，先要正己，己所不欲，勿施于人！”

（由广州市越秀区文德路小学供稿）

中学篇

苦练·深思·民主·淡定

广州市天河区恒福中学　马永和

马永和，广州市天河区恒福中学数学高级教师，教龄二十二年，1997 年调入广州。自到广州工作以来，马老师已获得多种荣誉称号，如 2001 年、2004 年受天河区人民政府嘉奖；2002 年被评为天河区高中毕业班工作先进工作者；2003 年被评为天河区优秀班主任；2004 年被评为广州市优秀教师等。马永和老师特别认同“教学带动科研，科研促进教学”这个提法。在多年的工作中，凭着对数学及数学教育的酷爱，他坚持教育科研，几年来，与人合著了《高等数学词典》《线性代数考点分析》等著作，并在《中学数学》《中国教育教学杂志》等刊物上发表了《估算法在数学解题中的应用》《学生数学思维初探》《几何画板在圆锥曲线中的应用》等研究论文。

教学：读你千遍不厌倦

在很多人看来，数学就是习题，永远枯燥无比，但对于我来说，数学王国充满了智慧，充满了情趣，充满了魔力，就像一首老歌《读你》中所唱的那样，“读你千遍不厌倦，读你的感觉像三月”，因为只有具有情趣和魔力的对象，才如同一个古典美人，千年“耐看”，令人千读不厌。

我从小就酷爱数学。1980 年考入湖北大学数学系，1984 年毕业，获得理学学士学位，那年我才二十岁。大学毕业后，我没有走当年大学毕业生趋之若鹜的改行从政之路，而是当了孩子王，这一当就是二十二年，而且一直从事数学教学工作：先在湖北省咸宁市温泉中学（市级重点中学）教书，因小有名气，随后被调入咸宁市广播电视大学任教，1997 年作为人才引进，调入广州市恒福中学。

二十多年的专业学习和教学经历，使我对中学数学教学有这样的体会：

一要激发学生的学习兴趣。

学生喜欢数学与否，一半取决于学生的天赋，一半取决于教师的培养。正如孔子在《论语》中所说：“知之者不如好之者，好之者不如乐之者。”数学教师的任务，不仅仅在于传授数学知识，更重要的是激发学生对数学的热爱。

为此，我经常在课堂上结合具体的数学原理，穿插讲解每一个数学公式、定理、定律的来龙去脉，讲解数学家的悲欢人生，讲解数学与自然、社会和人生的关系，从而把数学与人生结合起来，使学生真正体会到为什么说数学是“思维的体操”。

在教学方法上，关注学生在“数学思考、解决问题、情感态度”等方面的发展，让学生愿意亲近数学、了解数学，学会“用数学的眼光去认识自己所生活的环境与社会”。课堂教学中力求引人入胜地创设问题情境，激情洋溢地开展探索研究，意犹未尽地实践延伸。

二要潜心做一名探求者。

在教学工作中，我积极实施素质教育，重视培养学生的创新精神和实践能力；积极参加教育教学改革，参加了“六课型教学法”“解题教学法”等教改实践；充分发挥学生的主体作用，调动学生学习的积极性，变师生间的单向交流为多向交流，师生在融洽热烈的气氛中互相探讨、共同切磋，取得了满意的教学效果。我还运用“数学日记”培养学生的数学素养，把学生当做一种课程资源，将数学教育课程改革深入到本质层面，为学生在数学方面的可持续发展打下坚实的基础。

在高考备考工作中，我首先把所有教材反复研读，将章节、知识点列出并分类，对每章每节有几个重点难点做到心里有数，并把近几年来的高考试题反复分析，有针对性地进行高考复习。在课堂上及时捕捉学生的反应，把握学生的反馈信息，使自己的教学深受学生欢迎，为本校高考获奖作出了重要贡献。

三要集体攻关，形成团队精神。

俗话说，一花独放不是春，百花齐放春满园。在搞好自己教学的同时，不忘在业务上指导青年教师，促进他们尽快成长。

对于每年新分配来校的新教师的第一堂课，我总是认真听课，及时评讲，具体指导。科组的大型公开课，我也是一遍一遍地听、评、改。年轻老师都亲切地称我为“小马哥”。

科研：愚者千虑，必有一得

在中小学，教师不爱写科研、教研论文，这是一个普遍现象。除非万不得已，比如评职称需要论文凑数，很多教师信奉的是“述而不作，坐而论道”。

虽然，我也要评职称，也要写文章，但更多是出于对数学的热爱和对数学教学的热爱，来追问数学问题，进而孜孜不倦地研究数学问题。学术研究与课堂教学不一样，教学必须面面俱到，照顾到每一个知识节点，不能意气用事，率性而为；而研究恰恰可以发挥自己的专长，研究的问题必须相对集中，然后持之以恒。我认为“智者千虑，必有一失；愚者千虑，必有一得”，因此更愿意做一个数学教学研究队伍的愚者。

课余时间，我把自己教学中的经验体会撰写成论文、著作发表，以就教于同行。几年来，我与人合著了《高等数学词典》《线性代数考点分析》等著作，在

《中学数学》《中国教育教学杂志》等刊物上发表了《估算法在数学解题中的应用》《学生数学思维初探》《几何画板在圆锥曲线中的应用》等研究论文。

我非常赞同“教学带动科研，科研促进教学”的提法，从不放过任何一个切磋学习的机会。对市、区、科组的教研活动，我从不缺席，积极参与。一方面，向同行和专家学习。我每年的培训任务都超额完成，近两年来每年都上了近100个课时的培训课程，使自己的业务水平不断提高。另一方面，还乐于把自己的教研心得与校内外的同行和专家交流。2003年，我在广州市教研会上宣读了自己的论文——《高中新教材三角函数教材分析与建议》。另外，每年至少主讲区级以上公开课一次。2002年我被聘为天河区高三数学中心组成员，2003年被聘为天河区高一数学中心组成员，2004年被聘为天河区高二数学中心组组长，2005年被聘为天河区高三数学中心组成员。

邓小平说，科学技术是第一生产力。在中学，教研同样是第一生产力。正因为有这样的共识，恒福中学的数学乃至各学科的教研工作都开展得有声有色，学生的整体成绩越来越好：我校在不到十年的时间里一跃成为省一级学校。2000届至2002届高中毕业会考的及格率和优秀率均超过省、市、区平均线。2000年高考集体荣获广州市一等奖；2001年高考集体荣获广州市二等奖；2002年高考集体荣获广州市二等奖，同年我所任教班级的数学平均分为593分，最高分为764分。2003年我所任教班级参加天河区统考，数学平均分为121分，获天河区第一名。2004年辅导学生参加广州市首届“卡西欧杯”数学竞赛，荣获一等奖。

管理：用民主方式构建和谐

在现实生活中，不少人把工作当做职业，拿一分钱，做一分事，教学之外，事不关己，高高挂起。而我更信奉的是德国思想家马克斯·韦伯所提倡的“志业精神”：倘若一个人的职业同时是他的志向，便会自然体现出最高的职业精神，不计报酬、不在乎功名，所做的一切，只为追求一个完美的境界。就我自身而言，我不但热爱教学，亦热爱管理，教书育人，为人师表，默默奉献，润物无声。无论是班主任工作，还是年级管理，我都坚持用民主的方式，来构建一个班乃至一个年级的和谐，营造一种良好的学习氛围。

在二十二年的教学生涯中，我坚持当班主任十七年。在班主任工作中，力求关爱每一个学生，并注重班级民主化管理，积极培养班干部的工作能力，形成了一套自己独特的管理经验，我也成了学生的良师益友。

比如，我曾带过2000届毕业生苏某，该生以前成绩不好，表现较差。经了解得知其母亲早亡，父亲长期不在家，家里经济困难。面对这样一个学生，我深知他最需要的是别人的理解、爱护和关心，而不是责备。因此，一有空，我就找他谈心，了解他内心的想法，消除他的种种顾虑，逐渐取得了他的信任。每当他有一丁点进步，我都及时在班上对他进行表扬和鼓励，使他渐渐找回自我。每当他犯错误时，则对他进行耐心的说服教育，帮助他认识错误，鼓励他改正缺点，轻装前进。通过两年的努力，该生变化很大，以较好的成绩考上了理想的大学。

班主任工作最重要的一条，就是身教重于言教。2002 年高考前夕，我胆结石发作，为了不影响教学，我晚上打针治疗，白天照常上课，没有耽误学生一节课，按计划完成教学任务。为了不让学生分心，此事我没有让任何学生知道。

我所做的一切都是一名共产党员应该做的，上级却给予了我很多荣誉：所任教班级多次被评为先进班集体。2001 年、2004 年受天河区人民政府嘉奖，2002 年被评为天河区高中毕业班工作先进工作者，2003 年被评为天河区优秀班主任，2004 年被评为市优秀教师。

近年来，我把班主任管理的经验移植到年级管理当中来。

2003 年，我担任高一年级级长。在级长工作中，我注重营造一个团结、协调、进取的集体，狠抓学风，狠抓学生的行为规范，以军训为突破口，以新生入学教育为起点，大力整顿级风，使全级学生精神饱满、作风优良、奋发向上。

在教师工作中，我发挥老教师的传、帮、带作用，激发青年教师的工作热情，协调好老师之间的关系，使全级老师团结、上进。

2004 年，我担任高二年级级长。因办学需要，高二年级迁到珠江新城组建分校，那里的教学和工作条件明显不如本部。为了让师生们安心学习和工作，我协助学校努力做通老师们的思想工作，让老师们安心、乐意在分校工作。当然，更重要的是争取家长们的支持。为此，学校多次召开家长会，听取家长意见，通过多方努力，解决了学生的交通、饮食、午休、学习环境等问题，使学生和家长感到满意、放心。因为分校人手少，级长工作繁杂，诸如升旗、广播操、教务、后勤等工作都需要我来抓，同时，我还兼任一个班的班主任和两个班的数学教学任务，工作压力大、任务重。在学校领导的带领下，我从零开始，克服重重困难，使分校工作走向正轨。

2005 年，我担任高三年级级长，与主管高三的领导密切配合，携手全级老师向高考挺进。辛勤的汗水换来了丰收的夏天。2005 年高考，各科成绩均居天河区第二名，以全市 D 类第 19 名的入学成绩进入 C 类第 4 名，其中重点升学率 17%，本科升学率 65%，取得了令人瞩目的成绩。

生活：下棋唱歌不忘健身

在一般人的心目中，数学教师的业余生活是单调的，白天上课，晚上挑灯夜战，备课、批改作业等。其实不然。

我给自己定的“规矩”是：白天上班和晚自习时间兢兢业业，分秒必争，全心干好教学工作。业余时间一定给自己放假、放松，“让心灵去旅行”。我常对学生说的一句口头禅是：“会休息才会学习。”

除了吃饭睡觉，我的业余休息方式主要有三：下棋、唱歌和健身。

每天晚自习回家，我一定会打开电脑，找网友下一盘围棋。跟网友下棋的好处很多，一是方便，易找人，也不扰民；二是无关胜负，不伤和气。当然，在放松的同时，也能在有意无意中训练自己的逻辑思维。作为一位数学教师，不会下棋是一种缺憾。因此，我觉得有必要在高中选修课中，增设围棋课，因为围棋是国宝，是活的数学，是中国传统文化。

唱歌是我的第二个爱好。我喜欢唱歌，不是因为我的歌唱得有多好，而是因为觉得唱歌本身是一件很开心的事，哪怕跑调也是内心真情的流露，反正在家中浅吟低唱，别人也不知道。年轻人喜欢的歌，我全喜欢。周末，我们一家三口经常去健身中心健身。我最擅长的项目是乒乓球，我们学校曾举行过教职工乒乓球比赛，我的最好成绩是全校第二名，不过，名次倒是次要的，出了汗就达到了运动健身的目的。

我喜欢这样一首诗，就以此作为我对教师事业的一种认识、一种定位、一个努力的方向：

做人梯——用我们的坚韧，
让学生踩着我们的肩膀奔向新的征程；
化春蚕——用我们的才能，
让知识的绸缎从我们身上延伸；
当蜡烛——用我们的忠诚，
燃烧自己给人间带来光明。

心底无私天地宽

广州市江南中学　王江虹

王江虹，广州市江南中学校长兼党支部书记，从事教育工作三十多年。她荣获过多种荣誉，如获得过“中华全国总工会优秀工会积极分子”“广东省工会优秀工会积极分子”等称号，先后十三次被评为市、区级先进工作者、先进教育工作者、优秀共产党员等。虽然承担着繁重的学校管理工作，但她一直坚持在教学第一线，并积极参加教育科研工作，主持了四个国家级课题、一个市级课题、三个区级课题及一个校级课题的研究，公开发表了《构建主动发展教育模式的理性思考》及《主动发展、办出特色、创建优质示范学校》等十篇论文。王校长对校长这个岗位的理解是：“校长不是什么名誉、地位、权力，而是责任，是偌大的校园里无处不在的责任。”

我1952年12月出生，1972年2月从广州一师毕业参加工作，走上了教育工作这条神圣而光荣的道路，在广州市39中学担任过科任教师、班主任、专职团队干部。1976年5月19日，我在庄严的党旗下宣誓，跨入了共产党员的行列，实现了从小梦寐以求的愿望。1988年调入江南中学至今，担任过人事干部、工会主席，1994年担任江南中学的副校长，1999年担任校长，主管学校全面工作，2001年兼任学校党支部书记。我还是海珠区的政协委员。靠着勤奋和不甘人后的进取心，在不惑之年取得了大学本科学历，并且评上了中学历史高级教师和高级政工师。

回顾自己的工作，有不少感慨。我曾有多次机会调去其他单位，但对教师岗位、学生无限的爱恋和无尽的责任，让我放弃了一次次机会。在我心目中，校长不是什么名誉、地位、权力，而是责任，是偌大的校园里无处不在的责任。我觉得我应该负起校长的责任，把学校办好，让跟随我工作的教师大有长进，走向成熟，让在我校就读的学生们长大成人之后，回想起来会觉得，他的中学在江南中学度过是人生幸事。负起责任来，这句话多么简单，但是真正放在心里却是那么沉重。当校长以来，为了责任，我干得很充实，当然也很累。

生活是一种磨难，生活也是一种积累，积累磨难的结果只有一个，那就是收获甜蜜。我觉得我只是为教育事业尽了自己应尽的责任，党和人民却给了我许多荣誉：我曾获得过“中华全国总工会优秀工会积极分子”“广东省工会优秀工会积极分子”等称号，先后十三次被评为市、区级先进工作者、先进教育工作者、优秀共产党员，受到市级、区级记功奖励和晋升一级工资的奖励各一次。

乌申斯基曾说：“如果我们把我们的健康信托给医学家，那么，我们就要把我们子女的道德和心智，信托给教育者，把子女们的灵魂，同时也把我们祖国的未来信托给他们。”这每字每句，无不沉重地敲击着我的心灵，我思索，我追寻，最终找到了人生的坐标：纵轴是“爱无涯”，横轴是“求无尽”，执著地定位于教育事业。

一、爱校如家，无私奉献

“长路奉献给远方，玫瑰奉献给爱情，白云奉献给草场，江河奉献给海洋，白鸽奉献给蓝天，星光奉献给长夜，雨季奉献给大地，岁月奉献给季节……”正因为有着这些无私的奉献，才成就了人世间种种理想，才创造了人世间一个个奇迹。

爱校如家，这也许已经被很多人嗤之以鼻、认为已经过时的思想，在我心中三十多年却有增无减。只要不是出差，不是生病住院，每天早上第一个到校的一定是我，在班主任回来前，我已把校园、班级仔细地巡视了一遍。十余年如一日，风雨无阻。因为我知道，如果作为学校领头人的一校之长都没有强烈的奉献精神和进取精神，那么教师们又怎么可能会为学校的发展竭尽全力呢？

爱教师就要真心实意地关心教师，多为教师办实事。谁家里有困难了，我总是在第一时间赶到，伸出援助之手；逢年过节或教职工的“生、老、病、死、新”我必去探望，总是第一个送去问候；教职工生活方面的事情，我也一一记在心里，孩子入托上学、家里有人生病住院、夫妻吵架……只要是能给予关怀和帮助的，哪怕再微不足道，我也从不吝啬自己的时间与精力。因为，我们的老师都很不容易，他们真像蜡烛，燃烧了自己，照亮了别人，所以作为领导的我们既要严格要求他们，也要为他们办实事。

1999 年，领导班子换届，中学下放区管，我担任江南中学校长，而我手下的行政干部基本上都是从普通教师提拔上来的，没有行政工作经验。而此时，我挚爱的小弟弟正病重，8 月 5 日，弟弟去世了。失去亲人让我悲伤至极，但是在料理完弟弟的后事之后，我又强忍悲痛，马上回到工作岗位。不久，我意识到学校要发展，必须做强，首先要率先成为区一级学校。2000 年 11 月，学校评上了区一级学校。带着申报区一级学校已经熬坏的身体，2001 年，我校开始进行综改、创强和申报市一级学校，巨大的工作压力又迎面扑来，我终于挺不住了，住进了医院。但学校的设计图纸、设计理念、场室的功能设置、建筑的外形、配置、校园文化等工作全部需要我亲力亲为，我恨不得把一天掰成几天来用，由于严重超负荷工作，刚出院不久的我又住进了医院。医院这个养病的地方也成了我的办公地点，因为很多工程方案、校园文化建设方案的敲定都是在医院里完成的，甚至行政会议都在医院里召开。

一边打着点滴，一边授意副手在手提电脑上完成自评报告的最后定稿，哪个江南人能忘记？为了江南中学的发展，我愿意倾注我全部的心血。看到江南中学一天天地进步，再苦再累我也愿意。

当我在党旗下庄重地举起右拳时，我感到自己在升华，不仅是思想上的，还有灵魂上的。我知道党赋予了我新的使命，党给予了我崭新的生命活力，而我将义无反顾地释放我的能量去忠诚于我的职业，去开拓出新的里程碑。特别是近十年来，我深深地感到，肩上的担子重了，工作的压力大了，可是我的心态却异常平稳，因为我是一名共产党员，“为共产主义事业而奋斗”的铮铮誓言，激励着我在平凡的教育岗位上脚踏实地努力工作，以实际行动和工作业绩为实现党的理想和事业作贡献。我愿在平凡的岗位上努力工作，奉献我的全部，因为我坚信，“全心全意为人民服务”是我一生不变的信念、无悔的追求。

二、爱生如子，以德育人

我爱自己的教育事业，更爱自己的学生，我愿意用爱心去拥抱未来，用真心去开创事业，用童心去善待生命。

自当校长以来，我虽承担着繁重的学校管理工作，却一直坚守在教育教学的第一线，始终担任着两个教学班的历史教学工作，毫无保留地把全身心献给了我所热爱的工作，特别是把心血倾注到每一个后进生的身上，在每一个孩子的心灵上播下温暖的爱的种子，在孩子们遗失了爱的空间，迷失了人生方向，将要坠入灰暗世界的危急关头紧紧拉住他们的手，决不松手。

孩子就是孩子，在我的字典里没有“坏孩子”这个名词。十年前的江南中学是一所小学教师拿来吓唬学生的学校——“你再不努力读书，将来就去江南中学”，可想而知，它创办初期的生源状况如何。多少个节假日、多少个夜晚，我陪着打破头的学生在医院里度过？多少个三更半夜电话铃声之后，我出门为离家出走的学生解决问题？多少次我去派出所领回在外面偷窃、勒索的学生？这些我都记不清了。这些孩子，在他们短短十几年的生命中，得到的是太多的责骂、冷眼和置之不理。面对这些孩子，我要给他们的是，更多的微笑，更多的宽容，更多的理解，更多的爱心、耐心和恒心。但是，付出未必得到应有的回报。控制不住情绪的学生曾把我狠狠地摔在地上；产生误会的家长曾不分青红皂白、在医院公然跳起来指着陪在受伤学生身边的我来骂……这种委屈的滋味说也说不清。但是，为了挽救这些走在边缘的孩子，为了让他们像别的孩子一样，完成初中学业，度过人生这个重要的关口，我无怨无悔。

2003 年，为了让一个边缘孩子能够去新穗学校读书，我带着他的班主任家访做其父母工作，去他家所在的街道和青教办申请帮助，亲自带着家长与街道领导谈，几经周折，才把孩子送到了新穗学校。累不累？烦不烦？当然累，当然烦。可当看到这些孩子一个个重新感受到被爱被关怀的滋味时重现清澈的眼神时；当看到这些孩子在一个新的环境里完成了初中学业时；当这些孩子站在主席台前热泪盈眶地接过我亲手颁发的毕业证书时；当这些孩子发自肺腑地说“学校里我最服的人，就是您——王校长”，“您要是我妈妈就好了”时，我还期望什么呢?!

桃李不言，下自成蹊，老师的无私换来的是学生们的殷殷纯真。每到节日，一张张明信片、一封封问候信像雪花似的飞到我手中，一声声祝福、一个个祈祷、一份份心愿，给我带来了无穷的乐趣，使我真正领悟到当老师的莫大光荣和无比幸福。爱心让我发现，每一扇门的后面，都是一个不可估量的宇宙；每一扇门的开启，都是一个无法预测的未来。讲台下，我所面对的不止是几十双求知的眼睛，更是一个需要用爱来倾注的浩瀚的海洋，而这一望无际的海洋回报给你的是无穷的震撼和力量！

三、严谨治学，开拓创新

我深深知道，作为学校的带头人，要想使学校富于效率、充满生机和活力，就必须不断提高自身的思想素质和业务水平，这样，才能够感召人、凝聚人。我个人始终把成为一个科研型、学者型的校长作为奋斗目标。为了提高自己的理论水平，把握学科最新的改革趋势，理解国家基础课程改革的发展方向，我不但订阅了大量的专业杂志，虚心学习专家和同行的经验，博采众长，为我所用。另外，我还时刻关注着学校教育教学的动态和发展趋势，亲自抓校本科研和学校特色创建工作。

1999学年，我和新班子成员根据基础教育改革的深化及全面推进素质教育的需要，以现代教育理论为指导，结合学校的实际经过反复论证，确立了“主动发展”的学校管理意识：不能只依赖上级，不能等、靠、要；要积极主动把握机遇，创造条件，打造品牌，争取支持；走自主性、创造性办学，促进学校、师生共同进步、快速发展之路。为此，在我的坚持下，在总结以往办学经验体会的基础上，我校提出了“以德育人、以研促教、以质强校、主动发展”的办学理念，制定了创建“校园洁美、设备先进、师资优良、特色鲜明、质量高精、校誉良好”的优质示范学校的办学目标，在“以学生发展为根本，以英语特色为龙头，以教育科研为先导，以创优质示范学校为动力，创造条件，加快速度，主动发展”办学思路的指引下，开展全面构建“主动发展”教育模式的探索与研究，积极推进素质教育的实践，致力于培养“德高志远、乐学善思、体强心健、活泼主动、和谐发展”的中学生。

科研是一所学校教育教学质量提升的必要因素，为了更快地提升学校的教育教学质量，我一直亲自抓科研，实施构建“主动发展”教育模式的理论和实践的课题研究，以优化课堂教学为突破口，全力推动学校教育教学水平上档次。该课题已被列入区级科研系列课题。为丰富构建“主动发展”教育模式研究的内涵和外延，我先后主持了四个国家级“十五”课题“优秀电影课实证研究”“职业指导与创新教育”“构建体育课程体系研究”“教师专业化校本培训研究”；一个广州市课题“德育班会课实验研究”；三个区级课题“主体、差异、成功系列教育研究”“中小学衔接研究”“发展性教学评价研究”；一个校级课题“构建主动发展教育模式的探索与实践”。先后撰写了《构建主动发展教育模式的理性思考》《主动发展、办出特色、创建优质示范学校》《以特色立校，实现跨越式发展》等十篇文章，并分别发表在广州《教育导刊》《广东教育》《师道》等省、市刊物上。短短的五年内，“主动发展”的办学理念已有效地体现在办学的许多方面。从领导到干部、教师，分重点、分学科，围绕学校主课题有机整合，深入改革实践，开展校本研究，形成“科科有课题，人人搞科研”的科研氛围，活跃了课堂教学氛围和课外学习实践活动，效果显著，撰写了一批质量较高的经验体会和专题论文，明显提高了干部、教师的科研水平和能力。

在“主动发展”这个理念的指导下，2000 年中学下放区管以后我校成为第一所申报区一级并通过区一级验收的学校；2001 年我校成为海珠区教育局人事改革试点单位之一，并成功施行了改革；2002 年我校成为广州市老四区唯一一所广东省中学生预防毒品教育示范学校；2003 年我校通过市一级学校评估验收；2004 年我校通过省一级学校评估验收；2005 年我校成为广州市第一所体育大课间实验学校。在学校竞争越来越激烈的今天，正是因为有“敢为人先，主动发展”的办学思路和“有为才有位”的正确办学思想，江南中学才赢得了支持和机遇，实现了一个又一个的飞跃。

广东省人民政府评估中心的督学在全面考察了江南中学的办学软、硬件后说：“江南中学的办学理念先进，办学思路清晰，育人环境优雅，教育教学设施设备较齐全，办学效益和质量较高，在同类学校中起到了一定的示范作用，是一所领导放心、家长满意、社会认可的，已初具特色、有较大发展基础和潜能的普通初级中学。”“江南中学能在五年上三个台阶的一个重要因素是：学校有一个好校长和一个强有力的领导班子。在干部和教师心目中，王江虹校长是一位‘事业心强、作风民主，勇于进取，善于主动发展的好校长’，她‘全身心投入，为学校发展呕心沥血’，她‘善于学习、思考，凡事都身体力行’。在她的带领下，班子其他成员和中层干部，团结协助，各司其职，各显所能，创造性地开展工作，同心同德为学校的发展努力作贡献。班子成员率先垂范，感动了教师。教师有爱心、耐心和忠心，他们团结协作，乐于奉献，教风好，有活力，能与时俱进，不断更新观念、改进教法、提高工作质量。关于教师队伍建设，学校十分重视，采取了许多措施，来提高他们的师德水平和业务能力。”

后记

我现在越来越相信：当一个人把自己的生命注入一项事业，那么她活着便有了重要的意义，因为她已经将自己的生命转化为另一种东西。对教师而言，学生的成长就是我们生命的延续。我们在成就学生理想的同时，其实也成就了我们自己；作为一名党员，我们在成就党的事业的同时，也在成就我们自己的事业，党会记住每一个为她甘洒汗水的儿女，人民会记住每一个勤政为民的好公仆。三十五年工龄，三十一年党龄，我觉得我做的工作还远远不够，但是，党和人民给了我很多的荣誉。

我是党的女儿，我时刻不忘党的恩情；我是一名教育工作者，我时刻不忘历史赋予我的重任。“少年富则国富，少年强则国强。”只有我们未来一代稳步发展，才有国家在世界之林的立足之地。而学生的发展不是单纯的学业发展，而是全面、全体发展、个性发展、主动发展、终生发展。教育是一种事业，要成就这个事业，我们必须要有一颗始终忠诚于党的教育事业的心，一颗甘于奉献的心和一颗与时俱进的心；我希望当我从教育工作这条战线上退下来的时候，我可以像保尔·柯察金那样说“当我回首往事的时候，不因为虚度年华而烦恼，不因为碌碌无为而悔恨”。

“雄关漫道真如铁，而今迈步从头越。”面对新的时代，我们深知自己的使命永远是开拓和发展。我们也深信：在各级领导和社会各界的支持下，江南中学这艘年轻而充满生机的航船一定能载着江南人的新梦想，借“教育强区”“教育强市”的强劲东风，在教育教学改革的碧海蓝天，乘风破浪，再铸辉煌！

附：

历年获奖情况：

1985、1989、1992、1993 年	广州市教育局系统先进工作者
1986 年	广州市属学校优秀团队专职干部
1986、1996、1998 年	广州市教委系统优秀共产党员
1989 年	记功奖励
1991、1994 年	广州市教育工会优秀工会积极分子
1993 年	广东省工会优秀工会积极分子
1993 年	广州市教育工会优秀女职工工作者
1994 年	晋升工资奖励
1994 年	广州市优秀教育工作者
1994 年	中华全国总工会优秀工会积极分子
1996 年	广州市教育工会优秀女职工之友
1997、1999 年	广州市教育工会优秀工会积极分子

1999 年	海珠区先进劳动者
2003 年	海珠区优秀教育工作者
2004 年	广州市优秀教师、海珠区优秀党员
2005 年	记功奖励

撰写论文（著作）情况及发表时间、刊物或获奖情况：

1. 1999 年《围绕中心，发挥优势，积极主动开创工会工作新局面》发表在《硕果集》——广州市教育工会工作经验交流集。

2. 2000 年《中学历史教学中发挥学生主体作用的探讨》发表在《教育导刊》第 2 期上。

3. 2000 年《构建主动发展教育模式的理性思考》发表在《教育导刊》第 2 期上。

4. 2002 年《主动发展、办出特色、创建优质示范学校》发表在《广东教育》第 6 期上。

5. 2003 年《探索中学德育的整体优化管理模式》发表在《教育导刊》第 7 期上。2005 年该文获广州市中学德育研究会、广州市教育局思想政治教育处主办的中学德育年会论文三等奖。

6. 2004 年《以特色立校，实现跨越式发展》发表在《师道》第 3 期上。

7. 2004 年《关于创建学习型社区的几点建议》作为海珠区政协大会发言稿，刊登在 2004 年海珠区政协提案集。

8. 2005 年《构建“主动发展教育模式”校本研究结题报告》获广州市教育局、广州市教育科学研究所主办的“广州市教育创强与校本科研”学术研讨会论文一等奖，并作大会发言；并以《开展“主动发展”课题研究，促进学校跨越式发展》为题发表在《教育导刊》第 9 期上。

9. 2005 年《关于进一步加强初中教育的建议》获海珠区教育工会“为海珠教育可持续发展献一计”竞赛活动一等奖，并刊登在 2005 年海珠区政协提案集。

10. 2005 年《江南花锦绣、教育春满园——广州市江南中学跨越式发展纪实》刊登在《广州华声》总第 78 期上。

11. 2005 年《落实健康第一，促进学生发展》发表在《教育导刊》第 10 期上。

12. 2005 年《实行民主管理是促进学校跨越式发展的保障》获海珠区工会工作理论研讨文章三等奖。

不做蜡烛　愿为恒星

广州市美术中学　王德强

王德强，广州市美术中学英语科教师，已有二十多年的教龄。王老师曾荣获“增城市优秀教师”“广州市优秀教师”“广州市中学英语教研工作积极分子”“广州市中学优秀英语教师”“广州市中学英语高中课程改革工作先进个人”等荣誉称号，也多次获得各级“优秀辅导老师”称号。王老师还有6篇论文（设计）获增城市优秀论文一等奖，《高三英语短文改错专题复习课》课堂教学录像获广州市“教学模式与课型研究”优质课高中组二等奖，论文《非智力因素在英语教学中的培养》获广东省教育科学研究成果（黄华奖）三等奖，《优化课堂教学的实践、成效与体会》获全国优秀论文二等奖。

我从1983年至1993年在湖南省属重点中学武冈二中任教，1993年至1997年在广东增城市华侨中学任教，1997年至2005年8月在广东增城市增城中学任教，2005年9月起在广州市美术中学任教。

从教二十多年来，我一直从事高中英语教学，1997年被评为中学英语高级教师，当英语科组长十七年，从1999年开始分别担任增城市中学英语教研会副会长、会长，近几年为增城市政协委员、广州市中学英语教研会理事。我所教班级的英语无论是高考、会考，还是参加竞赛，都取得了好的成绩。我所领导的增城中学英语科组连续六年被评为学校先进科组，1999年被评为增城市先进科组，2000年被评为广州市先进科组。

在长期的教育教学过程中，我逐步形成了自己的教学理念、思路与特色。我的教学理念是：因材施教，求实创新，民主和谐，我必有用。我的教学思路是：高中英语教学以词汇为基础，以动词为核心，以复合句为难点，以情景为手段，以语篇为突破口，以运用为目的。

回顾自己二十多年的教育生涯，思索自己二十多年留下的足迹，发现自己的发展与下列因素密切相关。我觉得一个好的教师需要特别注重以下几点：

一、教师要让学生喜欢自己所教的学科

英语是当今世界主要的国际通用语言之一，也是世界上使用最广泛的语言。随着我国对外开放的不断扩大，科学技术的不断进步，国际地位的不断提高，尤

其是我国加入 WTO 后，迫切需要一大批精通外语的专门人才，以加强我国与世界各国的沟通与合作，使我国在国际事务中发挥更大、更积极的作用。因此，迫切需要全民学习英语。

教学中我发现有很多学生因为惧怕学习英语，所以对英语产生了厌倦和抗拒心理。作为一名英语教师要让学生喜欢英语，从而主动学习英语。老师要做一个好榜样，自己一定要热爱英语，这样才能潜移默化让学生也爱上英语。

首先，英语教师应该是乐于学习、善于学习的语言学习者。教师必须拥有丰富的学习经验，才能从中总结出各种有效的学习方法，也才能更有效地指导学生学习，正所谓要做老师先做学生。我想，只有一个成功的英语学习者才能成为一个成功的英语教师，从而成就成功的英语教学。因此，我注重向书本学习，向实践学习，向优秀教师学习，向同事学习，向国内外先进的教学理论和方法学习，在捧着刊物学习的同时，静心研读教育教学专著，从专著中系统地了解、吸收、借鉴作者的教育思想和教学实践。

其次，英语教师要有一套有效的教学方法，指导学生的学习。我的教学方法是“一二三四五语言知识教学法”，指的是在英语语言知识教学中采用“一寻二查三答四讲五用”的教学方法。在语言点和语法教学过程中第一步要求学生寻找材料中有关语言知识的规律和特点，这是“一寻”；“二查”意为在找到所要解决的语言知识之后，让学生学会自主查阅词典和相关资料；“三答”指的是学生组与组之间或师生之间就单元或课时的语言知识所进行的一问一答；在进行问答之后老师再进行评价、补充、归纳、精讲重难点，这就是“四讲”；“五用”指的是要求学生运用所学的语言知识及时完成相关练习。

这种教学法无疑充分体现了民主和谐的课堂互动，让学生学会自主学习、合作学习和探究学习。

二、教师要让学生健康快乐地成长

应试教育导致许多学生周六周日都泡在课堂，各种考试使他们失去了应有的童真。我们难以改变考试制度，但我作为一个教师可以成为敢于负责、富有创新的问题解决者，因此教学中我从不以考试和没完没了的作业为法宝，以牺牲学生的健康为代价，而是以人为本，有问题当堂解决，课外鼓励学生发展个性，培养创新精神，使他们健康快乐地成长。

我遵循因材施教的方法，对不同的学生实施不同的教学，让全体学生都能得到学习的快乐和成就感，从而树立他们的自信心。我经常与学生进行交流沟通，了解他们的兴趣与需要，以便在以后的教学中尽可能地满足每一位学生的需要，提高他们的学习兴趣。我还注重在教学过程中发掘学生的特长，然后在适当的环境下，给予他们充分的机会来发挥，让他们有一个展示自我的舞台，使不同的学生能更了解自己的长处，深刻地体会到“天生我材必有用”这句话。

三、教师要不断研究

当今社会所需要的是研究型的教师，他们不能只是进行简单的教学工作，而是要在教学过程中不断进行反思和总结自己的教学。所以从教以来，我努力使自己成为具有创新精神的研究型教师。为了使自己较快地更新教育观念，提高自身的价值认识和潜在的创造能力，我潜心专研，勤于思考，勤于动笔，在教学过程中将自己的经验与广大教育者分享。从教至今，除九篇论文获奖以外，我发表有关教学文章或教学设计共五十余篇，主编或参编书籍三十多本。主要情况如下：

1. 1990 年参加编写《高中英语能力培养》。

2. 1995 年论文《非智力因素在英语教学中的培养》发表在《教育导刊》第 10 期上。

3. 1996 年参加编写《新编高中英语达纲验评》。

4. 1997 年论文《如何提高高三英语教学质量》入编《全国中小学优秀教改经验论文集》。

5. 1999 年单元教学设计入编《中学英语教学设计》。

6. 2000 年论文《发挥教研组作用，提高教学质量》发表在《中小学英语教学与研究》第 2 期上。

7. 2003 年参加编写《高考备考指南（英语）》。

8. 2004 年论文《高三英语语法教学模式探讨》入编《英语高考与备考实践》。

9. 2004 年主审《广州版初中英语 4A 同步练习与拓展》。

10. 2005 年论文《〈新高中英语〉教学实践与思考》发表在《疯狂英语教师版》（全国核心期刊）第 6 期上。

11. 2004—2005 年参加编写《高考备考指南（英语）》。

12. 2004—2005 年主编《新高中英语辅导与训练》（必修①~⑤，选修⑥~⑨）。

13. 2004—2005 年主编《新高中英语同步测试卷》（必修①~④）。

14. 2005 年主编《新高中英语拓展听力》（模块 1~8）。

15. 2005 年 10 月论文《新教材 NSEFC 的重组和活化》发表在《英语学习辅导报》教研版上。

16. 2005 年 11 月《NSEFC BOOK 1 Unit 4 教案》发表在《英语学习辅导报》教研版上。

17. 2005 年 11 月主编《新课标教案英语必修 3》。

18. 2006 年 5 月参加编写《高考备考指南（英语）》。

19. 2006 年 6 月主编《新课标教案英语必修 5》。

四、教师要教书育人

我深深理解：教师的劳动过程，是人与人之间相互作用的过程，是心与心碰撞的过程。教师面对的学生都是祖国的未来和希望。我针对现在的学生大多数是独生子女，他们的思想在很大程度上是一切以自我为中心的特点，在他们人生中最重要的阶段，不仅要给他们积极正面的引导，而且要以身作则，率先示范；不仅要教给他们科学文化知识，更重要的是通过教师的教育教学过程，以高尚的品格来影响学生、感染学生，帮助他们树立正确的人生观、价值观，养成良好的学习生活习惯，成为对社会有用的人。

作为一名教师，我遵纪守法，热爱祖国，为人师表，坚持教书育人，工作中尽职尽责，在教育教学教研中取得了较好的成绩，获得了较多的荣誉，获奖情况如下：

1. 1994 年被评为“增城市优秀教师”。

2. 1995 年，论文《非智力因素在英语教学中的培养》获广东省教育科学研究成果（黄华奖）三等奖。

3. 1997 年被评为“广州市优秀教师”。

4. 1997 年，《新编高一英语教材第 17 单元教学设计》获广州市优秀教学设计二等奖。

5. 1997 年至 2004 年共有六篇论文（设计）获增城市优秀论文一等奖。

6. 1998 年被评为增城中学“十佳教学能手”。

7. 1998 年被评为《中学英语报》优秀记者。

8. 1998 年辅导学生参加全国中学生外语口语竞赛，获“优秀辅导老师”称号。

9. 1998 年、1999 年、2000 年、2001 年、2002 年被评为“增城中学先进教师”。

10. 1999 年 6 月被评为“广州市中学英语教研工作积极分子”。

11. 1999 年 12 月被评为“广州市中学优秀英语教师。”

12. 1999 年、2000 年、2001 年、2002 年辅导学生参加国际中学英语能力竞赛，获“优秀辅导老师”称号。

13. 2000 年《高三英语短文改错专题复习课》课堂教学录像获广州市“教学模式与课型研究”优质课高中组二等奖。

14. 2001 年再次被评为“增城市优秀教师”。

15. 2002 年《优化课堂教学的实践、成效与体会》获全国优秀论文二等奖。

16. 2002 年被评为“广州市中学英语优秀科组长”。

17. 2002 年获“广州市高考英语贡献奖”。

18. 2005 年辅导学生参加增城市高一英语竞赛，被评为“优秀辅导老师”。

19. 2005 年被评为“广州市中学英语高中课程改革工作先进个人”。

五、教师要经常反思

我经常以自身的教育教学活动为思考对象，对自己在教育教学中的行为以及由此产生的结果进行批判，有意识地分析与再认识。通过多年的不断反思，总结实践，升华经验，发现不足，渴求新知，使教学常教常新，促进自己的专业发展和自我成长，走出一条属于自己的成功的教改之路。教师要不断充实自己，成为一名学习型的教师。作为学习型的教师要不断进行反思，了解自己的不足，并通过努力完善自己。

我勇于研究新课标、新教材、新理念、新课标下的教学对象、教学环境和学习策略，创造性地使用教材，灵活整合课程资源，用新的教育教学理念这个望远镜、显微镜来观察、剖析自己，把新的教育教学理念转化为自己的教育教学行为。

没有人能完美无缺，所以我不是完美的老师，但是我深知要成为更好的老师就必须不断地超越自己。今天的我要比昨天的我好，而明天的我一定要比今天的我更好。我想，通过不断进行反思、研究和学习，自己不会成为一支燃烧后便什么也没有的蜡烛，而将成为一颗永远闪光的恒星。

在严格中渗透爱　以进取来奉献

广州市第十一中学　任玲娣

任玲娣，广州市第十一中学语文科教师，广州市荔湾区教研室理事，并担任教研室中语会会长及区高中语文中心组教研员、组长，教龄三十四年。在多年的教育生涯中，任老师曾多次荣获市、校优秀班主任称号及德育先进工作者、市优秀少先队辅导员、荔湾区首届中学语文特色教师、荔湾区教育科研优秀教师等称号。任老师还曾进行过“现代化教育”“研究性学习”“新课标理论与实践”“高考方法指导”等专题研究，获广州市首届语文教案设计一等奖、二等奖，公开发表论文数篇。2000—2003 年，任老师为牛津大学出版社主编了《香港中学语文范文篇章库》（共 5 册）、《创新思维写作手册》（共 4 册）、《逻辑思维教学手册》（共 1 册）；2004—2005 年，为牛津大学出版社主编了《高中语文篇章库》（共 1 册）。

作为一名教师，任老师不仅仅追求教学艺术、教学风格，更追求一种教学精神。这种精神靠对教育的无私奉献和勇于进取去实现。

1972 年，十七岁的我开始了漫长的教师生涯。从教三十四年，我始终如一地辛勤耕耘在人民教育事业这片热土上，教书育人，无私无悔。为什么？作为一名共产党员，一名人民教师，我总觉得，在我心中，有一种神圣；在我肩头，有一种责任。我深深地热爱着教师这个职业。

站在教育第一线——无私奉献

三十多年来，我曾先后在市四十五中、第二师范学校、市十一中任职，一直工作在教育第一线。我做过十年的班主任，也当过二十年的级长。贡献、拼搏、成功、热爱已成为我对人生的基本态度。因为我觉得：人生几十个春秋，与历史长河相比，是短暂的，它不会重复。好不容易来一回，就应该珍惜它、热爱它，应该让它发出灿烂的光彩来。所以，我敬业爱生，管教到位，精心育人，无私奉献。

三十多年来，我带的班有多个荣获过市先进班集体称号，我所带的级均以级风优良而受到师生一致好评。我本人也多次荣获市、校优秀班主任及德育先进工作者等称号，并获市优秀少先队辅导员称号及市教委颁发的三等功两次。

我的身体并不好，疾病无时无刻不在折磨着我。记得有一次，我发高烧，全身无力，老师们都劝我回家休息。可是适逢高中会考，而级里的班主任又是第一次参加会考的组织工作，在这种情况下，我怎能离开？为了保证全级学生顺利参加会考，我硬撑着回到级组。老师们很爱护我，他们在办公室放了张折叠床，让我躺在上面指导他们，坚持到中午放学。由于体力不支，我在离校时从楼梯上滚了下去。其实，像这样的事何止一次，为了工作，往往只能牺牲个人利益。我曾因为工作，得了肺炎也不能住院。学校申报省一级时，即使自己患病也只能是在晚上才到医院打吊针，一直到凌晨4点，躺一会儿，又按时上班。有人说我：何必这么拼命？我则认为：身为人民教师就需要有这种敬业的精神。我的老父亲八十多岁了，我身为长女，却无暇照顾他，与他为邻的一个我校退休教师见到我总说：记住回家看看爸爸；儿子多病，常住院，我也只能让他的爷爷奶奶去照看；女儿上幼儿园的时候，总是家长、学生自发地帮我接回来；亲戚朋友远道而来，我也无暇陪同……为了事业，我确实牺牲了许多，但身为党的教育工作者，就应有一颗对事业的赤诚之心。

严爱结合——我对教育的理解

多年来，我对学生的管理可用一个字概括：严；对学生的教育也可以用一个字概括，就是爱；因此，也赢得了学生对我的态度：服。

在市四十五中（当时生源最差的学校）担任初中级长时，我总是每天早上第一个回校，晚上最后一个离校。几经周折，呕心沥血，科学管理，严格施教，硬是把一个散而乱的“差级”带成了学校最优秀的级。校长望着当时只有二十来岁的我，感慨而赞叹地说：只要是你管的级，就没有管不好的！

原来明华轮的政委，因其女学坏而头痛。后来，我每天接送她上学、放学，阻止她与社会上的坏人结交。在反复耐心的教导下，这个同学翻然悔悟，最后成为三好学生。她父亲激动地说：老师，真是人类灵魂的工程师！

有一年，我因工作需要，到高中当级长，我教的市十一中初二（2）班全体同学都哭了。两年中，我们已建立了深厚的师生情谊。在我离开时他们每人都写了一封信给我，感激之情，溢于言表。学生刘嘉诚深情地说：老师，就像我的母亲，给了我这孤儿无微不至的爱，我终身记着老师！

一个连高中都考不上的女学生，最后能考上本科，还成了五大报社的特约记者。回想往事，她常说：是老师帮助了我。为人师表，老师将成为我永远的楷模！

“桃李满天下”，从教三十四年的我，常会听到这句话。这是一个教师以高尚的师德、精湛的教育来造就自己的人格魅力并赢得尊重的回报；也是人们对一个几十年勤勤恳恳地工作在第一线的教师的高度评价！一个教师，听到这样的赞许，还会有什么遗憾！假如没有工作在第一线的努力，没有无私奉献的精神，是不可能获得这一切的。所以，一个教师到了最后能说：此生无愧于自己、无愧于社会、无愧于国家——这才是真正的成功者！

立于教学最前沿——勇于进取

我曾立志做一名数学教师。但我的职业生涯因学校更缺语文老师而被改写。大专、本科两次入炉，自然也就铸定了我的语文命运。

三十多年来，我虚心向同行学习，在实践中摸索前进，不断提高自己的教学水平。我深深地体会到：作为一名语文教师，仅仅追求教学艺术、教学风格是远远不够的，更应该追求一种教学精神。有了这种精神，才会有勇于进取的斗志。

2003 学年，作为级组长，我带领占级组四分之三的青年党员、新教师共同奋斗在“非典”肆虐、高考紧张的教学第一线上。我迎着困难上，病了不休息，与全级教师群策群力，同心同德，终于取得了高考工作的显赫佳绩：级组荣获广州市高中毕业班工作一等奖，成绩名列荔湾区第一位、广州市第 15 位。同时，我任备课组长的语文科目高考成绩彪炳：全级语文平均分超过 B 类许多中学（本校为 D 类学校），而我本人任教的班语文平均分超过 A 类 6 所中学中的两所，语文成绩 700 分以上的有 12 人以上，850 分 1 人，1 人作文为全国高考优秀作文。

2000 学年，我任级长的高中毕业班因全级学生全部通过 9 科会考，高考成绩优秀而开学校先河，我所教学生的作文获全国征文特等奖。

1996 年，我担任班主任的初二（2）班因优秀生人数居全校之首而受到师生们的惊羡（该班入学分数与其他班等同）。而且，我除了抓学科教育外，还十分重视学生的素质教育。这个班在艺术节、合唱节、体育节、科技节等比赛中均名列学校第一。这个班还是学校举办各种公开课最多的班，因此该班荣获了市先进班集体的称号。

1991—1994 年，我在广州市第二师范学校任教。这是一所办学才六年的学校。当时，首届师范生会考成绩排在全省 44 所师范学校之后。而我接教的是第二届师范生，又担任本届会考指定考查的语基科目的备课组长。能否考好？压力很大。在困难面前，我以强烈的责任心、精湛的教学艺术、不辞劳苦的意志力（发高烧而不休息）终于赢取中师会考的一等奖，令市二师考试成绩一下前进了几十位。

在长期的语文教学中，我就是凭着一股永远不怕从头做起的精神，在教学上不断勇于进取的。我上的语文课，已数不清有多少节了，但我始终不渝地追求教学上的精益求精和大胆创新。既注重基础知识的渗透，更重视对学生素质能力的培养，坚持授给学生“渔”而不仅仅是“鱼”，师生互动，合作学习。现在，我的教学能力及教学方法已受到了师生、家长的肯定，也多次创下了个人业务的理想成绩：

曾获市首届语文教案设计一等奖、二等奖，其中《让学生成为生活的强者——浅析中学生受挫心理的成因和对策》等论文被省高评委评为“A”级论文，《试论中学职业指导的自我意识教育》等论文被国家“九五”科研项目——中学职业指导研究广东省子课题组授予二等奖，本人亦获此研究项目的先进个人奖。另外，在研究“现代化教育”“研究性学习”“新课标理论与实践”“高考方法指导”等专题方面收获颇丰，在《教育导刊》上发表论文数篇。

2000—2003 年，我为牛津大学出版社主编了《香港中学语文范文篇章库》（共 5 册）、《创新思维写作手册》（共 4 册）、《逻辑思维教学手册》（共 1 册）；2004—2005 年，为牛津大学出版社主编了《高中语文篇章库》（共 1 册）；目前，还在为广东教育出版社编写《高中文言文阅读》（暂名）一书。

我在教育的平台上以勇于进取的精神不断闯关，不断向语文高峰攀登。我坚信，始终保持一份职业的敏感对教师尤其是语文教师来说是十分必要的。为此，我利用业余时间到华南师范大学教育硕士研究生班进修，不断增加自身的含金量，以服务于教育。2003 年，我应聘为荔湾区教研室理事，并担任教研室中语会会长及区高中语文中心组教研员、组长。虽然我身体不好，又常年任教高中语文尤其是高三语文，还要担任高三级级长，工作十分繁忙，但出于对语文教育的一份执著，我选择了尽自己能力为区语文教学工作添砖加瓦。担任中语会会长期间，我利用工作闲暇与中心组成员交流高考经验，为高三学生提供辅导。令人欣喜的是，在我们的共同努力下，荔湾区的语文高考成绩连续几年都名列全市前茅。我本人也因业绩显著被评为荔湾区首届中学语文特色教师，并荣获荔湾区教育科研优秀教师称号。

如今，我又担负起为教育事业培育新人的光荣任务，虽然增加了工作量，也没有报酬，但看着自己带出来的年轻老师成为优秀班主任，成为“荔教新星”，成为教学骨干，内心总是充满了无限的欣慰。

回顾自己的成长历程，我感慨万分。虽然在教育管理及教学业务上，自己也算取得了一定的成绩，但我不会躺在功劳簿上，满足已有的成绩。目前，我仍然工作在教育第一线上，仍然担任中语会会长工作，担任高三级级长工作，还肩负着培育新人的重任，工作排得满满的，但我活得很充实。因为，我感悟到：作为共产党员，就要代表先进，就要为党的教育事业奋斗终生，这样，才能无愧于共产党员的称号；而作为一名人民教师，就要以崇高的师德、敬业的精神战斗在教育第一线，立于教育的最前沿，只有这样，才能让自己热衷的事业创新，才能得到人民的信任，才能用自己的一腔热血谱写出对祖国的忠诚！

平凡的岗位　不平凡的成就

——记广州市执信中学刘立翔老师

刘立翔，广州市执信中学生物高级教师，一个有着亲切笑容、平易近人的好老师。1985年他从华南师范大学本科毕业分配到执信中学任教，至今已有二十多年。在这二十多年里，刘老师凭着他对生物学和教育的热情以及他的深入研究，刘老师在平凡的岗位上取得了不平凡的成绩，不但在开展生物奥林匹克竞赛课外科技活动方面取得了骄人的成绩，而且还兼任广州生物教研会教研部部长、高三生物教学中心组组长、华南师范大学生命科学学院兼职教育硕士导师等。

二十多年的教育教学岁月，刘老师留下了许多值得思考、回味的轨迹。以下以生物奥林匹克竞赛活动的开展为主要线索来把握刘老师成功的教育教学经历。

一、生物奥林匹克竞赛，成功的起点

生物奥林匹克竞赛是目前我国层次最高的学科竞赛之一，因为该项赛事可直接同每年一次的国际生物奥林匹克竞赛接轨，竞赛的省一等奖以上的获奖者可获得高校免试入学的资格，同时，这项活动的开展对中学生物教学、普及生物知识、热爱生命、保护物种等方面都有着巨大的推动作用。

从大学开始，刘立翔老师就对生物学有着非常大的热情，他很庆幸自己选择了自己喜欢的专业，他始终认为探索生命物质运动、人类身体的奥秘是一件快乐且充满挑战的事情，因此非常用心地学习。机遇总是青睐有准备的人。1993年，刘老师参与辅导和组织了在执信中学举办的第一届广东省生物学联赛的工作；1995年，刘老师开始承担起学校生物奥赛的主要辅导工作。当时，作为一名普通的生物教师，刘老师出于对生物科学的热爱，也出于对人生高层次挑战的一种应对，在学校的支持下，在执信中学积极开展生物奥林匹克活动，吸引了学生中的一大批生物爱好者参与到这项活动中来。

可谓“天将降大任于斯人也，必先苦其心志，劳其筋骨，饿其体肤……”刘立翔老师并不是一开始便收获成功，甚至可以说刘老师首先体验的是生物奥林匹克竞赛辅导生涯的失败。1995年带学生参加全国决赛，经过了紧张的考试、评分，最后公布成绩，他所带的学生竟然一个一等奖、二等奖、三等奖都没有，只拿到安慰性质的优胜奖。那时，他真有一种无地自容的感觉，内心也很痛苦。可是刘老师并没有一蹶不振，他暗暗下决心，今后如果带学生参加全国赛，就决

不能让这一幕重演，既然要参加比赛，就要让学生载誉而归，为学校、为广州市甚至为广东省增光。

此后，刘立翔老师一直以这段经历激励自己，一心朝着让学生载誉而归的目标前进。可是在跌倒的地方再站起来，需要的不光是勇气，还必须经过不懈的努力。刘立翔老师做了很多的努力。

首先，直接由大学生物教材内容入手进行高标准辅导。生物奥赛理论考试的内容要求涉及以下七个部分：细胞生物学（含生物化学和微生物学）约占25%；植物解剖和生理约占15%；动物解剖和生理约占15%；遗传学和进化论约占15%；生态学约占15%；动物行为学约占5%；生物系统学（含植物和动物的系统分类）约占10%。以上内容已远远超出中学生物教学范围，基本涵盖了大学生物系本科教学的方方面面。就这样，由大学生物教材内容入手进行高起点的辅导，为学生在全国决赛和国际奥赛取得好成绩奠定了良好的基础。

其次，克服备课与辅导遇到的重重困难。正因为教材超出中学生物教学范围，备课与辅导的难度可想而知。备课方面，涉及的知识面实在太广，刘立翔老师不得不把大学教材完全过一遍，而且要把知识系统地向学生讲授。这个过程，看似简单，其实需要花很多的精力。刘立翔老师就在那间简陋的堆满了生物书籍的小房间里阅读着大学的教材，苦苦地思考着如何讲才能让学生易于接受。有的时候为了备课，他一直忙到凌晨三四点，那些时候陪伴他的是那微弱的灯光，有的时候他也会感觉到沉重的孤独感，可是为了学生，他无怨无悔，而且当学生取得非常好的成绩的时候，他觉得这一切都是值得的。刘老师就是这样克服了备课方面的困难。辅导方面，为了保证学生能够有更多时间开展这项活动，刘老师在开展这项活动时都是高一、高二学生一起培训的，但由于高一年级没有开设生物课，也没有参加全国决赛的竞赛任务，所以，存在着高一学生的严重流失等问题，还有高一、高二学生学习基础不一样，教学辅导要兼顾他们的基础等问题。在这几年的辅导活动中，刘老师均能尽自己最大的努力去克服以上困难，保证活动的正常开展。他不但在上课的时候把学生吸引到教学内容上，而且精心设计教学软件，课后跟学生谈心，做好思想工作，让学生坚持下去，毕竟奥赛的训练过程是艰苦的。

再次，充分落实和保证活动的时间。生物奥赛小组这几年基本上是利用周末时间开展常规活动，因为这段时间辅导，效率比较高，辅导比较到位。此外，还经常利用下午7~8节课的时间以及其他的节假日（比如每年的寒暑假、“五一”、“十一”等）开展活动，有全国决赛的竞赛任务期间，整个假期的大部分时间都要用于辅导。这就意味着辅导老师和学生都必须牺牲大量本来放假的时间，而且上一轮竞赛结束，又意味着新一轮辅导的开始，同样又要经受新一轮艰苦的培训生涯的考验。

最后，师生的全身心投入。生物奥赛活动的开展是非常辛苦的，点滴成绩的取得，与师生们大量精力的投入是分不开的，与生物奥赛组的同学勤奋、刻苦的学习和辅导教师的敬业精神是分不开的。

天道酬勤，刘老师跟同学们的努力赢来了骄人的成绩。自1996年至2001年，共有五届（五年）辅导的学生以最好成绩进入全省的前五名，其中有三届获得全省的第一名，一届获得全省的第二名，同时获得了四次代表广东省去福州、长沙、济南、西安等城市参加全国决赛的资格（每年只能有三名选手代表广东省参加全国赛），并获得国家级二等奖3次、三等奖1次。刘老师所辅导的学生在参加生物奥林匹克竞赛中，还获得全国联赛一等奖8次，二等奖17次，三等奖14次；获得省联赛一等奖26次，二等奖32次，三等奖45次。如在2001年广东省中学生生物学联赛中，有8人获一等奖（其中有7人进入前10名）、4人获二等奖、10人获三等奖；在随后参加的2001年全国中学生生物学联赛中，有4人获一等奖（其中有3人进入前10名，进入省集训队）、8人获二等奖、4人获三等奖；最后经省集训队选拔，有1人入选省代表队并参加了当年在西安举行的全国决赛，获二等奖（银牌奖）。可以说，在刘老师的努力下，执信中学的生物奥林匹克活动多年来一直在广州市乃至广东省都处于领先的地位。

刘老师所辅导的生物组的学生中，有多人已进入北京大学、清华大学、南京大学、中山大学等重点大学生物学或相关专业深造学习，为我国生物学事业培养了后备人才。虽然还称不上桃李满天下，可是刘老师所辅导的学生都在生物方面有着非常优秀的成绩，即使他们已离开母校。黄洁红同学就是一个很好的例子，她1998年考上北京大学，就读生物技术专业，在北京大学这个人才济济的校园里，她的综合测评成绩位居第三，她在寄给刘老师的卡片里面感慨万千地说："我之所以能在强手如林的北大取得这样的成绩，其中很重要的因素是在执信中学打下了扎实的生物学基础，感谢刘老师！"身为一个老师，没有比学生有出息更值得欣慰的事情了。

二、科学实践活动，成功的新领域

虽然在生物奥林匹克竞赛辅导中取得了不同凡响的成就，但刘立翔老师并不骄傲，本着务实的精神，在辅导学生开展科学实践活动上，他一样作出了很多的努力，也取得了非常好的成绩。

例如，2001年辅导彭李菁、钟智杨等同学完成的科技论文《广州市园林植物多样性及其效应的调查研究》荣获第六届全国青少年生物与环境科学实践活动评比的广州市一等奖、广东省一等奖乃至全国一等奖和英特尔少年英才奖，该研究课题得到了园林专家和生态学家的高度评价，并在2002年6月代表广东省去成都参加一个青少年国际环境项目的专题论坛，受到好评。又如，随后的2003年辅导学生魏唯撰写的科技论文《蚂蚁搬运食物的研究报告》获第18届全国青少年科技创新大赛广州市和广东省一等奖，并获得代表广东省上送全国继续参评的资格；2004 年，辅导学生文菁撰写的科技论文《生物手性现象的研究》获第 19 届全国青少年科技创新大赛广州市和广东省一等奖，并在广东省的评比中获乐高科学奖，还获得了代表广东省上送全国继续参评的资格。

三、教学尽职尽责，成绩突出

在教学中，刘老师分别担任过高三、高二、初中的生物教学工作和高三综合科目的教学工作，并分别担任过各个年级的备课组组长和 1999 学年新开设的综合科目备课组组长（含理、化、生、政、史、地六科）。为了能在教学中取得较好的效果，他除了认真钻研教材和考纲、认真备课和上课外，还依据现代教育理论，注重系统教学和学法指导；认真把好每一次的质量检查关，做到精心选题，严格把关，认真讲评；重视对基础薄弱学生的辅导，常常利用休息时间给他们补课，并注意在心理和学习策略、方法方面给予指导。自 1990 学年起，刘老师多年担任高三毕业班的教学工作，所教班级的高考成绩多次超过市 A 平均分，甚至多次获市 A 组平均分第一名。在 2002 年的生物高考中，所教班级取得了生物高考单科平均分为 723 分的高分。

在教学中，刘老师还尝试用各种教学方法和手段来改进教学。他采用活动投影片配合录像和挂图上了一次全市公开课《生态系统的能量流动》，采用多媒体辅助教学软件上了另一次全市公开课《DNA 是主要遗传物质》，均取得较好的教学效果，深受好评。此外，刘老师还在其他年级的教学方面取得了好成绩，如在参加全省高中统一会考中，所教的班在 1997 学年的会考合格率为 100%，优秀率为 76%；1998 学年的会考合格率为 100%（且成绩均在良好以上），优秀率为 65%，整个备课组（刘老师任备课组长）的优秀率为 60%，名列市 A 组学校第一，比市 A 组中学平均优秀率多 17 个百分点。

除了以上所说的几个方面，刘老师发表的一些教学论文，也得到了不错的评价。比如，教学论文《关于高考综合科目考试的定位和认识》，在 2000 年广州市综合能力测试优秀论文与教学设计评比中获一等奖，并入选《广东“3 + X”高考模式——备考研究》一书。

可以说，这么多年来，对生物的教学工作刘老师没有丝毫的马虎，总是认真地上好每一堂课，对学生提出的问题总是不厌其烦地进行解答。他为了教育这个崇高的事业付出了很多，是一名名副其实的优秀教师。刘老师一直认为，作为教师，不仅要有扎实的专业技术基础，要备好课，还要了解学生、关心学生、以身作则，这样才能达到理想的教学效果。

四、其他成绩

在担任学校生物科组长期间，刘老师带领全科组老师认真贯彻执行好教委和学校布置的各项工作和任务，组织科组老师认真学习现代教育教学理论和技术，组织好科组的试验课，完善了科组的听课评课制度，在课堂教学、课外活动和教学研究等各方面不断做出创造性的成果。较为突出的是，他认真组织教师开展“优化课堂教学设计”的学习和研讨，充分利用这一活动的开展来深化课堂教学的改革，提高课堂的教学效益。在1995年广州市中学生物科优秀教学设计的评比中，刘老师本人的教学设计《“细胞分裂”新组合单元教学设计》获一等奖，该设计还被收录在学科教学设计荟萃丛书《中学生物教学设计》中。

自1993年起，刘老师就一直是广州市教研会生物教学中心组的成员，并担任过多年的高三、高二生物教学中心组组长，还曾经是广州市综合科中心组成员，为广州市生物学科的教研活动做了大量工作，是我市生物科学科教学和教研活动的骨干教师。他还承担了近年来广州市高三毕业班的生物单科和综合能力测试的绝大部分的模拟考试（即Ⅰ模和Ⅱ模）的命题、审题工作；参与了广州市教委教研室组织的自1999年至今的《高考备考指南——生物分册》(一)(二)和1999年《高考备考指南——综合科目复习用书》(一)(二)的编写工作。

五、不断地学习，更新知识

刘老师意识到一个人只有不断地学习，不断地更新知识，才能在这个信息技术飞速发展的社会中立足，所以他主动地充实自己，纵然平时的教学工作、辅导工作已经非常辛苦，但他依然坚持学习。在1996—1998年，他参加了广州师范学院举办的“生物学教育”专业硕士研究生课程进修班的学习，成绩优良，顺利获得毕业证书；1998—2001年，共参加了《“3 + X”高考模式研究》等七门继续教育课程的学习，学习时数达210学时，且均取得优秀成绩；平时，刘老师还会通过杂志、专著等途径去学习。他总是说知识是学不完的，要活到老学到老。

刘老师凭着良好的师德、扎实的专业知识，在平凡的岗位上作出了不平凡的成就，他用他的经历告诉我们：要扎扎实实做人，扎扎实实做事，在平时的工作生活中就应打好基础，做好准备，这样才能把握各种机会；要发挥自己的特长，有自己的主攻方向，才有机会获得更大的成功，正所谓“人人有才，人无全才，扬长避短，人人成材”。

刘老师还说以后的路还很长，必须不骄不躁地继续努力走下去。是的，相信明天会有更广阔的天空在等着他……

（执笔：吕玲玲）

追求品位　平凡岗位彰显不平凡色彩

广州市真光中学　刘晓玲

刘晓玲，广州市真光中学理科首席教师，广州市教研室特约教研员，芳村区学科带头人，全国“十五”规划课题“四合一”主体教学模式主要负责人。在二十多载的教师生涯中，刘老师培养了不少优秀学生，自己在教学、研究方面也取得突出成绩。刘老师认为，教师要追求有品位的生活。她说：

教师的品位是高瞻远瞩的责任感和为学生负责一生的奉献精神，在整个教学过程贯穿造就人、培养人、塑造人的教育理念。不但要注重学习成绩，更要注重对学生人格的培养。

教师的品位是浓郁的书香，培养广泛的兴趣，博览群书，提高自己的人文素养。讲起课来，旁征博引，创设情境，时而让课堂充满温馨的氛围，时而让课堂充满生命的活力。

教师的品位是恬静的心灵和清淡的情怀。面对物质的诱惑，心地坦然，但不崇尚清贫乐道……

我出生在浙江省义乌市一个教师家庭，父亲是中学校长。在即将走上教学工作岗位之时，父亲就对我说，“当老师最重要的是把书教好”，这朴素的语言，我永远牢记心间。我感谢我的父母，他们不但养育了我，还对我的工作给予了大力支持与鼓励。我感谢我的各任领导对我工作的关心与支持，我更要感谢我的许多同事。二十三年过去了，在平凡的工作岗位上，我努力做好不平凡的工作，至今已带了八届高中毕业生。在过去的岁月里，无论面临多少困难，我始终把教育教学工作放在第一位，在整个教育教学过程中始终贯穿造就人、培养人、塑造人的教育理念，不但注重学习成绩，更注重对学生人格的培养。我所带的班级，有它的特色，有它的文化，有它的精神。我尽力引导学生树立为祖国而学习的信念，让每一位学生参与班级的管理，让每一个学生都有展示自己的机会。学生不但主动学习，而且坚持锻炼，全面提高自己的素质，符合素质教育的根本要求。我先后培养出多名广州市优秀学生干部和广州市三好学生，以及两名学生党员。目前这些学生有的在攻读硕士、博士学位，有的已走上领导岗位。在工作之余，我坚持学习，先后到浙江师范大学、华南师范大学进修学习，还报考过硕士研究生，这都为我后来的工作打下了较深厚的基础。我热爱体育运动，喜欢广泛的阅读，如教育学、心理学、中外教育家的论著和各种数学杂志、小说散文诗歌等。

一、主要业绩

我在1999年被评为中学数学高级教师，从2001年9月开始任真光中学理科首席教师，现在是广州市教研室特约教研员、芳村区学科带头人、全国“十五”规划课题“四合一”主体教学模式主要负责人。我曾多次在全市或区上公开课或示范课，也常有其他学校的老师（也有大学教授和在校研究生）慕名来听课。我把教育工作当成一项神圣的事业，在二十三年的教育教学生涯中，辛勤耕耘，为祖国为广州培养出一批又一批品学兼优的学生。

2001年9月，我荣获陈香梅教育基金第三届优秀教师奖。

2004年9月，我被授予广州市优秀教师称号。

2004年9月，我被芳村区人民政府授予高考突出贡献奖。

2005年4月，芳村区政府给我记三等功。

我主编的全国“十五”规划课题“四合一”主体教学模式的实验文集由中国文史出版社出版。

在完成教育、教学、科研工作的同时，我还积极投身于社会工作。作为区人大常委，我积极参政议政，了解社情民意，反映群众呼声，就交通、道路建设、社会治安等问题写了十多条建议，较好地履行了人大代表的职责。

2001届，我担任高三（5）班的班主任，教高三（5）班的数学课。高三（5）班高考数学平均分606分，最高分773分，超过一所A类学校，全班有15人上重点线，其中12人过华南理工大学必录线，35人上本科线。

2004届，我担任高三（8）班的班主任，教高三（8）班的数学课。这是一个基础较弱的班，高考时数学平均分656.8分，超过广州市所有学校，超A类学校平均分24.23分，数学最高分778分，有8人过700分。高三（8）班共40人，39人过本科A线，占98%，其中25人过了重点线，占62.5%，总分最高分是麦德维783分，麦德维现就读于南京大学。

2005届，我教高三（7）班的数学课，高三（7）班高考数学平均分673.74分，又一次超过广州市所有学校，超A类学校数学平均分29.5分，最高分是何信852分，位于广州市前列。何信总分813分，现在复旦大学深造。全班34人，11人过了700分。全班100%上本科线，85%的学生上重点线。我校入学成绩在广州市排在第40位，而2006年高考成绩进入了广州市十强。

二、我的教学特色——小组合作学习

教育必须以学生的发展为本，以每位学生的发展为最高宗旨。学生是有着完整的人的生命表现形态、处于发展中的、以学习为义务的人，为了学生的发展必须倡导新的学习方式，即自主学习、合作学习、探究学习。

我从2000年2月开始试验，在课堂教学中，实施“四合一”主体教学模式。2002年6月“四合一”主体教学模式被立项为全国“十五”规划课题，这是由广州市七中冯旭初老师、广州市21中黄艳筠老师和我共同向全国教育科学规划领导小组申报的国家级课题，是广东省唯一一个由中学教师申报被批准立项的国家级课题。我们的“四合一”基本属于“合作学习”，其中蕴涵着自主学习与探究学习。

从2002年9月到2005年9月，历时三年，我带领我校课题组15位成员选择这一教学模式的精髓——教学过程进行研究，推出了一系列课题汇报课、展示课，现在即将结题。我校的实验情况在全体课题组大会以及“四合一”主体教学模式研讨会上作经验介绍，并加以推广。在这三年的研究过程中，课题组全体成员完成了各项研究计划，并取得了丰硕的成果。第一，提高了教师的科研能力；第二，在课堂上实施了素质教育；第三，不用加班加点，却大幅度提高教学质量，全面提高了学生的素质。

随着新课程标准的实施，“合作学习”将受到更多人的关注。通过三年的实践，课题组老师们普遍反映“四合一”主体教学模式有其独特之处，它创设了让学生主动参与的教学环境，能激发学生强烈的学习需要与兴趣，丰富生活体验，学会与人沟通，留有足够的自主空间和活动机会，把课堂真正还给学生，“以参与求体验，以创新求发展”，还有利于培养学生团结协助、共同进步的团队精神，真正有利于提高学生的素质，有利于学生的全面发展。通过这三年对“四合一”主体教学模式教学过程的实践与思考，归纳出这一教学模式具有以下几个特点：

（一）改变了教师的教学方式与学生的学习方式

小组合作学习作为一种新的教学理念与策略，与传统班级教学相比，有以下几个方面的特征：

1. 小组合作学习是以小组活动为主体而进行的一种教学活动。学习小组相当于一个学习共同体，这是它区别于传统班级教学的最本质的特征，从而使教与学的方式都发生了改变。

2. 小组合作学习是同学间的互助合作活动，通过创设“组间同质，组内异质”的小组形式来改变班级教学结构，其目的在于促进小组成员之间的互助与合作，并以此作为教学活动的动力。具体的分组方法是：由学习成绩上、中、下（暂时）4位学生组成一学习小组，和所在班的班主任商量，学生的座位按数学学习小组而定，方便一起讨论问题。比如我们有个物理班，共48位学生，先在48人中定出成绩较好的12位学生作为学习组长，因物理班女生少，尽量保证每一小组有一位女生，各小组间整体水平基本相当，学习组长可以由学生自己选，但成绩必须相对较好，因为那实际上就是一位小老师。

3. 小组合作学习以小组的总体成绩作为评价和奖励的依据。为了更好地发挥学习组长的小老师作用，规定在课堂上，组长解答对，只有组长得分，但组员解答对，全组得分。只有严格规范的解答，才计100分，其余解答不计分。

4. 小组合作学习以小组共同目标的制定来保证和促进课堂教学的互助、合作气氛，学习上的合作与帮助还延续到课外。平时的作业，先交给组长过关，然后才交给老师过关。如果数学小组在课外研究出一个问题的新解法，也能全组得分，并在黑板上展示。

（二）课堂充满生命活力，改变了传统的教学模式

"四合一"主体教学模式，充分体现了学生的主体地位，把课堂真正还给了学生。每节课有一两个精选的例题先由各小组共同探究，在讨论中思维火花相撞，问题容易解决，然后以小组为单位派出代表抢答。那种争先恐后上黑板板演（有的学生是冲上去的）的场面，不是传统的教学模式所能见到的。教师给出问题，教师不作分析，不作启发，就放手让学生去解，往往会有意想不到的收获，可能学生的解法比课本中的解法更漂亮。对于同一个问题，学习小组会给出多种解法，有的小组因抢不到黑板的位置，就将结果写在白纸上，若是有价值的解法，可用实物投影仪打出，使学生的成果得到及时的肯定，从而鼓励学生探索问题的精神。在这个过程中，同组的同学可以协助，有的帮助画图，有的上去指出错误或不严谨之处，充分体现了团结与合作的精神。生生互动，师生互动，整个课堂充满动感、充满生命的活力。然后师生共同评价、共同小结，归纳从中得到什么启发，有什么收获。这不是老师先分析、启发，再让学生做所能比拟的。十七八岁的学生思维敏捷，充满智慧，有时候老师的分析、启发反而限制了学生的思维。当然题目的设计要有梯度。有时候，必不可少的启发和铺垫还是必要的，一节课只有四十分钟，一个难度太大的题目，立即给学生做，也是不符合学生的认知规律的。

"四合一"主体教学模式，对教师的业务水平提出了更高的要求，教师不再是独霸知识的权威，而是一个组织者、参与者和共同探索者。因为一旦放手让学生去解，有时学生的解法完全出乎老师的意料，这就要求教师认真备课，认真钻研教材，多读几本课外书，这样在课堂上才能随机应变、应对自如。

（三）数学日记本架起师生沟通的桥梁

关注和尊重学生的需要是教育成功的必要条件。数学日记本的使用就是关注和尊重学生的一种方式，学生有什么感想，有什么困惑，有什么疑难，以及对教师教学的建议或意见，都可以在日记本上体现。学生也可在上面制订学习计划、近期目标、中期目标，以及理想大学的奋斗目标。教师可从数学日记本中全面了解学生，增进师生感情，数学日记本还是教师进行反思性教学的有力工具。师生之间应民主、平等、和谐。教师心胸开阔，学生才会无话不说，从而改进教师的教学，提高教学的针对性、有效性，真正做到有效教学。

过去对合作学习的认识存在以下几个误区：

①合作学习就是小组讨论；②合作学习可以运用于任何一个教学过程，而且都可以取得最佳的效果；③合作学习不利于学习成绩好的学生成长。

“四合一”主体教学模式的教学模式虽将结题，但有不少问题有待解决。我们将坚持不懈地去探索，也希望得到同行的帮助与指导，以使我们的研究更深入，使我们的教育更成功。

三、建设班级文化，发展每一位学生——高三班主任工作新思路

我来真光一晃十二个春秋，每到高三我就当班主任。我常常觉得作为老师特别是班主任是幸福的，当然也有苦闷的时候。我们的教育并不完全是为了高考，高考更不是最终目的。但在我国的高考制度还没有改革的今天，我们的学生必须面对高考，高考对人的一生影响之大可能会超出学生的估计，也时刻牵动着每一位家长的心。作为高三的班主任如何带领全班同学度过高三这一年，闯过高考这一关，值得每一位教师特别是班主任深思。在这，我简单回顾一下这几年的教育工作：

（一）热爱班集体不能是口号

热爱班集体不能是口号，要付诸行动，从身边的小事做起，我建议每位同学每天为班级为同学做一件好事。比如，扫把倒了扶起来，把桌椅摆整齐（每个小组设有专人负责这一项工作），捡起一张小纸片，或为同学解答一个疑难问题，都是在为集体为同学服务。让“人人有事做，事事有人做”。我要求学生做事要善始善终，特别是放假前、高考后。2001 年 7 月 10 日下午，高考刚结束，高三（5）班的八位学生就在打扫教室，家长一直等着，直到教室彻底清扫干净才回家。

（二）确定奋斗目标，为理想大学而战

高三的学生即将面临高考，每当我接任班主任的时候，我所做的第一件事就是为学生建立学习小档案，其中有家庭情况、学生的生日、家庭联系电话、入学总分、近期目标、中期目标、远期目标等资料。尽快让每一位学生确定一所理想的大学，作为这一年的奋斗目标，制成学习目标卡，上面写着理想的大学和一句自己最喜爱的格言，一式两份，一份学生留着，一份放在我处。这些卡我都珍藏着。后来我又让学生自己画学习曲线、目标曲线。大部分同学都实现了自己的目标，个别学生还有一点差距，但只要努力过，拼搏过，就无怨无悔。

（三）“为了六月的灿烂”始终是最强音

物理班是男生多，女生很少。班里要热闹很容易，要安静就比较难。我动员全班写出对班级建设的建议，特别是保持教室里安静的问题，然后选出好的建议，大家遵守。来自学生自己的建议，往往容易接受。一个优秀的班集体，要有自己的特色、自己的精神，我称它为班级文化，还需要一种健康的舆论，包括热爱学校、热爱班级、热爱我们的每一位老师，此外还需要一个口号。为此，我建

议创作一首班歌，发动全班同学为班歌写词，我班“才女”李泳仪（她现在在中山大学读研究生）写的歌词被认为是最佳的。

嗨！高三（5）
选择奋斗，为了灿烂六月；
选择奋斗，我们义无反顾努力争优；
选择奋斗，生活从此变得充实紧凑；
选择奋斗，心胸从此变得宽若宇宙；
选择奋斗，我们前程锦绣。

多么令人振奋的歌词，为了六月的灿烂（高考成功），有的同学不分周六、周日，坚持学习，大年初一我班教室的灯还亮着，当一个学生主动想学的时候谁也挡不住。高三（5）班冲出一条血路，以较好的高考成绩，在真光的历史上写下了辉煌的一页。刚送走的高三（8）班也有自己的班歌，又创造了一个奇迹，因为这一届学生的基础是真光历史最低的。

（四）培养好班干部

我除了教育、教学、科研工作以外，还有不少社会工作，作为区人大常委，常常要开会。我班除了有班干部、团干部外，还有一个副班主任，是由同学自荐，然后竞选出来的，我外出开会的时候，我的工作就由副班主任负责。班长主持班级的日常工作，每周有一个值周班长，由班、团干部轮流来做，值周班长记录班级的各种情况，包括是否有人迟到、请假、上课的状况、晚修的情况等，我只要打开班级日志，班里的情况就一清二楚。下一任值周班长还要对上一任值周班长作出工作上的评价。为了锻炼学生的工作、组织能力，凡是学生能做的事情，我尽量少做。十八岁的学生充满智慧，充分相信他们、信任他们，没有做不了的事情。有事多和同学、班干部商量，作出重大决定前先取得班、团干部的支持，比如，上一届学生进行长跑，男生每天跑 1 500 米，女生跑 1 200 米，都是我和班干部商量一起作出决定。有时候我会和学生一起跑，但大多数情况都由当时的副班主任负责，他先点名，然后自己才跑，至今很多学生上了大学还每天坚持长跑，已成习惯。体育锻炼，特别是长跑，功效有三，第一锻炼身体，第二磨砺意志，第三开发智力。

（五）让每一位学生都有展示自己的机会

为了每一位学生的发展，应创设条件让每位同学都有展示自己的机会。充分利用班里的黑板报做好宣传工作，也有利于班风学风的建设。我班每三天出一期墙报，内容有格言栏、英语园地、数学天地，有时是物理知识，这项工作由专人负责，提前提醒同学准备好墙报资料，这一项活动由于与学校规定的墙报有冲突，后来换了一种形式，即每天在小黑板上写一句格言，可以用前人的，也可以自己创造。蔡俊辉同学曾写道：“当你撑不住的时候，再撑一下。”当同学们的精神欠佳的时候，我就会把同学们自己的话再说一遍，一阵会心的微笑后，同学们精神大振。又如陈建锋同学，这位一模、二模都没能过重点线的学生曾写道：“我们要做第二个杨利伟，一朝飞天，一举成名！”这是他对自己最好的鼓励。当年高考时，他总分 661 分，超重点线 35 分，现在合肥工大就读。性格内向、很少言语的陈伟健写道：“再奋斗 10 天，理想大学的校门就在前方！”多么令人鼓舞的话语。同学们就在这小小的天地互相支持、互相鼓励，共同奔向远方。

（六）关爱每一位学生贯穿始终

没有爱就没有教育，“爱出者，爱返”（佛语）。每逢同学生日，我都利用课间五分钟给同学过生日，有时还准备一些小礼物，如书签、生日卡、笔记本等。首先全班起立，围着过生日的同学，齐唱生日歌。然后让“小寿星”发表生日演讲，同学们讲得最多的一句话是“希望我们全班能一起考上大学”，如今这个美好的愿望实现了。最后我送上我的祝词。有一次两位同学一起过生日，我还写了一首小诗送给他们，同学们静静地听着我的朗诵，诗已念完，同学们还愣在那里，然后爆发出热烈的掌声。这样简单而又隆重的生日会，是一种激励，是一种温馨，是人生美好的回忆。同学们自然更爱自己的班集体，更全身心地投入到紧张的复习备考中去。对学生来说，老师的一句话、一个眼神都很重要，一句话、一个眼神能改变一个学生的一生。有时，我会忘记同学的生日，有专人负责在我遗忘的时候提醒我；有时，同学们还会提前告诉我谁的生日到了，若遇到我外出，由团支部负责给同学过生日，我补一份小礼物给同学，我送的最多的小礼物就是书签，上面有我的祝福。我为学生过生日只用了五分钟，可学生给我举行的生日晚会，却用了整整两个小时。我三十八岁的生日令我终生难忘。那是在 2001 年 3 月 17 日的晚上，一个周六的晚上，同学们在班长和副班主任的精心组织下，不动声色地为我准备了过生日的各种用品，订了大大的生日蛋糕，准备了我爱吃的小吃，还有一串串气球，每人手中都有一根荧光棒，就在原来真光的操场上，全班同学还有高三（6）班的一些学生早就等候在那里，班长把我“骗”回了学校，因为那天下午班长冯翠欣告诉我她有几道数学题要问……

我这班主任是不是很幸福？我收获的是学生真挚的感情。

对学生的关怀应是全方位的，在他需要关怀的时候，三言两语、一声问候都很重要。比如，要关注中秋佳节仍在校的学生、发榜以后落榜的学生；当学生身体不适时、家中有事时（如遇亲人病故）、填报高考志愿时，要给予更多的关怀；还要关注学生的心理，做好高考前的心理辅导，帮助学生正确对待感情问题等。

另外，我还认真填写学生的素质教育手册，因为这又是鼓励学生的好机会。

（七）重视团支部的工作

到了高三，大部分学生都已经入团，我让团员按学号每天写一篇团支部日志，我定期或不定期阅读同学们的作品，从中了解学生的思想状况，也可以促进还没入团的同学尽快向团组织靠拢。很多学生的文笔非常优美，有的像诗歌，有的像散文。我告诉同学们，这些作品是你们毕业以后留给老师最好的礼物，是老师的宝贵财富，所以每位团员都认真写团支部日志。学生一批一批地走了，但这些作品我一直珍藏着。我下面我摘抄几段学生的作品。

2000 年 12 月 11 日　　星期一　晴

……人生的真正价值在于对社会的贡献。我望着夜空中的明月，我沉思了……

这是陈庆能同学写的，他现在就读于广东工业大学。

2000 年 10 月 31 日　　星期二　晴

……天气虽然变得寒冷，但根本无法盖过我们高三（5）班火热的学习气氛，我甚至可以用布鲁诺的一句话来形容：高加索山上的冰川，也不能够冷却我心头的火焰……

这是当时我班学习基础较差的于正同学写的，他现在就读于华东石油大学。

2004 年 4 月 17 日　　星期六　晴　蓝天

——试问：为什么要登山？
——我答：因为山高！
——敢问：为什么你要登山？
——我答：因为我勇！
……

这是班长麦德维写的。

（八）开好家长会

一个学生的成长受到学校、家庭、社会等各方面的影响，老师和家长要密切配合，并争取得到家长对老师工作的支持，对学生的成才也至关重要。家长会前，我先列出一个提纲，首先是全班的整体情况，比如考试情况、班风班貌、过去所做的工作，然后是我的教育思想、工作目标。学生的点滴进步，多表扬，绝不能在家长会上批评学生，个别问题可以个别交流，还要注意讲话的艺术，学生需要鼓励，家长同样需要鼓励。家长会的后半段我总会留时间问问家长，还有什么需要了解的，有什么建议，争取得到家长对班级建设的支持。部分家长的素质较高，有的帮我找各地的模拟题，有的送来高考填报志愿的资料，甚至还有大学生就业的情况等。于正同学的妈妈还送给我们班一套价值七百多元的学习辅导VCD，先不说这些资料是否都适用，单是这份热情就让我感动。她还写来一封热情洋溢的信。摘抄如下：

尊敬的刘老师：

您好！认识您感到非常荣幸。……我很为高三（5）班的同学感到欣慰和骄傲。为了表达作为家长对老师的无限敬意和由衷的感谢，请允许我借此机会为您和整个班集体尽一点微薄的力量，并恳请您无条件地收下这套资料，因为这点小小的贡献比起您为同学们付出的心血和代价，比起您所做的一切实在是微不足道的。

……衷心地希望您在不久的将来取得更辉煌的成就，成为孙维刚式的好班主任、优秀教育家……衷心祝愿高三（5）班全体同学都能如愿以偿地考上各自心目中理想的大学。

刘老师，请您千万要保重身体，注意休息……

因为我很忙，没有时间去家访，我就用电话和家长联系，了解学生在家中的情况，以弥补没去家访的不足。

（九）方法与策略

教学需要策略，教育需要思想，理科班要特别注意文理并重，培植优势科目。一个人的精力是有限的，我没有时间和精力批改作业，不然我就会没有时间备课、解题，但每次的测试卷我一定认真批改，详细讲评。对学生的作业情况，我必须了解，高一、高二的时候，数学作业是由学习组长批改，然后交给我过关，到了高三，作业就让学生自己批改，组长过关。要求老师讲评的问题，组长写下题号，交给课代表，一定要及时给予解决。我上课的第一句话常常是“昨天的作业有没有问题?”先解答问题，再学习新的内容，给学生的作业我通常不提示，上课的例题也不作启发、分析，先让学生思考，因为高考时没有人能给学生分析和启发，必须自己面对。鼓励学生超过老师，希望“青出于蓝而胜于蓝”。

高考是斗智斗勇的。经过一年的复习备考，学生的知识水平已经确定，做好考前的心理辅导至关重要。考前一个月，我就摘录了高考提高信心的九种方法，以“班主任寄语”的形式写在墙报上。每次大考前，我都重申数学考试的几道防线：防审题不清，防“掉进陷阱”，防“草率收兵”，防“惊慌失措”，防“顾此失彼”。重申考试策略：统览全卷，先易后难，审清题意，遇易不喜，遇新不惊，遇难不怕，规范作答，把会做的题全拿下。

（十）努力学习，提高自身的品位

人们常说，做人要有气质，做事要有风格。作为一名教师，也要有自己的特色，闪耀着灿烂人性的特色，即“教师的品位”。一个教师有了这个独具的高雅品位，就会使教育教学洋溢着风采，充满着生机。

教师的品位是高瞻远瞩的责任感和为学生负责一生的奉献精神，在整个教学过程贯穿造就人、培养人、塑造人的教育理念。不但要注重学习成绩，更要注重对学生人格的培养。

教师的品位是浓郁的书香，培养广泛的兴趣，博览群书，提高自己的人文素养。讲起课来，旁征博引，创设情境，时而让课堂充满温馨的氛围，时而让课堂充满生命的活力。

教师的品位是恬静的心灵和清淡的情怀。面对物质的诱惑，心地坦然，但不崇尚清贫乐道……

一批又一批学生来了，又走了，问题总会不断出现，须不断思索，不断创新。

这是一方广阔的天空，
这是一片肥沃的土地，
只要耕耘，就会有收获！

我的世界在班级里

广州从化中学　吴羽君

吴羽君，广州从化中学语文教师、副校长，曾在广东韶关任教十年。在韶关市任教的十年间，吴老师曾被评为“韶关市教坛新秀”“韶关市宣教系统精神文明建设积极分子”“韶关市教改先进个人”“韶关市优秀教师”。1994 年调到从化中学工作，吴老师先后被评为“从化市优秀教师”“广州市优秀教师”“南粤教书育人优秀教师”（特等奖），并被从化市人民政府记三等功。1999 年，吴老师成为广东省普教系统“百千万人才工程”首批省级名教师培养对象；2000 年，被派往华中师范大学参加为期一年的教育部“跨世纪园丁工程”首期全国中小学骨干教师国家级培训中学语文班的学习，获得了教育部颁发的合格证书，并被评为“优秀学员”，成为国家级骨干教师；连续三届被评为从化市学科带头人，并被选为从化市教育学会副会长、中学语文教研会会长。由于业绩突出，吴老师在当地教育界拥有良好的声誉。《从化报》2001 年 9 月 12 日以《我的世界在班级里——记从化中学语文高级教师吴羽君》为题报道了她的事迹。《中学语文教学参考》也对她的教育教学研究和实践给予了充分肯定，并成为该刊 2001 年第 11 期的封面人物。

我 1983 年毕业于华南师范大学中文系，从教二十四年来，始终坚持一个信念——教书育人，为祖国培养人才。“我的世界在班级里”，这是我工作的座右铭。我秉承家学，对教育事业情有独钟，在我的一辈子当教师的双亲那里感受到当教师的神圣与乐趣。在我的心目中，教育是具有特殊魅力的甘与苦完美结合在一起的事业，我对教育事业倾注了满腔的热情，把这项事业看做是自己人生的最佳选择而耕耘不辍。在教育教学中，我辛勤耕耘，教书育人，默默奉献，以十年磨一剑的精神深入进行教学研究，课堂教学形成了自己鲜明的风格特色，深受学生欢迎。我教过十届高三语文，担任了七年班主任、六年语文教研组长，历任教学处副主任、主任、德育处主任、副校长等职，先后主管学校德育、教学工作。由于教育教学改革业绩显著，1987 年被破格评为中学一级教师，1999 年，我成为广东省普教系统“百千万人才工程”首批省级名教师培养对象。2000 年，被派往华中师范大学参加为期一年的教育部“跨世纪园丁工程”首期全国中小学骨干教师国家级培训中学语文班的学习，获得了教育部颁发的合格证书，并被评为“优秀学员”，成为国家级骨干教师。近六年，我担任了副校长职务，但仍然坚持在语文教学第一线，从未间断，其间还担任了三届高三毕业班的语文教学工作。我连续三届被评为从化市学科带头人，并被选为我市教育学会副会长、中学语文教研会会长。由于业绩突出，我在当地教育界拥有良好的声誉。

一

我从走上讲台的那一刻起，就一直没有停止过对教育问题的关注和思考。二十四年来，我都是用激情投身教育，用心灵感悟教育，用智慧实践教育，用生命体验教育，因而总是保持着鲜活的教育思想，使自己能站在教育的前沿。关注、反思、学习、研究、实践，丰富了我的教育思想。在一次省语文教学研讨会上，我的关于语文教学问题的发言得到了与会老师的高度评价，并引起了在座的黄全愈博士的注意，会后，黄博士与我就语文教育问题进行了交谈。广东省普教系统“百千万人才工程”培训指导中心还指定我在一次省中学文科教育教学改革研讨会上作了一个大会报告，并以《充分尊重生命个体的语文教学》为题刊登在《广东教育》2001 年第 7、8 期合刊上。

八十年代中期，我就在思考教育的目的和本质。九十年代初，我对教育思想进行了较系统的学习和研究，把教育科学的方法论、认识论和现代哲学、社会学、伦理学等融入自己的教育研究和实践当中，丰富了自己的教育思想，开阔了视野。随着素质教育讨论和认识的日趋深入，我的教育思想得到了进一步的提高，我认为教育的目标是受教育者理想个体的培养和发展，教育的真义在于教育者的价值引导和受教育者的自主建构，从而形成了教育应立足于“人”的培养，促进人的发展的教育观，教育应充满人性的温暖，闪耀人性的光辉；语文教学应由“工具人”转向“主体人”的培养等具有超前性的教育思想。形成了较全面且科学的人才观、教学观、课程观、考试观。

我不为嚣烦尘世所纷扰，远交游而弃浮华，潜心于教育教学之中。我对课堂有着自己的理解，认为课堂是学生成长、智慧生成、生命展现的特定场所。对于课堂教学，我从不敢懈怠，做到备好每一节课，上好每一节课，耐心辅导每一个学生，认真批阅每一份作业。在我参加工作的前几年里，生活艰苦，蜗居于与医务室相临的几平方米陋室，但工作热情高涨，其乐融融。我要求自己要过好“三关”，即钻研教材关、教学语言关、研究学生关。教学语言，对于语文教师而言是特别重要的，语文教师的语言要能传情、染情、激情，要能引发学生兴趣，激活学生思维，激发学生思考，激励学生自我发展。为了语言的生动幽默，我潜心读书，充实内存，因为丰富的思想是生动的语言的不竭源泉。随着教育思想和教育观念的不断更新和提高，我的课堂教学水平有了进一步的提高，从 1986 年开始，我在广泛吸取名家教育思想的基础上，深入研究教学艺术，精思巧授，追求自己的教学特色。这一时期，我力求做到教研学合一，理论上坚持独立思考，教研上坚持理论与实践的结合。我把时间和精力用在研究教材，研究教法、学法；用在优化学生的非智力因素，激发学生学习的潜能和学习的积极性；用在让学生自主学习，使学生学得主动、生动、轻松、有效等方面。课堂教学实施主体性教学，注重示之以例、授之以法、练之以趣，因此学生积极参与、思维活跃，课堂有了活力。近几年来，我在语文课堂教学上实践以人为本的教育理念，深刻认识到语文教学的目的和任务就是让学生受到真、善、美的教育与熏陶，就是要为学生的未来发展打下“精神的底子”，让学生有一定的文学素养，具备综合的审美情趣、文化品位以及一定的语文技能。在作文教学方面，我从单一的强调作文技巧到注重思维训练，实践着以人为本、因道习文，做人与作文完美结合的作文教学观念。我在指导学生作文时，着眼于学生思想水准的提高和道德情感的陶冶，一方面注重学生人格精神的提升与完善，另一方面也适当重视作文技能的训练。我认为有丰富的生活积累、通晓人情世态做基础，又有较高的写作技能就不愁写不出好文章来。我引导学生关注人生、热爱生活，从而提高学生的认识能力和思辨能力。在作文批改上，我倡导人性化的“激赏批改法”，批改作文要“目中有人，心中有情”，要关注学生的个性化发展，帮助学生找到适合自己的表达方式，鼓励学生写个性化作文，从而避免千人一词、千篇一律的毛病。

我对学生有一种深厚的感情，即使是后进生。我认为，人和人往往会由于性格的不同而造成他们之间的隔阂甚至对立。教师也是人，但作为教师，你可以不喜欢某类学生，但你绝对不能伤害学生。我是这样阐述自己的教师观和学生观的：二十多年的教育教学实践，我觉得自己是在跟着感觉走。这种感觉，是一个生命面对着几十个生命的感觉。我觉得，作为一名合格的教师，必须具有民主意识。学生在教师的眼中，不是知识的容器，不是一张让他展示才能的白纸，不是家长交给他训练调教的填鸭，更不是他获取功名赖以谋生致富的工具，而是理应受到尊重的生命。成长和发展，是生命的必然，也是生命的权利，在学生成长和发展的生命历程中，教师作为另一生命体，只是与之一起在人生旅途中跋涉的伙伴，他只能为之提供帮助和指引，而无权操纵和主宰，更不应该歧视。我在学校教师的教育思想和观念的校本培训中作的多次报告，在从化市小学校长、教办主任、中小学教导主任、从化市名师培养对象等培训班作的报告，以及在广东省文科教育教学改革研讨会上所作的大会报告，均受到热烈欢迎和高度评价。

我在论文以及各种场合中多次阐述自己的教学观。我始终认为，素质教育的核心是人的发展，对发展的主体而言，课堂教学的过程就是学习的过程，在这一过程中，学生的活动就是学习，教师则是学习的组织者，并在组织教学的过程中进行示范性学习和发展性学习。主要观点如下：首先，课堂教学艺术就是组织人与人进行学习和交流的艺术，因而教学应该是师生合作、对话、沟通、相长的过程；其次，学习是课堂教学活动的主旋律，是知识和技能的综合性活动，不能把学生的课堂学习活动简化成只有“听”和“记”的活动，因为学习是人的智慧的根本特征之一，主要靠学习者发挥主观能动性去观察、思考、探索、创新，才能产生积极的效果，教师在这一过程中起组织、指导、协助、激励、推动的作用。再次，语文教学要打破教师和教参的话语垄断。语文教学中的话语垄断主要表现为阅读垄断、认识垄断、鉴赏垄断、感悟垄断等。语文学习是最具个性化的学习，而话语垄断会把本应充满生命激情和思维张力的语文课堂变成一潭死水，并使学生的灵性和个性逐渐被消磨掉。所以，应把阅读、品味、思考、感悟的权利交还给学生，帮助学生摆脱"唯师""唯书"的桎梏，把语文教学过程变成学生生命个体的精神漫游。我的《充分尊重生命个体的语文教学》和《打破话语垄断》相继在《广东教育》《中学语文教学参考》上发表。当时任教于安徽师大附中的语文特级教师肖家芸说："在当今教育背景下，你提出的要淡化'教'，强化'学'的课堂教学观，很具有超前意识，这应是课堂教学的发展方向。"在新课程改革的实验中，我提出教师要科学把握自己的角色，在课堂教学中做到"三带"：带领学生学习，带动学生学习，带会学生学习。

二

我向来十分重视教育的艺术性、实效性，运用各种方法对不同类型、不同个性的学生进行有效的引导和教育。我的班主任工作最大的特点是为学生创造良好的成长环境，建立和谐互动的班级人际关系，使班级生活充满激情和生命活力，让每个学生都处于教师和同学的积极的人格影响之中，使班级具有很强的亲和力、凝聚力，形成催人奋发，引人向善，令人依恋的良好氛围，形成能让学生打开心扉、释放自我、与人合作的心理环境，激发每个学生奋发向上的动机和潜能。如1990年，我任教的高二（4）班学生集体向校长要求高三时让我兼任他们的班主任，因为原班主任要调走，而且这个班问题也比较多。当时我任教研组长并上两个班的语文课。我兼任了这个班的班主任之后，利用暑假组织学生把教室的门窗、墙壁、讲台、桌椅油漆一新，使原来残旧、阴暗的教室变得亮堂起来，开学时，同学们进入教室，一个个充满喜悦，兴奋异常。我一开始便着手精心营造良好的班级氛围，在我耐心细致的教育引导和良好的班级氛围的影响下，几个合不到一块的小群体聚合在一起了，总是游离于集体之外的后进生们也被吸引到团结奋发的集体当中。1990年11月的某一天，这个班在一场篮球赛中获得了该班自高一以来班际篮球赛的第一次胜利，同学们是以团结的精神和激昂的斗志打赢这场球赛的，全班兴高采烈，我趁势宣布："同学们，明天我们骑车到郊外露营去！"顿时掌声雷动，同学们的兴奋之情达到了高潮，因为在这大冷天冒着霜冻在荒山野岭露营，是他们平生第一次，也是他们日夜期盼的一次有益的集体活动。学习方面，这个班在我的指导下进步非常快，从开学到次年三月，进行了三次测试，第一次测试，五科总分400分以上的只有4人，第二次增加到14人，第三次增加到18人。而且这三次测试，学生的总分每一次都比上一次提高20分左右。毕业前夕，有3位同学向党组织递交了入党申请书，该班被评为学校的“文明班”，同学们在高考中意气风发，斗志昂扬，取得了优异的成绩，一个班的本科上线人数就超过了该校五年高考的总和。其中一名学生还取得了韶关地区文科类考生总分第三名的好成绩，这对一个普通中学来说，是很不容易的。

我经常用自己对事业的执著和高度负责的态度来影响和感染学生。我认为人格人品、思想情感、审美趣味是人的语言能力的重要的支撑点，因而在语文教学中始终坚持引导学生学会做人，提高综合素质。1988年，由于腰、颈骨质增生，我只好经常坐着上课。有一次我的脚伤了，连续十多天由学生抬着到教室上课。我对事业执著追求的精神，对每个学生都是一种感染，对学生的健康成长产生了积极而又深远的影响。

育人意识深深扎根于我的教育理念之中。我对应试教育，向来持否定的态度。我曾经感喟，当人们怀着激动的心情，张开双臂、敞开怀抱迎接将要降临的神话般的数字化生活的时候，其实，我们的教师们早已被动或主动地进入数字化生活了。不是吗？我们在含辛茹苦地创造着各种数字，牵动着社会及千家万户神经系统的数字，让人欢喜让人忧的数字，精确到低了零点一分就让人感到羞愧、茫然，甚至失去自信和自尊的数字！数字与我们的荣耀、耻辱息息相关，与我们的快乐、痛苦息息相关，与我们生存质量的好坏息息相关。我们在孜孜不倦地追求和创造着奇妙的数字，同时我们又深受数字的困扰；我们对数字满怀幽怨，我们对数字又爱得如痴如狂。于是，数字，成了教育评价体系中的黑衣裁判、实权者甚至第一把手，成了教育管理中普遍使用的杀手锏。我们战战兢兢，因为一不小心，就会成为数字这张蛛网中的飞虫。数字是不是正在我们的教育中恣意横行，垂帘听政？

因而，我打心底里推崇素质教育。我认为把德育渗透到学科教学中，是语文教师应尽的责任。我就是这样实践的。不少同学都说：“吴老师教语文，不但使我们的语文学习有进步，更重要的是她在语文课和日常交往中渗透的思想品德教育，对我们形成正确的世界观、人生观、价值观，对我们学会做人，都有良好的作用。”九六届一位考上华南师范大学的学生写信给我说：“您很重视将爱国主义教育与语文教学相结合，我觉得这样非常好，心中有祖国才是一个真正的中国人。我将来要做个像您一样的老师。”我以育人为根本的教育思想，在学生身上烙下了深深的痕迹，同时也撒下了许许多多将会开出美丽花朵的思想的种子。我主管过学校德育工作，所撰写的《为生命创造良好的成长环境——社会转型期中学德育工作的探索》发表在《现代教育论丛》上，《为了每个学生的幸福成长——学校德育工作的若干思考及认识》因在一次交流会上发言，被收入庆祝广州市德育研究会成立十八周年论文集《继承与创新》一书。

三

教育创新在关注学生全面发展的同时，还要重视学生个性的培养和发展，强调实践能力。八十年代和九十年代初，我的语文教学以培养兴趣、交给方法、优化思维、提高能力为主线，主要是探索单元教学、启发式教学以及课堂教学中的师生民主关系，逐渐形成了语文教学轻负担、高质量、育人效果好的特点，并撰写了《还学生以主体的地位》《教改，让学生进行创造性学习》《要注意挖掘语文教材中的美育因素》等论文。由于教学改革成效显著，我多次被评为市教学改革先进个人。九十年代中期开始，我从育人的高度，对语文教学进行了更加全面系统的反思和研究，关注理想个体的生成与发展，追求丰富、高效，强调“知识、能力、情感、人格”的整体融合，省级课题“语文教学中学生自我发展能力的培养”的研究以及建构“主体—发展”语文教学模式的探索也是其中之一。我的语文教学充满生命活力和激情，以学生的学习活动为中心，体现了学生的主体地位，实现了人际和谐互动，从而形成了“自主、生动、丰富、灵活、高效”的教学特色，在我的课堂教学活动中，学习是主旋律，教师是学习群体中的一员，是学习的组织者和参与者。这种以人为本、以学生的发展为本的民主化定向、平等的人际关系产生的情绪吸引，激发了学生学习的主动性和积极性。对高考，我追求的是“无心插柳柳成荫”的境界，而不是心中只有“考”，更不以考试成绩论英雄、定亲疏。因为我认为，素质教育并非置考试于门外，恰恰相反，素质教育要求从更高的层面认识考试和面对考试。学生的综合素质提高了，考试也就游刃有余了。

坚持教育对象的全员性是素质教育的重要特征之一。我一向坚持面向全体学生，对后进生更是给予了热情的激励和扶助，唤醒他们的主体意识，树立自我发展的信心。一些后进生说：“吴老师，您非常了解学生的心态，可以公平对待每一个学生，您的这种不偏爱尖子生的做法，对我们这些成绩不好的学生来说，无疑是个惊喜。是您给了我们信心。”我任语文课的九八届高三（4）班，原来是个后进班，经过我的努力，学生的语文成绩有了明显提高，思想、心理面貌也发生了良好的变化。该班班长、校学生会主席杨汝芬说：“我意识到吴老师的语文教学对我们素质的提高很有帮助，不论是我自己，还是整个班集体，我看见了每个人的转变。”正因为这样，学生学得主动，我布置作文不用规定缴交的时间，语文测试甚至考试曾尝试过不用监考，考风也很好。我教的两个班不在同一天考试，同学们都不会互通“情报”。我所教班级的语文素质和成绩都能在原有的基础上明显提高。

四

我结合自己的教学实际进行教育科研，一步一个脚印，先后对“语文教学中学生主体性发挥”“语文教学中优化师生关系的作用”等课题进行了研究。近几年，我从语文教学的局部研究转向综合研究，结合自己多年的教学经验开展了“语文教学中学生自我发展能力的培养”这一省级课题的研究，并围绕这一课题探索“主体—发展”语文教学模式，取得了初步成果。写出了《“主体—发展”语文教学模式的建构》这一质量较高的论文，发表在《教育导刊》2001 年 8、9 期合刊上，并被广州市教研室编入《课型与教学模式研究丛书》。该课题通过了省“百千万人才工程”指导中心的鉴定验收，“语文教学中学生自我发展能力的培养”结题报告还获得了广州市中小学、中等职业学校第二阶段“优化课堂教学设计”活动成果一等奖。广州市荔湾区二十多所中学的语文教研组长专门为我的这一研究课题来我校观摩我和课题合作者刘远老师的课堂教学，并听我介绍了自己的教育教学理念和课题研究情况。

我的教育思想、教育观念和语文教学的研究、实践，在从化产生了积极的影响。我在自己不断进行理论探索和实践的同时，还热情指导和帮助青年教师，给他们上示范课、观摩课，耐心指导他们研究教材教法，指导他们广泛阅读教育理论书籍，对青年教师的成长起到了积极的作用。

五

我对自己提出的目标是做一名学者型教师。我认为，作为学者型教师，应培养良好的师德，涵养“教育者的性情”，即人性、悟性、灵性，心情、感情、激情。在教育生涯中，我始终认为平平淡淡才是真，教学应回归到一种真实的课堂生活状态。我经历了从“走自己的路，让别人说去吧”的天真与不羁，到“路漫漫其修远兮，吾将上下而求索”的拼搏与思考，再到“处世以不即不离之法，居心于有意无意之间”的洒脱与感悟的人生成长过程，追求着从谋生，到文化，再到儒释道境界的教育人生之路。做一个让人放心、令人尊重的教师，我心足矣！对得失看开一点，对荣辱看淡一点，对钱财看轻一点，我常常这样要求自己。同时，我经常告诫自己，作为学科带头人，在教育观念上要有先进性，在教育科研上要有开拓性，在教育实践上要有示范性。所以，我一直在学习、思考、实践这六个字上下工夫，积极参加各种培训，认真学习《教育科研方法》《现代教育理论》《学校教育心理学研究》《现代教学论》《创新教育研究》等，或上网冲浪，或徜徉书海，广泛获取各种知识，积累各种信息，丰富自己的人生。

学习，思考，实践，我将继续这样的教育生涯。

激情与爱心共舞　光彩与魅力并存

广东广雅中学　何冠南

何冠南，广东广雅中学副校长，语文科教师，曾获“首届羊城教改新秀”“广州市首届十佳青年语文教师”“广州市优秀教师”“广州市语言文字工作先进工作者”“南粤教书育人优秀教师”“全国优秀教师”等称号。1999年何老师成为广东省教育系统“百千万工程”首期名师培养对象。何老师曾参与《全国优秀中学生作文点评》《中国名言佳句作文应用手册》《语文拓展阅读》《高中语文新教材创新思维训练》等书的编写；组织、编辑并出版了《广雅中学多元互动教学设计实施与评价》《和谐育人的实践——德育论文教案集》《广雅中学学科课型研究与实践》《广雅中学教育科研论文集》《全方位导学精编》《和谐优质教育的思考与探索》《和谐优质教育的实践与收获》《广雅文化，时雨春风》《和谐优质教育评价的探索》（发展性教学评价案例集）《创和谐发展之模　示优质教育之范》等书籍；在省市级报刊发表《论语感的培养》《素质教育呼唤语文教学的务本归真》《论语文学科在中学生人文素质培养中的角色与责任》等论文数篇；参与编写研制的教学光盘获广东省一等奖。目前何老师担任的社会工作职务有：广州市教育专业委员会副会长兼荔湾分会会长，广州市语文教研会常务理事，《中学语文学习》编辑。何老师对教育的感悟是：“教育是事业，事业的意义在于奉献；教育是科学，科学的价值在于求真；教育是艺术，艺术的生命在于创新；教育是未来，未来的前景在于奋进。”

16年前，我选择了广雅，因为她的名气；

16年前，广雅选择了我，因为我的幸运。

一、16年的教育旅程，在追求中收获

到名校任教是每一个师范大学生所梦寐以求的。1990年7月，我从华南师范大学中文系毕业并如愿来到广雅中学。

身为广雅人，我感到无比的自豪与骄傲，为她的历史，为她的内涵，为她的美丽，为她的进步，为她的辉煌。

广雅是我跨入教师这个神圣殿堂的门槛。16年前，当我胆怯地走进这所殿堂级的学校的时候，前辈们热情地、无私地教我怎样挥动教鞭，教我如何解读学

生的心灵。他们是我成长的引路人。16 年来，当我和学生在书山上盘结而上，在学海内同舟共济，心灵交汇碰出的火花让我的世界更加灿烂，是他们让我收获了知识与精神，是他们让我享受到成功与快乐。他们是我成长的催化剂。

学生深切期待的目光就是我的掌声，学生挥舞的毕业证书就是我的鲜花，站在人生的舞台上，面对清风明月，还有什么奢求呢？一直以来，让学生喜欢语文课，让学生喜欢语文学科，让学生有终身学习语文的意识，是我的梦想与追求。

大自然不显山，不露水，在无痕的意境中让一切变得那样和谐。我多么希望我的学生也能在体验中享受阳光，在滋润中享受雨露，在轻舞中享受春风。在享受中浸润，在享受中感悟，在享受中成长。

16 年来，我对自己的学生经常说的一句话是：我非常羡慕你们，羡慕你们能在这样一所名校就读。我也常常听到学生的反问：你能在这样一所名校执教，不是更令我们羡慕吗？是的，我们每一个广雅人都应是令人羡慕的一分子，我们每一个广雅人都应为曾经在广雅学习或工作过而骄傲、自豪。广雅是我们成长的沃土，无论是对教师而言还是对学生而言。

16 年来，我始终深爱着我的职业，深爱着我的语文，深爱着我的学校，深爱着我的学生。16 年来，一时一刻都未曾懈怠，也不敢懈怠。“站稳讲坛带好班，三十而立业有成，不惑之年成名师”是学校对青年教师的期望，更是我自己的自觉追求；“务本求实”是老校长的治校理念，也是我自己工作的行动指南；“严谨治学、教书育人、为人师表、甘为人梯”是学校对教师的要求，更是自己为人师的准则；我信奉学高为师，身正为范。我渴求“捧着一颗心来，不带半根草去”的境界。我认为，尽心尽责培养学生，是工作，是职责，是品格，是良心！

回顾自己 16 年的成长历程，我对“努力一定会有回报”“天道酬勤”这两句话有了更深刻的理解与共鸣。因为机会往往青睐有准备之人，所以我常常对自己说，任何时候都应谦虚谨慎，拼搏进取，全力以赴，永不言败。

1990—1997 年，我担任班主任及两个班的语文教学工作。

1997—1998 年，我担任语文科组长及两个班的语文教学工作。

1998—2001 年，我任广雅中学教研处副主任。

2001 年至今，我任广雅中学教导主任（2003 年起兼任校长助理）。

1992 年，我获“首届羊城教改新秀”称号；1995 年，获“广州市优秀教师”称号；1999 年，成为广东省教育系统“百千万工程”首期名师培养对象；2002 年，完成学业的学习和课题的研究，通过答辩并获“优秀学员”称号；2001 年，获“广州市首届十佳青年语文教师”称号；2001 年，被选为广州市青年联合会第十届委员；2001 年，获“南粤教书育人优秀教师”称号；2002 年 5 月，获广州市语言文字工作先进工作者称号；2004 年，获“全国优秀教师”称号。

二、爱心、才华、人格魅力，在收获中的感悟

自己的每一点成绩与进步，都离不开领导的关怀、同事的帮助、学生的支持。心存感激，永志难忘。我常对自己说：莫道君行早，更有早行人。

有人把教师比作园丁，有人把教师比作蜡烛，我更喜欢把教师比作泥土，泥土不仅把全部的爱给了花，也同样给了草。这些年，我对同学们心目中的好老师的标准有了更强烈的共鸣。我常对自己说，既然同学们喜欢有爱心的老师，欣赏有才华的老师，信赖有责任感的老师，钦佩、仰慕有人格魅力的老师。我们为何不做一个让学生喜欢、让学生欣赏、让学生信赖、让学生钦佩与仰慕的老师呢?

当老师有苦也有乐，有时候觉得自己是个幸福的人。幸福是什么？幸福就是做学生喜欢的老师，就是拥有学生真诚的爱。这是为人师者享用不尽的财富。

爱心、才华、人格魅力是一个好老师不可缺少的三大条件。对于教师这份职业的魅力，我是这样理解的：爱心是基本，才华是条件，人格的魅力才是永恒。这些年来，我在努力实践着自己的理念，兑现着自己的诺言。

没有爱便没有教育。爱心是成功教育的前提和基础。

我认为，只要有心，只要有爱，教育的一切困难都可迎刃而解。

生命绽放绚丽光彩，必有一股强大的内驱力。我从选择这份职业起就在教学、管理及科研各方面倾注自己的满腔热忱。这份执著、这份热情来自哪里？答案是一个字：爱!

我爱校如家，爱生如子。我在学校的时间远远多于在家的时间，我见学生的时间远远多于见女儿的时间。

教学上，学者型的教师是我的偶像；成为学者型的教师是我的追求。我认为语文课的意义不仅仅在于教给学生某种知识和技能，更重要的是通过一篇篇凝聚着作家灵感、激情和思想的文字，潜移默化地影响一个人的情感、情趣和情操，影响一个人对世界的感受、思考及表达方式，并最终积淀成人的精神世界中最深层、最基本的东西——价值观和人生观。

我提倡语文生活化，生活语文化。语文无所不在，语文学习的外延与生活的外延相等。我在传授知识、训练能力的过程中，有意识地联系生活，开辟学语文、用语文的广阔时空领域。让学生在潜移默化之中，切实感悟“处处留心皆学问，人情练达即文章”。我主张以学为本，以学为主，以学为标，从学生的实际出发探讨学习语文的规律。把读书的时间还给学生，课堂教学以“精”取胜，课外阅读以“博”为佳。在语文教学实践中，我初步形成了自身的特色：重视对学生大脑动力（学习目的、学习兴趣、学习意志）驱动的研究；重视学生智力（良好注意力、良好记忆力、良好思维能力）的培养；重视教给学生学习的方法；重视对学生学习品质的培养（学习效率高，最关键的是拥有优秀的学习品质）；重视学生语感与思维的训练；重视学生文化底蕴的养成；重视学生写作水

平的提高。我对优质高效的语文课堂教学模式进行了探索，重视考纲与命题的研究，注重激发学生非智力因素对全面素质提高的研究，课堂教学效果显著，任教的班级在高考中成绩优异。

我的这份爱不仅贯彻于教学，而且融化在管理中。我常勉励自己："一个好班主任，才能教出一个好班级。"我深信班主任的人格魅力对班集体的形成与发展有着极其重要的作用。我深受学生爱戴，是一个成功的班主任。我的经验是：班主任的工作重点是关注学生的身心健康以及现在状态和潜在状态，尊重差异、尊重个性，重视言传身教，善于营造竞争氛围，提供让学生脱颖而出的环境。所以，"严谨治学、教书育人、为人师表、甘为人梯"是我为师的准则。

教师应该有丰厚的学识。这学识的内涵就是广博、深厚的科学文化知识，扎实、系统、精深的专业学科知识，全面、准确的教育科学知识和心理科学知识。才华来自不断的学习，从错误中学习，在合作中学习，于探究中学习。学识来自不断的探索，教育探索应从自我反思开始。一个有事业心和使命感的教师，理所应当地成为教育的探索者。学校中的一切对于我们当老师的而言，一点也不陌生，我们有许许多多的经历和体验，有许许多多的欢乐和痛苦。我们不妨想一想，在那些熟视无睹、习以为常、司空见惯的现象背后，是不是潜存着某种契机和可利用的资源，或者潜伏着危险和可怕的毒化？这就需要我们反思，彰显那些被日常生活的琐屑和平庸给遮蔽了的事情的本来面目。教育需要敏感，教育需要反思。

教师是一种以人格培育人格，以灵魂塑造灵魂的劳动。教师职业道德的全部内涵和意义，都体现在育人的过程中。

乌申斯基曾说："在教育中一切都应以教育者的人格为基础，因为只有人格才能影响人格，只有人格才能形成性格。"

在新世纪的教育中，对于学生来说，教师的人格魅力是任何力量都不能替代的最灿烂的阳光。只有教师具有独立完美的人格，才能使学生的人格趋于独立完整。什么样的教师最有人格魅力？

心胸开阔，豁达大度。有海纳百川的宽阔胸怀，容得下千姿百态的学子；有博大精深的爱生情结，解得开学生千差万别的心锁；善用赞美，把自信和希望、善良和宽厚播撒在学生的心田。

为人正直，堪为人师。有教无类，一视同仁。

因材施教，正视差异。他面向每一个不同个体，积极促进学生发展的多样性和多数学生发展的可能性；他尊重学生的人格，承认学生在思维方式上、发展过程中的差异；他是一名向导和顾问，一位交换意见的参与者，一位立足于推动学生发展的激励者。

崇尚质疑，善待好奇。他鼓励学生大胆质疑，善于以学生的质疑为突破口，捕捉学生的"智慧的火花"与"灵感"；他长于保护学生的好奇心和奇思妙想，充分挖掘其异想天开的合理因素，注重培养学生的创造性思维。

人格魅力是21世纪教师不可缺少的素质，教师要以高尚的品格影响学生、感染学生，恰如苏霍姆林斯基所说："学校好比一种精致的乐器，它奏出一种人的和谐的旋律，使之影响到每一个学生的心灵，但要奏出和谐旋律，必须把乐器的音调准，而这乐器靠教师、教育者的人格来调音。"

教书育人是崇高、伟大而又富有创造性、挑战性的工作。我深深地爱着这太阳底下最神圣的职业，我为自己能从事这种绵延亘古、塑造灵魂、成就未来的职业而自豪，我为自己锲而不舍的追求而骄傲。

我有勇气、有信心成为一名优秀的人民教师。

三、学习和研究，在领悟中的行动

一名教师要想成长为让人民满意的优秀教师，除了善于学习，与时俱进，勇于创新，不断超越自身之外，别无他途。

对于在职教师而言，研究是重要的学习方式。科研促我成长。我对教育实践和周围发生的教育现象有一定的反思能力，善于从中发现新问题、发现新现象的意义，对日常工作保持着一种敏感和探索的习惯，不断地改进自己的工作并形成理性的认识。致力科研，我勤奋写作。我曾参与《全国优秀中学生作文点评》《中国名言佳句作文应用手册》《语文拓展阅读》《高中语文新教材创新思维训练》《高考备考指南》《导学归类测试》《高中语文新教材创新思维训练》（1~6册）《高中语文新教材文言文赏析》等书的编写。在省市级报刊发表《论语感的培养》《素质教育呼唤语文教学的务本归真》《论语文学科在中学生人文素质培养中的角色与责任》等论文数篇；参与编写研制的教学光盘获广东省一等奖。多次为全市高三语文教研活动提交研讨材料，积极参加校内外的命题工作。科研兴校，我不遗余力。我是学校教育改革总课题的主要成员（学校办学模式获广东省2000年普通教育教学成果一等奖），联合国教科文组织中国教育学术交流中心属下的"21世纪学校优质教育实验研究"子课题"和谐优质教育"的主要成员。我组织、编辑出版了《广雅中学多元互动教学设计实施与评价》《和谐育人的实践——德育论文教案集》《广雅中学学科课型研究与实践》《广雅中学教育科研论文集》《全方位导学精编》（广雅中学学习辅导丛书之一，共22本）《和谐优质教育的思考与探索》《和谐优质教育的实践与收获》《广雅文化，时雨春风》《和谐优质教育评价的探索》（发展性教学评价案例集）《创和谐发展之模　示优质教育之范》（全国教育科学"十五"规划课题"和谐优质教育"课题结题报告集）等书籍。我还参与了多个课题的结题报告的撰写，如《多元互动教学模式的构建与实施》《推进和谐优质教育，培养全面发展人才》《创和谐发展之优示素质教育之范——创建国家级示范普通高中的实践与思考》等。我重视校本课程的研究、开发与实施，重视教育、教学过程的典型个案研究，效果显著。

鲁迅说过："不满是向上的动力。"每登上一个山峰都只不过是人生旅途中一个新的开始。成功是暂时的，追求才是永恒的。执著的追求，却不仅仅是为了自己的成功。我深知：教师可以成就学生，学生也可以成就教师。我期望：我的生命因学生而精彩，学生的生命因我而精彩。

我将更加珍爱教师这个光荣称号，更加忠实履行教师的神圣职责；做为人民服务的教师，做让人民满意的教师。

让我们一起为年轻的生命多注入一些激情，年轻的生命渴望激情飞越；让我们一起为年轻的生命多创造一些体验，鲜活的生命渴望滋养浸润；让我们一起为年轻的生命多赋予一些憧憬，昂扬的生命渴望展翅飞翔。

昨夜西风凋碧树，独上高楼，望尽天涯路——前方有我的期盼与追求；衣带渐宽终不悔，为伊消得人憔悴——我深知真谛的获取唯有奉献与执著；众里寻她千百度，蓦然回首，那人却在灯火阑珊处——有朝一日，我一定会拥有这份快乐与惊喜。桃李春风一杯酒，江湖夜雨十年灯。不言春作苦，常恐负所怀。却顾所来径，苍苍横翠微。欲穷千里目，更上一层楼。行到水穷处，坐看云起时。

教育是事业，事业的意义在于奉献；教育是科学，科学的价值在于求真；教育是艺术，艺术的生命在于创新；教育是未来，未来的前景在于奋进。

尽管我们不可能每一个人都是天才，但我们每一个人都有可能成为天才的老师。

教育是我永远的事业，我愿把生命与这事业融为一体！

追求无止境　矢志勇攀登

广州市华侨中学　何美珊

何美珊，广州市华侨中学语文教师，教龄三十五年，曾荣获多种荣誉称号，包括：1991 年以来，连续六年被评为局先进工作者；1992 年被评为“广州市优秀教师”；1994 年获晋升一级的奖励；1996 年获市人民政府授予的“广州市模范教师”光荣称号；1997 年入选市教委优秀教师讲师团，同年获“广州市中小学第一阶段优化课堂教学设计”特等奖；1998 年获广州市人民政府记二等功的奖励；1999 年获省人民政府授予的“南粤教书育人优秀教师”光荣称号；2002 年获中国教育学会授予的“第三届全国优秀语文教师”光荣称号，同年，在“广州市语文优秀科组”评选活动中，获“广州市中学先进语文科组带头人”称号；2005 年被评为“广州市优秀教师”。另外，1998 年，何老师当选为广州市第九届政协委员；2002 年至今，担任越秀区中学语文教研会副会长；2003 年至今，担任广州市中学语文教研会副会长。1993—1998 年，何老师任广州市中学阅读教学实验组的组长；1994 年以来，一直承担广州市高三中心组的工作；2003、2005 年，任广州市高三中心组组长。

何老师在其教育生涯中，将教学与科研密切结合，多年来一直坚持尝试与深化“略读·精读·仿写”语文教学模式的研究，取得了良好的教育效果和较大的社会影响。

三十五年的教育教学生涯，何老师的最深体会是：“我的生命因教育而精彩，因追求而绚丽！”

我是一名普通的语文教师，三十五年来，我全身心地投入到教学和科研的世界中。是人民教师强烈的责任感，驱使我在教书育人这块土地上，辛勤耕耘，浇灌心血，为培育祖国的栋梁之材作出自己的贡献；是人民教师神圣的使命感，鞭策我在教育科研的崎岖道路上，敢于冲破传统观念的束缚，大胆改革，艰苦探索，不倦追求。多年来，我用对教育事业矢志不渝的热情，书写着奋斗、拼搏的精彩人生。在我的生命历程里，永远镌刻着“追求无止境，矢志勇攀登”几个大字。

一、点燃学生心中的希望

三十五年前，第一次走上三水迳口农场的简陋教坛时，我就在心里默默立下“把教育当做信仰”的誓言。从此，我乐在其中，决心好好干，把自己的青春奉献给伟大的教育事业，用自己的爱点燃学生心中的希望。

教书育人，需要对学生倾注深沉的爱，需要理解，需要尊重。

在转化后进生的工作中，我以教师真挚的爱去感化他们，用教师的人格魅力去影响他们。

记得1988年，我接任了一个很特殊的初中毕业班：全班35%的学生有打群架的记录，且被派出所拘留过；12%的学生曾离家出走；另外还有早恋、赌博、旷课等现象。

面对这样的班，我感到自己肩上担子的沉重。因为，我需要扭转的不是个别的后进生，而是一个“问题”群体。

可是，在我的词汇中，从来没有“差生”二字。在我的眼里，学生也从来没有好与坏、先进与后进之分。我认为，花不美不能怪花，应该怪养花的人。同样的花，为什么在别人的手里枝繁叶茂，在你的手里就日渐枯萎？如果真有“差生”出现，做教师的能逃脱责任吗？

走马上任的第一天，我就骑着自行车一连跑了三十一位“问题”学生的家。进门的第一句话就是：我是你的新任班主任，希望我们合作愉快，更希望我们能成为朋友。接着我们就聊天，谈爱好，谈今后的打算，就是避开不谈他们的“过去”。学生紧绷的戒备心松开了，愿意与我交心了。他们在老师的脸上，读到了真诚与宽容。

有一个经常打群架的学生，我曾找他谈话：“我看得出，你是一个很讲义气的孩子。你一定看了不少武侠小说吧？”“你怎么知道的？”我笑着说：“你的作文不是经常引用金庸小说里的人物的话吗？”学生开心地笑了：“老师，你也喜欢看武侠的吗？”我说：“当然，不过，我看武侠小说，尤其是金庸的小说，是带着崇敬的心情看的，武侠英雄之所以打动我，是因为他们身上洋溢着一股正气。他们所打、所杀的人，都是坏人；而你打架，表面是讲义气，为朋友两肋插刀，但是你打的不是坏人，即使是坏人，也不应采取打架的方式来解决问题……”说到这里，这位学生的眼睛湿润了，他开始跟我诉说。我读出了学生那写满悔悟的表情，我感到，学生已经向我敞开了心扉。我说：“我非常感谢你信任我，今后该怎样做，我相信你肯定明白。改掉不良做法是不容易的，我们共同努力。”

接着，我组织了辩论会“江湖义气之我见”和主题班会课“理解与信任”，让学生通过讨论，认识到：江湖义气是极狭隘的个人主义的表现，是危害青少年成长的腐蚀剂；而填平父母与子女之间壕沟的最好办法，就是理解与信任。

经过一年的努力，这个班的三好率达到65%，升学率达到98%。

出于职业的敏感，转变后进生是每个班主任都不会忽略的课题，而进步学生的细微心理变化，就未必能引起我们足够的重视。学生心理上哪怕是小小的波动，都可能造成他们人生道路上的重大挫折。

记得我担任1998届高三（1）班班主任的时候，有一个品学兼优的学生，父母在他即将毕业之时失业了，家庭经济一下子陷入了困境。眼看入大学深造的希望就要破灭了，这位学生哭了。我看在眼里，痛在心上：他是一棵好苗子，只要好好栽培，将来定能成材。于是，我与丈夫商量后，决定资助他上大学。我告诉这位学生："挺起胸膛做人，天塌下来有我顶着。人生的道路是不平坦的，出现波折是很平常的事情，只要确定了目标，就要执著地追求，永不放弃，家境困难，是坏事，也是好事，可以磨炼你的意志，锻炼你的能力，古今成大器者必经一番风雨……"听了我的肺腑之言，这位学生流下了眼泪，说："何老师，我终于懂得怎样做人了，放心吧，我会努力的。"最后，他以优异的成绩考上了全国重点大学——浙江大学，实现了他为之追求的理想。

在与学生相处的日子里，我把每个学生都看成一个新的世界。我爱他们，细心地探索他们丰富而脆弱的内心，欣喜地发现他们每个人身上哪怕是稍纵即逝的闪光点。我生怕一句不当的批评伤了学生的自尊，更怕一不小心毁掉了一个未来的爱因斯坦。我认为，当教育之爱成为普照的春晖，师生之间爱的能量就会在交换与互动中不断裂变，产生一个个教育的奇迹。

二、攀登教学科研的高峰

十年前，站在香港"国际语文教育研讨会"的论坛上，我兴奋地对自己说："声音洪亮一点，让来自世界各地的同行听到我们广州市教育改革的号声。"从此，我攀登不息，追求不已。

教学科研，需要付出艰辛的劳动，需要无止境的追求。

自1991年以来，我参加了广州市中学阅读教学研究组，与研究组的老师一起，投入艰苦的实验工作。在实践中，我们提炼了一个崭新的教学模式——"略读·精读·仿写"。这个模式不仅具有坚实的理论基础，而且在操作上具有简单、易行、有效的特色，因而获得了海内外教育专家、教学同行的好评。广州市教委在高三毕业班大会上的总结报告对这个模式给予了高度的评价："革新了阅读教学内容，改革了阅读教学方法，提高了阅读教学效率，摸索出一个新的课堂教学模式——'略读·精读·仿写'……"多年来语文高考成绩较好的事实，可从一个侧面说明我市语文教学改革是成功的。

实践，让我懂得，教学是一门严谨的科学，同时又是一门高深的艺术，即使穷其一生探索也难以臻于尽善尽美的境界。探索，使我走过一个不断挑战自我、战胜自我的艰难的心路历程。

（一）艰苦的实践

十四年前，我是广州市中学阅读教改试验的第一批教师。当时，我任教的文科班，学生素质不理想（入学平均分低于同类学校平均分 16.7 分），层次较低的学生能否培育成材？这些学生的素质能否得到提高？带着这些困惑，我投身于语文教改试验。在学校的支持和教研室的指导下，我与备课组的老师开始在高二开展阅读试验。

实验开始，困难重重，诸如常规工作的繁重，实验条件的简陋，试验资料的匮乏等。我开始意识到：教改试验，不是我们想象的那么简单。从某种意义上来说，要比转化一个后进生的工程艰巨得多。在学校领导与科组的支持下，我们因陋就简，坚持试验：没有速读的报时器，我们便把时间写在黑板上；资料匮乏，我们便利用休息时间自编教材。经过努力，我的实验初步取得成功：1991 年 11 月 29 日，我为全市高中语文教师举行一节高效阅读公开课。这节课，得到了同行的一致肯定。这样，我与广州市第一批试验教师一起，拉开了广州市阅读教改试验的帷幕。

阅读试验，推进了教改的发展，也提高了学生的整体素质。我们的实验课题“高效阅读”获 1992 年度普教系统科研成果奖。我的教学班在 1993 年高考竞争中，取得了优异的成绩。语文单科成绩超同类学校（C 组）42.12 分，超一类学校（B 组）9.82 分；我的教学班完成了升大任务的 82.12%。成绩的大幅度提高，有力地证明了教改实验的科学性与可行性。

实验成功后，我开始把目光从自己的教学班、自己的学校，转向了全市、全省、全国。1994 年，我任广州市阅读实验组的组长，组织全市一百多所学校几百名教师投入新一轮的研究中。我们对广州市语文教学的现状作了科学的分析，找出了阅读教学效率低的症结所在。

1993 年 9 月至 12 月间，我为构建具有广州市特色的阅读教学模式而开始了第二阶段的探索。

实践告诉我，改革的困难，不是来自环境、条件，而是来自我们根深蒂固的传统观念与习惯。

1993 年 12 月，我指导本校教师刘丽明老师举行的试验课《生命的意义》，就生动地说明了这一点。这节课从设计、试教到公开研讨的整个过程，让我深切地体会到，改革的道路是曲折的、艰难的，没有对事业矢志不渝的追求，是无法走过那迷惘的心路历程的。

刚开始试教时，她本人很不习惯，如同穿惯长袖古装的戏曲演员，一下子要穿现代人的服装演戏那样，新的东西，不仅演员不习惯，连观众也不习惯，我们的教师上试验课也是如此。这一课，讲者别扭，听者疑惑：这样的课就是教改的课？能拿出来吗？……我又陷入了彷徨中。学校领导鼓励我说：“刘老师的课一定要上！一次不习惯，两次，三次，总会习惯的。”教研室何国梁老师也给我打气："这节课的设计很有新意，只要刘老师能改变自己的旧习惯，这节课一定能成功！"

在我和科组老师的共同努力下，刘老师终于成功地举行了这节公开课。省教研室黄向群科长对这节课给予了高度评价："体现了阅读教学优化的特点"；市教研室麦曦主任指出："这节课，为语文教改探到了一条路子……"这节课，标志着广州市"略读·精读·仿写"阅读教学新模式的诞生。

模式初步建构后，极需一个模式课例来呈现它的特点。谁来承担这个重任呢？考虑再三，我决定自己设计与施教。

当时，班主任兼两个教学班的繁重工作已占去我大部分时间，照顾瘫痪的母亲的责任也落在我身上。每天，喂母亲吃饭，哄她睡觉，看护到深夜才开始我的研究、设计工作。我以顽强的意志克服了常人难以想象的困难，并于1994年5月6日为广州市语文教师举行了"略读·精读·仿写"阅读教学模式研讨课《林教头风雪山神庙》。这节课的录像先后在广州市及各地县市教研大会上播放。南海、湛江、新会等地区的教师也来函索取录像。这节课，有力地推动了广州市阅读教改试验的发展。

（二）理论的探索

我在试验的基础上，撰写了论文《"略读·精读·仿写"阅读教学模式的操作与特色》（该论文入选《九五国际语文教育论文集》）。

1995年12月13日，我代表研究组参加了香港国际语文教育研讨会，在大会上宣读论文并作了论文的答辩，我成为广州市语文界第一位在国际语文论坛上发表论文的教师。这样，新模式终于在国内外语文界产生了一定的影响，引起了部分地区教育同行的浓厚兴趣与热切的关注。

我将自己对理论的认识运用到实践中去，与阅读研究组的老师一起，接二连三地设计了不少成功的课例：《普通劳动者》（广大附属中学　周灵老师）《枣核》（三中　林健老师）《从三到万》（一中　梁敬彬老师）……

1997年3月27日，在华侨中学的多媒体室举行"广州市语文教学设计研讨会"，会上播放我的模式录像课例《绿》，并以答辩的形式对模式展开充分的研讨。面对来自香港、澳门及省内各地区的教育专家、同行，我把阅读组探索的理论和成果向与会者娓娓道来，当然，也谦虚地回答了与会者的质疑和问题。

答辩会上，广东省教育厅教研室吴惟粤主任高度评价了我们多年来艰难探索的成果。他说："'略读·精读·仿写'作为一个模式提出来，并且通过实践取得一定的效果，这是有目共睹的。""这个课题很好地解决了我们语文教学当中的两个问题：第一，把阅读教学的研究作为提高语文教学效率的一个切入点；第二，比较好地解决了语文的出路问题，解决了减轻学生课业负担过重的问题……"

1997年9月，我设计及施教的模式课例《绿》，在"广州市中小学第一阶段优化课堂教学设计”评选活动中获得特等奖。

经过实践与探索，我们终于走出困境，开拓出一片新天地。广州市教研室麦主任对阅读教学试验作了中肯的评价：“这一项试验，课题目的明确，对改革当前中学语文教学的现状，特别是语文教学效益长期低下的现状，具有强烈的针对性。”香港传媒也多次报道了这个模式的操作特色和应用价值。

领导的嘉许，同行的认同，既是对我们试验的极大鼓舞，同时，也是对我们继续完善模式的极大鞭策。成功对我来说其实就是在追求一个目标，带着一种使命感和挑战精神来追求自己的目标。

（三）不息的追求

高中课程改革，为我继续课题研究提供了契机。我不断地对“略读·精读·仿写”教学模式进行反思：仅以训练为主的阅读教学实践远远不能解决学生阅读中的积极建构意义的难题，即如何运用丰富的知识积淀和敏锐的语感解读文本的问题。同时，我又意识到学生的阅读与人生感悟是紧密联系起来的，阅读的终极目的就是让学生养成良好的阅读习惯，并通过阅读文本认识自己、认识人生、认识世界。基于这样的认识，我决定从2002年9月开始，与本校高一级教师开展“阅读积累感悟”实验，在“略读·精读·仿写”这一模式研究的基础上，积极探索构建“积累—感悟—训练”这一发展性阅读模式，力图通过对这一模式的探索与操作，培养学生良好的阅读习惯和语文素养。

三年的教学试验，又一次取得了成功：学生人均阅读量近两百万字，积累的精美语言、写作素材近八万字，写作的读书札记近五万字。丰厚的积累，为学生的语文素养的形成与发展打下了坚实的基础。2005年广州市“一模”考试，实验班分别取得了平均分571.26分和595分的成绩（高于同组93.41分，高于C组49.8分，高于B组13.06分）；在高考竞争中，实验班的平均分达600分和582分。可见，只有大量的积累和感悟才能从根本上提高学生的语文能力。

鲁迅先生说过：“不满是向上的动力。”我觉得，每登上一座山峰都只不过是人生旅途中一个新的开始。成功是暂时的，追求才是永恒的。课题研究如此，其他事业的追求也是如此。

2001年开始，我担任语文科组长的工作，以“奉献、实践、创新、开拓”作为科组建设的主旋律。借侨中这块改革的土壤，辛勤地耕耘我的理想与希望。我把自己看成是铺路的石子，为科组年轻教师的成长铺设宽阔的道路：指导青年教师编写校本课程《华文教育专辑》（共20万字，该课程从2001年开始在《华声杂志》上连续刊登）；指导青年教师开展“积累·感悟”阅读教学的研究，并指导李扬老师撰写论文《“积累·感悟”阅读教学的研究及评价》（获得2005年广州市中学语文教研会年会一等奖）；指导青年教师黄智坚、王萍等举行市级的研讨课（《现代文阅读的解读方法》《高考作文论证方法》等）；培养了一批在广州市越秀区有一定知名度的年轻教师，如李扬、黄智坚、王萍、叶嘉颖、汪萍等。我引导科组老师以科研带动教学，在提高课堂教学效益上下工夫，因而全面提高了侨中语文的教学质量。在多年的高考、中考竞争中，我们科组的平均成绩都领先于同类学校。2005 年高考，我校语文成绩创新高：800 分以上 1 人；700 分以上 11 人；平均成绩超同类 43 分。

从 1994 年开始至今，我一直担任广州市高三中心组的工作，与教研室及广州市广大语文教师一起，研究高中教学与考试，探索高三复习备考的方法与规律，提供科学可行的研究方向与指导意见，为广州市高中教学与考试作出了应有的贡献。

2002 年至 2004 年，我每年都参与组织广州市高三青年骨干教师研修班。通过对考点的研究、课堂教学的演示、专家名师的讲座，培养了一批又一批的青年骨干教师，为广州市构建一支师德高尚、业务精湛、技能过硬的青年师资队伍提供了宽阔的舞台。

自 2003 年担任教研会副会长工作以来，我一直活跃在各年级的教学舞台上：参与组织全市“走进新课程”的论文比赛；参与组织“广州市十佳青年语文教师”的评比活动；参与组织高二年级五模块的总结测试；参与 2002 年至今的广州市高考一、二模的备考工作、组织评卷工作……

我利用业余时间，编写了近 40 万字的著作，如《高考备考指南》（华南理工大学出版社出版），《广州市专题训练》（2）（主编；新世纪出版社出版），《04 年全国语文高考试题（广东）试卷分析》，《05 年全国语文高考试题（广东）试卷分析》（《语文月刊》2004 年 7 ~ 8 期；2005 年 7 ~ 8 期）……

三十五年的教学生涯，让我深深地体会到：我的生命因教育而精彩，因追求而绚丽！

研究自我　超越自我

广州市协和高级中学　邹燕平

邹燕平，广州市协和高级中学副校长、化学教师，从事教育工作三十年，邹老师曾获得多种荣誉称号，如1995、1996年，连续两年被从化市人民政府授予三等功；1997年，被评为广州市优秀教育工作者；1998年，被评为从化市教育局优秀党员；1999年9月、2001年9月，被评为从化市第一、二届中学学科带头人；2002年7月，被评为从化市教育局优秀党员；2003年3月，被评为广州市青少年科技教育活动先进工作者；2003年5月，被评为从化市2000—2002年度劳动模范；2004年9月，被评为广东省“南粤优秀教师”。

邹老师任教过十五届高中毕业班化学，教学成绩突出；培训学生参加化学竞赛，获全国二等奖1人，获省一等奖、二等奖各1人，获市一等奖达15人次。邹老师还先后主持了多项省、市立项课题的研究，参与多篇专著的编写工作，多篇论文在报刊上发表并获省、市奖励。

我于1958年8月生于湖南祁东县，1976年走上讲台，从事教育事业。参加教育工作三十年来，我先后在湖南、广东从化、广州等多所学校执教或负责学校教学管理工作。在长期的一线教学和学校行政领导工作中，我坚持刻苦钻研学科教材，不倦探索，刻意创新，在教育这块园地里，辛勤耕耘，无私奉献，积累了丰富的教学经验，形成了自己“培养兴趣，提高能力，自主探索，优质高效”的教学风格，取得了优异的成绩。

一、永不满足、不断充实的成长历程

1976年1月，我开始在湖南省祁东县石亭子中学任民办教师，首次走上讲坛，开始了孜孜不倦的教育教学生涯。两年后，我考入湖南衡阳师专化学系学习，获得大学专科文凭。随后，我进入湖南省重点中学——祁东二中任教。随着教学的深入，我逐渐发现自己专业知识的欠缺，便于1985年9月考入湖南教育学院化学系，脱产学习两年，获得大学本科毕业证书。大学毕业后，回到家乡祁东二中任教，此后，一边工作一边坚持自学，不断充实，提高自己。1988年11月起任祁东二中副校长，逐步从教学岗位走上行政管理，从一个单纯的“教书匠”向“学校管理者、研究者”转变。

1993年9月，怀着学习和挑战自我的信念，我来到广东从化中学，担任化学教师。1994年2月起，我开始担任广东从化二中副校长。1999年2月，调至从化中学，担任副校长；2003年8月后，担任广州市协和高级中学教务处主任；2004年6月至今任广州市协和高级中学副校长。其间，1997年9月至1999年7月，我参加了华南师范大学研究生课程“基础心理学”进修班，努力学习，获研究生课程班结业证书；2001年9月至2004年9月，我参加了广东省普教系统“百千万人才工程”名校长培训班，坚持不懈地提高专业化水平和业务水平。

二、从严要求、与时俱进的思想素质

多年来，我坚持认真学习邓小平理论和党的教育政策、法规，在政治上同党中央保持一致；认真学习“三个代表”重要思想，坚持把“三个代表”的重要思想与深化教育教学改革相结合，全面推进以培养学生的创新精神和实践能力为核心的素质教育；遵守国家的政策法律和学校的规章制度，热爱教育事业，有高度的事业心和责任感。我长期担任学校副校长，做好校长的助手，一切从大局出发，维护学校的团结，诚恳地接受全校教职工的意见和建议，不断改进自己的工作，同时努力提高自己的管理水平。我坚持做到廉政、勤政，工作不分分内分外，每天工作十小时以上，节假日也很少休息，受到了全校师生的好评。在主管学校教学工作中，我做到管理程序化、制度化，特别是加大了教学工作的常规管理和教学改革的力度，收到了明显的效果，促进了教学质量的全面提高，学校也因此赢得了社会、家长的好评。

经过长期的教育教学实践，我熟悉本职业务，有一定的组织能力，能按教育规律办事，工作上有创新精神。虽然行政事务多，但我从不因此影响教学工作，认真带头落实学校的教学常规，认真履行教师职责，教书育人，为人师表，师德高尚。

三、以生为本、教研并重的教育教学特色

（一）加强理论学习，提高专业素养

三十年的教育经历使我深深懂得：要培养学生良好的思想素质和掌握坚实的文化知识，就必须具备真才实学。教师只有孜孜不倦地吸取知识，以涓涓清泉滋润心田，在教学中才能像流水一般进行灌溉。为了提高自己的业务水平，我注意收集本学科的教学信息和外地的先进教学经验。在教学过程中，我不断提高自己的学历和专业素质，并参加研究生课程班的学习，从一个民办教师成长为重点中学的领导。正是这种永不满足、孜孜不倦的求知精神，使我在教学工作中，能深刻理解、掌握教学大纲和教材，把握住各年级的教材在整个中学教学中的地位和作用，教学中能抓住重点，突破难点，根据教学大纲要求和学生的认识规律备好每一节课，在培养学生学习化学的兴趣、提高学生的能力等方面取得了良好

成绩。

（二）开展教学改革，逐步形成自己的教学风格

我注重更新教学观念、优化课堂教学，实行启发式、讨论式的教学方法，逐步形成了自己“培养兴趣，提高能力，自主探索，优质高效”的教学风格，提倡学生动脑、动手、动口，真正把传授知识的过程当成学习交流和自主探索的过程，教学的重点放在培养学生的好奇心、求知欲上，帮助学生自主学习、独立思考，鼓励学生发现问题、提出问题和解决问题，受到了学生的好评。凡是我教过的班，学生的学习兴趣高，普遍反映我的课生动、有趣、易懂。近几年，在广州市、从化市教研部门的听课调查中，我承担的公开课均被评为优秀。我任教过十五届高中毕业班化学，每年高考化学成绩都名列省、市前茅。2003 年，我调入广州市协和高级中学工作，2003、2004 年连续两年任教高三化学和综合科化学，同时兼任综合科备课组长，高考平均分均超过广州市同类学校。

（三）以生为本，因材施教，促进不同类型学生的有效发展

长期以来，我坚持面向全体学生，从实际出发，对不同类型和不同个性的学生有针对性地进行思想品德教育，取得明显成效。在班主任工作中，热爱和关心每一个学生，工作有计划、有重点、有组织落实措施，并能通过各种教育手段去实现目标。在班级管理中，我创造性地提出并实践了“班级氛围熏陶人、教师人格感化人、实践活动培育人”的班级管理工作的新举措，实现了以德促学、以德育智的目标，所带班级学生的学习成绩提高也很快。我经常组织学生开展学习方法的交流活动，使所教的班成为文明、守纪、团结、勤奋好学的集体。我与学生关系融洽，在学习上、思想上对学生严格要求，在生活上关怀他们。学生孙杰宏从外地转入从化二中就读，一开始不思进取，经常违反校纪校规。针对这一情况，我经常找他谈心，发现一点进步，就进行表扬；当其有思想波动时，及时做好工作；在学习上进行耐心的辅导，生活上给予无微不至的关怀。高考前该同学被开水烫伤，我拿钱陪他上医院，使他很受感动。此后该学生进步很大，高考成绩进入全省体育类考生前五十名、在广州市排名第二。

（四）大胆管理，突出教学管理效益

1988 年，我开始担任校领导，主管教学工作。在主管教学工作中，我能坚持按教育规律办事，面向全体学生，促进全体学生在德、智、体等方面全面发展。在管理工作中，我狠抓教学常规管理，对教学质量的全过程进行量化管理，包括班级工作的量化管理、学生操行量化管理等，并在执行过程中下工夫，做到公正、合理、透明度高，调动了师生工作和学习的积极性，使学校各项工作都上了一个新台阶。2003 年，我调入协和高中，担任教务主任、副校长，继续主管教学和高三毕业班工作。协和是一所从师范改为高中的年轻的老学校，学生基础比同类学校差，但我能团结全体教师，协力共创佳绩。2004、2005 年，学校两届高考都取得优异成绩，学校上重点线、本科线、省大专线均超过广州市教育局

预测目标，总分及大部分学科平均分超广州市同类学校。2005 年，陈锦莹同学以英语 900 分获得广东省高考英语单科状元，学校获得“广州市 2005 年高中毕业班工作一等奖”，赢得了社会、家长的一致好评。

（五）坚持科研兴教，以科研促进教育教学发展

在长期的一线教育教学过程中，我深刻领悟到，要站稳讲台，单单做一个“教书匠”是不够的。尤其是新课程改革，教师应从课程“旁观者”的角度转变为课程的参与者、开发者，更强调教育工作者作为实践研究者的作用，在实践中研究。长期以来，我坚持在教育实践工作中开展改革尝试和研究，先后主持了多项省、市立项课题的研究，参与多部专著的编写工作，多篇论文在报刊上发表并获省、市奖励。目前，我正在主持广东省基础教育改革专项课题“新课程自主——合作教学模式改革”的研究，指导并带头开展“自主—合作”课堂教学范式改革，努力改变目前教师讲得过多及学生作业过多、被动学习、缺乏主动性和自我发展空间的局面，营造师生共同学习的氛围，培养学生良好的学习态度和学习习惯，发展学生持续学习能力。目前，课题研究已经取得初步成效，课堂教学改革受到师生欢迎。

四、关注未来、侧重实践的教研成果

在长期的教育教学实践和不断的进修提高中，我逐渐具备了系统、坚实的理论基础和专业知识，熟练掌握了教育学、心理学和教学法。近年来，我参加了广州市举办的中学校长岗位培训班、华南师范大学研究生处与广州市现代教育研究中心举办的硕士研究生课程“基础心理学”专业班，系统地学习了学校管理和教学改革的理论，并将理论运用到教学实践中去，在教学上进行了从培养学生学习兴趣出发学好化学的教学改革，收到了较好的效果。我任教过十五届高中毕业班化学，教学成绩突出；培训学生参加化学竞赛，获全国二等奖 1 人，获省一等奖、二等奖各 1 人，获市一等奖达 15 人次。

在搞好教学的同时，我将自己的工作进行总结，使教研水平不断提高。目前，已有十余篇论文公开发表，主持多项课题研究并顺利结题。主要教研成果有：

1. 参加《初中化学教与学》《青少年化学之友》丛书（共四分册）等教材、教参的编写工作。

2. 教学论文《解醛、算题的五条线索》《图像在化学反应速度和化学平衡中的应用》《平均值法解化学计算题》《守恒法在化学解题中的应用》等先后发表在《中学生化学报》上；《从一道高考试题看高考试题中跨学科之间的综合》《例说几种配平方法》发表在《中学生理化报》上；《谈学校管理的关键——人的管理》在广东省“百千万工程”培养对象中期成果研讨会上交流，并在《广州师训》上发表。

3．先后主持"'实验推导法'教学模式研究""课堂教学的理论研究与实践探索""青少年科技探索活动的研究与实验"等课题研究并顺利结题，其中有14项成果获得广州市教学成果一、二、三等奖，受到专家好评，取得了良好的实践效果。目前，正在主持的广东省基础教育课程改革专项研究课题"新课程自主—合作教学模式研究"于2004年9月被广东省教育科学规划领导小组批准立项。该课题的早期研究成果《自主合作，和谐发展》一文已经发表在《教育导刊》2005年第5期上。

五、工作业绩突出，得到了党和政府的承认

从教30年来，我的付出得到了学生的尊敬，更得到了党和政府的承认。各级党委、政府给予了我很高的荣誉，这些时时鞭策着自己更加努力工作。1995、1996年，我连续两年被从化市人民政府授予三等功；1997年9月，被评为广州市优秀教育工作者；1998年7月，被评为从化市教育局优秀党员；1999年9月、2001年9月被评为从化市第一、二届中学学科带头人；2002年7月，被评为从化市教育局优秀党员；2003年3月，被评为广州市青少年科技教育活动先进工作者；2003年5月，被评为从化市2000—2002年度劳动模范；2004年9月，被评为广东省"南粤优秀教师"。我知道，这些荣誉称号既是对自己过去工作的肯定，更是推动自己不断探索、大胆创新、不懈耕耘的动力。

六、教学感悟：关注发展，促进成长

（一）确立鲜明的个人教育教学风格

在长期的教育教学探索中，我逐渐形成了"以人为本、自主探索、优质高效"的教学观和课堂教学风格，注重发挥学生在课堂教学中的主体地位，通过学生的自主学习和小组合作学习，提高课堂教学效率，课堂教学质量也得到显著提高。学生的学习兴趣、学习积极性提高了，学生掌握了良好的学习方法，学习成绩明显提高。我的教学观和课堂教学风格在从化市都有很大影响。我连续两届被评为从化市学科带头人。作为学科带头人，每学期都要举行全市性的示范课、观摩课和研究课，并且还要定期不定期地送教下乡，不论是所上的课还是举办的讲座都深受同行的欢迎。在全市的名教师培养对象理论学习班上，我对从化市名教师培养对象六十余人作了"素质教育与课堂教学"的理论报告。2004年在广州市高三化学辅导班作的"有机化学"专题讲座，得到与会人员的高度评价。

（二）研究自我，努力把自己培养成研究型、学者型的教师

把自己培养成为一名学者型教师一直是我的不懈追求。从教三十年来，我潜心学习，把自己的所有精力都投入到教育教学和科研上去。我从来没有停止过学习、反思、探索和研究，我认为教学艺术首先是爱的艺术，我爱生活，爱事业，更爱学生。爱生活，让我总是充满激情；爱事业，让我总是充满活力；爱学生，

在与学生之间进行心灵的对话与呼唤中，更让我感受到心灵的愉悦和生活的诗意。不断的学习，使我具备了创新型的知识结构，丰富了我的思想；不断的实践与研究，让我具备了优秀的教学技能和较高的研究水平。正是这样一种强烈的自我发展和自我超越意识，促使我成为一位学者型教师。

（三）关注青年教师成长，实现共同发展

一个人的成功毕竟有限，团体的发展更能促进教育的繁荣。多年来，我始终关注青年教师的成长，以自身为例，指导他们更快成长。我的教学思想、课堂教学实践以及教育科研对学校科组教师的教育思想和教育观念的转变，对科组教师教学水平的提高以及对所工作过地区的化学教学都产生了积极的影响。在辅导青年教师方面业绩突出。青年教师李涌、李国华、杨昌英、李春华等在我的指导下，教学水平有了大幅提高，教育思想得到了更新，很快成长为独当一面的教学骨干。在我的带动下，从化中学化学科的凝聚力增强了，科研气氛空前浓厚，听评课制度、研究与学习制度得到建立。近几年来，化学科教学成绩明显提高，科研成果明显增多。仅“青少年科技创新大赛”一项，化学科组在三年内就拿到了省、市奖励共21项，化学科组成为从化市、广州市的先进科组。

（四）以人为本，研究自我，强化教学和管理

1988年开始，我走上学校领导岗位，长期担任分管教学和毕业班工作的副校长。在学校管理中，我们提得最多的就是科学管理和“以人为本”的管理。但我认识到，“以人为本”不能成为口号或标签，而要真心实意地尊重人、理解人、依靠人、激励人、发展人，学校管理是“人”的活动，是“人”给管理活动以灵气，是“人”给学校管理以智慧和力量。学校管理的价值追求就是“人的变化”。人的变化乃是新型学校、新型学校管理的一个核心问题，是衡量学校管理质量高低的重要因素。为此，我首先研究自我，经常进行自我反思，检讨在管理过程中心里是否装着“人”，看自己的思维方式是否以人为本；深入研究教师，全面促进教师的发展；确立以师为本的管理理念，立足于满足教师的需要，强化服务意识，认识并切实做到管理者起到的就是一个服务、帮助、促进、指导、激励和支持作用。学校管理就是要为教师的教学与发展提供条件，搭建教师发展平台，为全体教师提供发展机会，为教师的发展提供服务。我总在想，缺乏研究意识，缺乏对自我的研究，就不会成为一个优秀教师，就不能实现对自我的超越。学习是对自我的研究，教学实践离不开对自我的研究，教育科研必然要研究自我，教育教学管理工作也应经常追问自我。可以说，中国的基础教育不缺少理论和思想，而是缺少理论、思想和实践的紧密结合，如果哪一天这种反思和追问成为生活中的经常性的现象，并能把理论、思想转化为一种制度体系的话，那么，现代学校管理中以人为本和科学管理就不再是口号和旗帜，那么管理也就真正实现了其应有的价值，从而使学校焕发出更为迷人的生命魅力和生命活力。

朝着理想　勇往直前

——记增城中学张铁坚副校长

岁月如梭，光阴似箭。张铁坚校长从踏足教坛到现在，已经度过了二十四个春秋了。二十四年来，他一直坚持一个信念——成为人民的好教师，甘心把青春献给教育事业，把爱心献给学生与同事：以东风化雨之情、春泥护花之意，培育人类的花朵，绘制灿烂的春天；以互学互爱之情、手足情深之意，共同打造教育的明天。二十四年来，他一直坚持在教学一线上，兢兢业业，任劳任怨，求真务实，为人师表，老老实实做人，认认真真教书。二十四年来，他一路辛苦着，努力着，拼搏着，把学习思考看成一种习惯，把勤于钻研、勇于创新、不断挑战作为人生乐趣。二十四年来，他不断挑战自己，超越自己，几经转变，从一个代课教师成为一名正式教师；从一个知识传授者到一个教育教学管理者；从一个“教师匠”到一个“研究型”的教育工作者。

一分耕耘，一分收获。经过二十四年的风雨历程，张校长现在桃李满天下，硕果累累：教育教学经验丰富，形成自己独特的教育风格；教育管理工作水平高，形成一套科学的管理方法；教育理论水平不断攀升，获得各种不同级别的荣誉称号。比如，张校长连续多年（累计 17 年）担任高三英语教学工作，每年均取得较好成绩。由于教育教学工作表现突出，业绩明显，他多次被评为校级先进教师；1993、1997 年，先后两次被评为“广州市优秀教师”；1996 年，被评为“增城市十佳班主任”；2001 年，被评为广东省“南粤教书育人优秀教师”；2004 年，被中华人民共和国教育部授予“全国优秀教师”的光荣称号等。

一、坚定信念　不懈追求——成长经历篇

受父亲的影响，张校长从小就是一个自强自立的人，有种不到黄河心不死的坚韧精神。坚定了信念就会执著追求，永不放弃。因为喜欢父亲高大的教师形象，他萌生要当一名人民的好教师的念头，决心要当一名像父亲一样的好教师；因为被高中英语教师那一口标准流利的英语所吸引，以及自己对英语的情有独钟，他决心当一名英语教师。至此，成为一名人民的英语教师，从事太阳底下最光辉的事业，变成张校长执著的追求。

1981 年高考，张铁坚校长毫不犹豫地填报了英语师范专业，并被广州教育学院录取，成为英语民师班的学生。在校期间，他努力学习，不怕严冬不畏酷暑，总是畅游于知识的海洋里，丰富自己的知识，开拓自己的视野，不断提高自

己的自学能力，为实现自己的信念做充分的准备。这段大学生活给张校长往后的生活带来了质的变化，为他的成功做了第一层铺垫。

1984 年 2 月，张校长以优异的成绩毕业于广州教育学院英语系，并分配到增城县（现为市）新塘中学任教，后来调到增城中学。从此，他站在三尺讲台上践行其伟大的信念追求，真正做到干一行，爱一行，专一行，使自己成为一名受学生欢迎、让家长放心、使学校满意、令同行敬重的好教师。他把教书育人看成是自己的天职，懂得“小鸟展翅看大鸟，学生成长靠教师”“ 好笋出好竹，好师出好徒”的道理，因而在教育的百花园中，张校长用自己的行和自己的心去教育学生，用自己深邃的智慧开启了一扇又一扇渴望追寻知识的心灵之窗，用自己和蔼可亲的态度征服了一颗又一颗矛盾而又带着叛逆的心。

二、“精、准、新、活”——教学体会篇

在教学上，张校长努力奋斗，勤于钻研，善于反思，勇于创新，逐步形成了个人的教学特色。从教以来，张校长坚持认真学习现代教学理论，努力钻研教材，大胆创新教法，积极实施新课程计划，努力实践新课程标准理念，切实推进素质教育，多角度、全方位地探讨科学、有效的教学方法，努力优化教学过程，并逐步形成个人的教学特色和风格——精、准、新、活。

在张校长的理念中，“精”就是精练、精通、精选、精讲及精评。张校长一直担任高三的英语教学工作。高三是中学阶段的重要时期，时间上极为紧迫，因而，“精”是高三非常时期最适合的教学法。张校长从不搞题海战术，而是根据学生需要，挑最好的教材，并对教材进行重点排序，做到有的放矢；自选所有的习题，重新整合，以达到最优化，张校长所编的练习能突出“四性”，即针对性、阶段性、层次性和综合性；以经验提炼新题型，准确选材，力求以少胜多。

“准”就是准确、标准，目标定位要准，每堂课要达到怎样的目标，学生在这堂课里能有什么收获，必须要明确，同时传授的知识要准确无误。张校长很注重知识的准确性，在教授课程之前，他都要认认真真理解清楚，弄准确才传授给学生。如果真的存有不足或错误就及时纠正，而不是避而不谈。

“新”就是教学新理念、新模式、新方法、新知识、新情况。所谓“处处留心皆学问”，张校长主张做生活的有心人，懂得在生活中提取新知识，并把生活化的知识运用到课堂上。平时，张校长最喜欢看书、看报、看杂志、看电视，有时也看电影、上网。但是他并不只是因为娱乐而看，而是通过娱乐获取新的知识、有用的知识，并把新知识储存在大脑里，运用于课堂上，使课堂知识生活化。张校长并不把教学限制在课堂上，而是指导学生在生活中学，注重把课堂知识运用到生活中，在生活中巩固新知识。譬如，教授了新单词“收费站”，在看到收费站时，张校长就会考学生会不会读、拼、写。教了一种英语表达法，他就利用生活场景，鼓励学生大胆运用。

“活”就是灵活多变的教学方法、活知识、活看法，灵活调控课堂，灵通应变。张校长每天都认真备课，针对不同学生灵活处理课堂上的突发事件。例如，在提问时，若学生回答不出来，张校长就会灵活变通，采取更适合的方法去启发诱导，去开启学生的智慧。在课堂上，学生遇到难题，一方面，他会给学生信心，让学生主动解决问题；另一方面，他也参与其中，与学生一起探讨研究。如果在课堂上不能解决的问题，他会放到课外解决，以使教学任务及时完成。

另外，张校长高度重视学习方法指导，善于揭示学习规律，强调学习反思，注重学习评价，科学引导学生学会学习、学会合作、学会探究、学会交流、学会分享，教学效果显著，教学方法深受学生赞赏。每年均高质量完成教学工作任务，所教班级学生成绩进步快，增幅大，高考成绩持续稳定在较高水平上，平均分（标准分）保持在600分左右，其中有两名学生曾获800分以上的好成绩。另外，他在辅导学生参赛方面也取得了好成绩，1996年以来辅导学生参加亚太地区中学生英语综合技能竞赛，多次获二、三等奖。

三、“爱、严、实、行”——班级和学校管理篇

从教二十四年来，张校长以自己火热的心来教育孩子，甘心做石级，承载着学生一步一步踏实地向上攀登；甘心做火种，点燃了学生的心灵之火。张校长知道心灵的沟通胜于知识的传递，因而他不但教学生知识，更乐意与学生进行心与心的沟通，建立和谐的师生关系。在与学生的交往中，张校长从来都不摆架子。他认为教师是学生的镜子，学生是教师的影子，师生间是教学相长、平等民主、互相促进的。因而张校长特别注重师生间的情感交流，建立民主、平等、和谐的师生关系。他认为要让学生敬重你，你必须先尊重学生，和学生做心与心的交流。张校长善于观察学生感兴趣的、乐于关注的人和事，以便找到与学生交流的突破口。用心去熟悉学生，靠近学生，了解学生，主动了解学生感兴趣的人和事，了解学生的爱好、烦恼，甚至了解他们的家庭结构及家庭经济状况。以学生喜闻乐见的人和事作为切入点，找到师生交流的基础，从而慢慢建立感情，达到潜移默化的感染作用。比如，他会和学生说超女、染发、MP4等，用最客观的态度，以最和善的口吻与学生共同探讨这些时尚潮流，从中引导学生形成正确的人生观和价值观。同时，张校长要求每位同学也尽可能多地尊重自己的同学，让每位同学都对自己充满信心。因为教师最重要的职责之一是培养学生的自信。而善于挖掘学生的潜能，培养他们包括学习能力在内的多方面能力，才能让学生更自信，才更有希望达到理想的彼岸。张校长善于发现学生的闪光点，挖掘学生的潜能，让学生发挥所长，取长补短，建立学生的自信心。

在班级管理工作中，张校长做到先严于己，而后勤于学生，以身作则，为人师表；努力探讨班级工作管理方法，认真研究管理策略，不断提高自身的思想素质和管理水平。他深知“怎样的老师造就怎样的学生”，明白“其身正，不令其

行，其身不正，虽令不从”的道理。因而，他在八年的班主任工作（其中五年为高三班主任）中，求真务实，严于律己，为人师表，以行动来建立自己的威信。凡是要求别人做到的事自己先做到，以身作则，言传身教。在工作中，他把求真务实当做个人的工作准则，始终做到诚实、务实、扎实和落实，讲实话，办实事，求实效，从来都不弄虚作假，乱搞形式。正是这种求真务实的精神和工作态度才使其不断取得可喜的实绩。作为班级的管理者，张校长讲究方法，科学管理，不断提高班级管理水平。在班风学风建设中，他能纵观全局，非常明确地提出班风、学风建设的目标和措施，注意突出目标性、科学性、阶段性、社会性和可操作性。在学风建设方面，注意营造浓厚的学习氛围，经常向学生介绍科学的学习方法，明确学习目的和不同学习阶段的重点所在，使学生心中有数，有的放矢。因而，他所带的班级班风正、学风浓、成绩好。在教育教学中，张校长也尽职尽责，兢兢业业，认认真真教书，努力钻研教学，注重启发学生。他还经常关心高考与招生改革的动态，了解未来市场人才需求状况，留意大学生毕业分配走向，多渠道为学生提供有关信息，从而大大地调动了学生的学习积极性，激发了他们的拼搏精神。近年来因为学校工作需要，他连续多年（累计五年）被安排主管高三复习备考及年级管理工作，由于工作目标明确，讲究方法，措施得当，因而确保备考工作科学有序地进行，并在高考中取得了好成绩，使学校连续五年荣获广州市普通高中毕业班工作综合评价一等奖。

四、学习、研究、创新——持续发展之道

辛苦后，努力后，拼搏后，张校长获得了鲜花和掌声，更获得了广大师生的敬重与爱戴。

然而，面对着鲜花与掌声，张校长并没有沾沾自喜，为了学生，他敢于面对纵横交错的新世界，不断发芽滋长；为了教育事业，为了可以面向美好的明天，张校长始终如一地执著追求着，诚诚恳恳做人，认认真真教书，在教育事业上勇往直前。

他认识到要想成为教书育人的能手、青年教师的楷模、教育事业的领头人，就必须坚持学习、不断充实、与时俱进，要勤于反思、勇于创新。近年来随着新课程的改革与实施，课程标准在变，教材在变，知识在变，学生也在变，张校长深感原有知识储备不足，教学观念更需要不断更新，因此必须加强学习。多年来，张校长始终把读书学习放在首位，认为任何时候都要学习，从学习中发散思维，从反思中促进学习。因而，张校长无论工作多忙都不忘学习，学习过程中必然要进行思考，并坚持做读书笔记或写读后感，坚持学习与研究相结合，研究与实践相结合，实践与反思相结合，反思与改进相结合，做到学习的最优化，提高学习效率。除了因学校工作需要积极参加各级各类培训学习外，张校长还坚持自学，每年所订各类报纸杂志费用近千元，自学内容包括理论、专业、教学管理、

教学科研等方面。通过不断学习，进一步更新自己的教学观念，及时调整知识结构，不断提高教育教学水平。

同时，张校长也在教学科研方面努力拼搏，不断提高自己的科研水平。张校长既是英语学科带头人，又是教学科研的组织者、指导者和示范者，充分发挥了骨干教师的带头示范作用。在广州市教育局教研室组织开展的第二、第三阶段教学设计与实施活动中，积极组织教师开展理论学习和行动性研究，深入全面地进行了教学设计、课型特征、教学模式以及发展性教学评价的研究，大大加快了本校教学科研的进程。近年来还先后承担了多项（含国家级、省级、广州市级）研究课题的子课题的研究任务，使校本科研有了质的突破。此外，他还充分利用课余时间钻研教学理论，积极撰写教学论文，先后在《广州教学研究》杂志上发表了《单元复习的方法》《英语高考复习的策略》《高中英语课文教学模式的构建》《把握重点，抓住关键，提高学校教学质量》四篇教学论文，并在增城市和广州市组织的论文和教学设计评比中多次获奖。

得到荣誉并不骄傲，努力向前才是最重要的，张校长正是这样的人。在教育之路上走了二十四年的人，还在孜孜不倦地走着……

（执笔：黄健宜）

爱心与责任驱动　教学与科研提升

——十八年教师生涯的反思

广州市花都区邝维煜纪念中学　邵秀珠

邵秀珠，广州市花都区邝维煜纪念中学政治科教师。由于工作态度认真负责，教学成绩突出，邵老师曾获得过许多奖励，包括（以时间为序）：1995 年，被评为花都市优秀教师、优秀教育工作者；1996 年，被评为花都市教学普教系统优秀青年教师；1996 年，被评为广州市先进教师；1995—1996 学年，所任教的初三（5）班获得花都市及广州市先进班集体荣誉称号；2000 年，荣获广东省“南粤优秀教师（教坛新秀）”的光荣称号；2002 学年，被评为花都区优秀教师；2003 年，光荣地当选为中国共产党广州市花都区第十一次代表大会代表；2003 年，被聘为花都区政治科学科带头人；2005 学年，再次被评为花都区优秀教师。

另外，他在教学研究方面也成绩显著，包括：1997 年，教学设计方案获第二阶段广州市思想政治教学设计评比三等奖；2000 学年论文《〈可持续发展与基本国策〉课堂教学实录及评析》荣获花都区中学思想政治科教学论文评比二等奖；2002 年，指导的研究性学习《麦当劳为什么这么“火”》荣获花都区三等奖；2003 年，教学论文《政治活动课教学模式初探》荣获广州市中学政治学科教师论文评比二等奖；2004 年，在花都区德育论文评比活动中，《论班主任工作中的以美育人》获优秀奖；2005 年，《谈师生沟通的艺术》获花都区德育论文评比二等奖；2006 年 5 月，《提高复习效率的教学反思》《政治活动课的教学反思》两篇教学设计获花都区（第三阶段）教学设计比赛二等奖。

面对上面一长串荣誉称号和获奖成果，我对自己多年的努力感到些许欣慰，虽然成绩代表着过去，但毕竟是对我过去的一种肯定，对我今天也是一种鞭策和鼓励，我不禁回忆起自己近二十年的教育生涯，回想起这个历程的风风雨雨，心里总有太多的感触。

1988 年，我毕业于广州师专，毕业第一年被分配到花城中学任教，由于我的家离花山比较近，第二年便调回花山中学任教，一直到 1997 年 8 月才调到花都区邝维煜纪念中学任教。自毕业后从事教学工作，到现在已经有整整十八年了，我一直都用整个身心去从事教育、教学工作，春风化雨，润物无声，默默的耕耘换来了累累硕果。

一、班主任工作——永不放弃

班主任工作一直是我教学生涯非常重要的一部分，在近十年的班主任任职期间，品尝过成功的喜悦，也有过失败的痛苦，甚至可以说我的成功是从失败中总结经验一步步获得的。记得第一年当班主任的时候，我在管理上有很多做法都不恰当，由于我的经验不足，未能及时采取措施改善这种状况，导致所带的班级出现了很多问题。第一次做班主任就遇到这样的挫折，我心里很难过，那段时间我的情绪陷入了低谷。可是，失败并没有把我击倒，我还是勇敢地在原来跌倒的地方站起来。我总结出失败的原因和不可取的做法，自此以后，无论我当哪个班的班主任，我都以此为鉴，时刻提醒自己：不可重蹈覆辙。

同时，为了从一个专制型的班主任变成一个民主型的班主任，我做了以下的努力。

首先，专心聆听，关心学生。学生作为一个独立的个体，需要别人的尊重，也渴望别人能够聆听他们的心声。我不但平时留意学生的一举一动，而且深入到学生中去了解学生的家庭状况、性格、兴趣等情况，还努力探索如何才能得心应手地跟学生沟通，从而形成民主和谐而又有原则的师生关系，较好地驾驭了班级的管理工作。

其次，尝试采用开放式的管理模式。在选拔班干部时采用自荐和选举相结合的方式，迅速形成班集体的领导核心。而且，在日常的教学工作中，留心观察和培养一些积极分子，让他们参与班级管理的工作，使更多的学生学会组织和管理，这样，既有利于高效地完成班级管理工作，也有利于形成凝聚力强的班集体。

再次，坚持以德为本，有意识、有计划地通过与学生就守则、道德问题的谈话及典型事例的表扬和批评等，培养学生良好的品德和高尚的人格，使学生形成正确的是非观，形成班集体的正确舆论，进而培养优良的班风和学风。

最后，恰当地运用班级管理艺术，对学生尤其是后进生，以正面鼓励为主，挖掘学生的潜力，激发学生的自信心，拉近师生间的距离，致力于与学生建立民主平等的朋友式的师生关系，使学生对学校、对班级的热爱之情油然而生，增强了班集体的凝聚力，形成了以建设良好的班风为荣，以破坏班风为耻的观念。

其实，每个班都有各自的特点，以上所说的只是实施班主任工作的一部分内容。在这十年中，我觉得要当一个好的班主任不容易，也觉得当班主任是一项非常有挑战性的工作。

要当一个好的班主任，你必须软硬兼施，因为现在的学生都非常有个性，他们不会盲目地听你的指挥。你还必须让学生信服你、怕你、喜欢你，学生信服你，你就能“收买人心”，能够顺利地开展每一项工作；学生怕你，在一些事情上学生也会有所顾忌，更不会肆无忌惮地违反纪律；学生喜欢你，把你当朋友，你就可以对他们的情况了如指掌，为德育工作的开展做好铺垫。

培优转差是班主任工作中最具挑战性的一项。对于个别后进生，主要是以赏识教育为主，善于捕捉其身上的闪光点，并利用课余时间多倾谈，鼓励其确立正确的学习态度，积极面对困难和挫折，帮助他们树立自信心。对于优生，则教育其戒骄戒躁，努力向上，再接再厉，再创佳绩。可是，转差是持久战，只有永不放弃，才可以赢得回报。我现在还清晰地记得，有一个学生，他从初三到高三我都担任他的班主任，他是一个心地挺好、正直善良的男生，可是上学老是迟到，无心读书，自修时经常说话，小动作也很多，基本上一刻也停不下来，我做了很多的思想工作，可是过一段时间他又故态复萌，就这样反反复复，收效甚微。“给学生一点阳光，他就感觉到人生的灿烂，教师是学生的引路人，是蜡烛，是园丁，无论怎样艰辛都不可以放弃一个学生，因为老师首先放弃了，那么学生就如同掉进无底深渊，无法再看到阳光。”我一直以这样的信念坚持我的转差工作，所以，我也没有放弃这个学生。春去秋来，就这样到了高三，第一次模拟考之后，情况似乎有所改变。他那次模拟考试只考了三百多分，他哭了，作为男生的他第一次在我的面前掉眼泪，我安慰他，也听他说他从未说过的心里话。他说他一直都知道邵老师对自己尽心尽力，同学对自己也很好，虽然他很想努力改变他的现状，可是就是无法付诸行动，现在他后悔了，他会努力改的。于是，自此之后，他没日没夜地学习，付出比别人多很多倍的努力，而我继续以班主任的身份鼓励他。也许上天也被他感动了，他高考的总分达到了四百多分，其中政治的成绩最高，考了596分，我打心底为他感到高兴，更高兴的是他能创造这样的奇迹，一百多分的跨度，并不是每个人都可以做到的。而最让我感动地是他打电话跟我说的话，他说他非常感谢我没有放弃他，如果没有我，他可能不会有这样的人生了。一个平常不会说讨好人的话的男生这样跟我这样说，我真的很感动，真的，眼泪早已充满了眼眶！

二、教学生涯——舞动青春

教师，是一份神圣的职业，它能带给人希望，它能化腐朽为神奇，它能撼动人的灵魂。选择教师这份职业我无怨无悔，而选择当政治老师，则是我的兴趣所在，也是我梦想起飞之处，我的青春也挥洒在政治教学工作中了！

我从1994年开始担任初三级政治科教学工作以来，基本上一直担任四个教学班的教学工作兼班主任、科组长、备课组长；2003年起担任高中政治科的教学工作。教学上，我从来都不马虎。在上课之前，我会认认真真地制订计划，研究教学理论，认真备课，把政治课本看了又看，把要讲的内容练习了一遍又一遍，直到完全可以脱离课本上课，而且每节课都以最佳的精神状态站在教坛上，以和蔼、轻松、认真的形象面对学生。讲台上的我是在燃烧我对政治的热情，燃烧我对教育工作的激情，所以，我的声音总是充满激情的，我的话语总是流畅的，我的表达总是一针见血、准确无误的！也许，我还在燃烧我的生命，因为有时候，我感觉到自己的生命已经是学生的，是为教而活着。

此外，我不但认真钻研教材教法，而且积极拓展教学内容，使政治课教学与时俱进，具有时代特征，既反映瞬息万变的社会生活，又符合学生的年龄特征。教学过程中，我还想方设法提高学生学习的兴趣，激活学生的思维，使之爱学、乐学、会学。我积极参加科组活动和备课组活动，积极参加校内外的各种教研活动和继续教育的课程，认真学习，取长补短。2004 年初，我曾参加在广州七中举办的关于如何备战高考的经验交流会，使自己拓宽了视野，进一步明确了今后教学工作的方向。

当然，光做到以上几点是不够的，因为一个人的力量是有限的，一个人的想法也是有局限的。所以我还经常与科组老师探讨教学的疑难问题，经常听本校或外校老师的课，从中汲取丰富的教学营养。可是，照搬照抄是不会有所突破的，正所谓"人无我有，人有我优"，在教学备考上我逐渐形成了自己独特的一套方式方法：总结教学的经验教训，把时事热点与课文的基本观点和原理联系起来，将知识归类、总结、比较，编成各类专题，经常思考如何抓好中考、高考重点、难点并结合学生的实际情况进行教学。

所以，一直以来我所任的政治科中考教学成绩一直名列前茅。1995—1996 年度，每年的教学班政治科的中考成绩平均分都在 90 分以上。及格率 100%，优秀率 93% 以上。1997 年、1998 年、1999 年，我所在的邝维煜纪念中学政治科中考成绩连续三年获得花都市第一名。2000 年、2001 年、2003 年，政治科中考成绩均获花都区第一名，受到上级领导和学校领导的高度评价。2006 年的高考成绩同样不逊色，所任教的班级平均分为 589 分，在同类学校中名列前茅，最高分 811 分，有六个同学在 700 分以上。我第一次担任高三毕业班的工作就取得了点和面的双丰收，还初步扭转了我校高考政治的弱势局面，我感到由衷的高兴。

岁月流逝，青春不再，但我从不后悔，因为我觉得值得，我觉得幸福。即使年华老去，我的心却依然年轻，因为我为我的人生写下了绚丽多彩的一页，这是一件多么值得骄傲的事情，又怎么会后悔呢？

三、科研能力——提升自我

教学之余我还不断提高自身的科研能力，经常将日常教学中稍纵即逝的闪光点记录下来，每一节课都写好教学后记，对当天的教学工作进行认真的反思，总结经验，寻找最佳的教学模式；认真学习和掌握现代化的教学手段，将信息技术和学科课程有机结合。这些做法，不但提高了课堂教学的质量，还为自己撰写论文、提高科研水平积累了丰富的素材。

对政治的敏感，对政治的关注，都促使我不断地更新自身拥有的知识，不断地学习，利用一切可以利用的时间看书、上网，让自己与时俱进。

除此之外，我还开设讲座，培养新教师。2000学年和2001学年，我多次面向全区全体初三级政治教师开展了“指导书的使用说明”“初二第十六课教材内容分析”“如何备战中考”等专题讲座。2002年11月，我举办了面向全区的政治活动课的公开课，并发表“关于新编初三政治活动课模式初探”讲话，获得了一致的好评。2003年9月，我开展了关于高中研究性学习的课件讲座，并邀请曾获奖的同学做经验介绍，通过电邮、亲自培同采访等多种途径指导同学们开展研究性学习，使学生对研究性学习由知之不多，学习掌握，到主动探究，取得了较大的收效。2003年，我聘请专业人士先后开设了“股票知识”及“银行知识”选修课，拓宽了学生的视野，增强了学生的动手能力。在培养青年教师方面，学校一直采用以老带新的教学管理方式，实施“蓝青工程”。我先后参与指导培养梁永波、朱慧贤、曾婉珊、张婉兰等青年教师，经常让这些年轻的教师听自己的课，共同探讨教学疑难问题，使这些新教师尽快地适应初三毕业班的教学工作。现在这些青年教师已成为政治科的教学骨干。

四、成功启示——爱、责任、勤与巧

没有爱便没有教育。爱学生是成为优秀教师的基本条件。只要有心，只要有爱，教育的一切困难都可迎刃而解。我爱教育，我爱我的学生，所以我从选择这份职业起就在教学、管理及科研各方面倾注了自己的满腔热忱，把我所有的时间都留给了学生。

强烈的责任心是成为优秀教师的重要条件。因为我清楚明白地知道学生的命运前途系在我的手中，所以无论做任何事，我都不敢有任何的懈怠，也不会轻易地放弃任何一个学生。教师的责任其实跟医生是一样的，只不过性质不同罢了。

勤干加巧干，加快了成为优秀教师的步伐。勤奋，是做任何事都必不可少的，对于教师来说，更是如此，因为身为班主任也好，作为普通教师也罢，你每天的工作都是围绕着学生进行的。为学生呕心沥血、甘为人梯，是每一名教师的责任和义务。当然，如果一味地埋头苦干，那也不能有所突破，因为教师这份职业在新课改的推动下已经有了新的要求，只有巧干才能使你获得与别人不一样的成功。

成绩只是对过去工作的肯定，它不代表现在，更不代表将来，在今后的工作中，我将继续努力。正如伟大诗人屈原所说的：“路漫漫其修远兮，吾将上下而求索。”每个人都有不同的人生，而我知道我的人生并不能说璀璨夺目，因为路还很长，也许前方有许多的荆棘在等着我，我只是希望我剩余的人生也在教育战线上度过，为教育再作贡献。我会继续努力，力求做到更好。

以教学为本　体会自我实现的快乐

——记广州市86中学林洁敏老师

林洁敏，从教二十多年，一直在广州市86中学任英语科教师。2002年，林老师获广州市中学英语优秀科组长称号，同年获“亚太地区英语竞赛”优秀辅导员奖（指导学生两人获二等奖，此竞赛是由中国教育学会外语教学专业委员会与澳大利亚新南威尔士大学教育测试中心联合举办的国际中学生英语能力测试）、广州市高考英语贡献奖等。近年来，林老师独立完成论文数篇，其中《英语教学与跨文化交际》于2003年9月获广州市中小学“学英语报杯”论文大赛三等奖。林老师对教师工作的最深刻体悟是：“教师工作充分体现了本人自我存在的价值，教书育人给了我一份特别的满足感。”

生活中，总有一种感动会令人泪流满面，总有一种精神会使人心灵震撼。在我们身边有许许多多的老师在教育这块园地上默默地耕耘，辛勤地劳作。他们用心血和汗水诠释着对教育事业的无限热爱，无愧“人类灵魂工程师”这一光荣称号。其中，林老师在南粤的教育园地上默默地为她的教育事业播种出一朵朵未来灿烂的鲜花。在这耕种过程中，埋藏着林老师的一些辛酸，也蕴涵着林老师的许多欣慰。让我们追随着她的足迹回首她的过去吧！

一、职业成长历程

（一）职业选择

林洁敏老师于1981年考入广州师范学院外语系，就读英语专业。1985年7月毕业之际，正值广州经济技术开发区组建，许多单位急需外语人才，出国的热潮也围绕在林老师身边。如果愿意的话，完全可以脱离教育战线。当时，林老师考虑了自己的特长、优势和自身的发展空间后，决定到86中学任教，成为86中学首位英语科班出身的教师。林老师有一种不变的信念：“我要用我的专长为学生服务，让英语成为他们终生受用的工具；让在黄埔就读的更多的学生能圆大学梦。”她带着为改变黄埔区教育落后面貌而奋斗这个梦想，努力工作了二十多年。令人感到欣慰的是经过将近二十年来新老教育工作者的努力，86中学已成为除华附、省实、执信中学之外的首选学校。“教师工作充分体现了本人自我存在的价值，教书育人给了我一份特别的满足感。”

（二）职业磨难

林老师的职业发展进程并不是一帆风顺的，尤其在她的专业技术职称评定中。她叙述道："在我够条件评一级职称时，全国职称评定停了三年；具备申报高级职称资格时，全国职称评定却又处于停顿状态，之后又规定第二外语要参加全国职称考试，结果不得不重拾丢了16年的法语。"这种种打击不但没有击垮林老师，反而激发了林老师的毅力。在教育的岗位上，她不断地深入思考，如何能够把现代的理念融合到英语的学习中。为了跟上外语教与学的发展趋势，从一个全新的角度看中学英语教与学，她利用寒暑假、双休日不断地进修，完成华南师范大学"英语语言文学"研究生课程（共12门课程），并获结业证。二十多年来，林老师凭着对教育事业的爱与执著，坚守着这片阵地，承受了不同的磨难，迎接了一个又一个的挑战。

（三）职业挑战

林老师在她的教育历程中不断地挑战自我。1989年，林老师所教的理科英语高考平均分首次超省和市的平均分数线。她回忆时说道："当时的成功主要取决于对学生的全面了解，分析学生自身的优缺点，进行对症下药，因材施教。"1993年，林老师对她所教班级首次进行全英教学，成为黄埔区用全英教学的第一人。对她而言，进行全英教学的最大困难是学生的接受程度参差不齐。在进行全英教学后的一两周，家长们纷纷来到学校反映：学生在课堂上听不懂老师在说什么。对此，林老师对家长进行悉心的解释，家长们了解林老师的用意后，都非常支持林老师运用全英教学的方法。渐渐地，学生适应了老师的教学，听力水平也慢慢提高了。1998年，林老师自学了信息技术并运用于教学，成为黄埔区运用信息技术进行教学的第一人。"黄埔区报考英语（2）的考生没有优势，不主张开设英语（2）课程。"看着学生渴望学习的眼睛，她主动承担英语（2）的教学，研究学生，研究考试，选用教材，运用策略。2005年她教的班级高考英语（2）平均分为628.43分，超B组平均分（523.58分）和A组平均分（596.14分），仅次于第一名的华师附中（631.68分）。为满足学生口语训练的需要，她自学电影的剪接技术，编写了人机对话的训练材料。为新一轮课程改革，她编写了英语多媒体选修课程《看电影　学英语》。

二、教育教学特色

（一）激发兴趣，关爱学生

爱因斯坦说过："兴趣是最好的老师。"孔子曰："知之者不如好之者，好之者不如乐知者。"可见兴趣在英语学习中的重要性。兴趣是学生学习的动力，是发展能力的契机。只有那些对学习产生浓厚兴趣，把学习看成自己的愿望和需要的人，才能把自己的整个认知活动积极调动起来，从而产生和保持高涨的学习情绪和克服困难的意志力。在课堂教学中积极创设情景，合理使用多媒体进行教学，充分利用网络资源，注意文化差异对比，把课堂教学延伸到课外等都可以激发学生的学习兴趣。

林老师本着一颗爱之心对待每一位学生，她经常鼓励学生说："你做不成高山上的参天大树，你可以做溪边的小草，生命一样郁郁葱葱。"老师付出的爱是有回报的，每次教师节前林洁敏老师都会收到不少的贺卡，其中有一封写着："您温暖的目光，给予了我们无尽的信心和勇气，我们永远惦记最疼爱我们的您。将来无论是参天大树还是低矮的灌木，我们都将以生命的翠绿为您祝福，因为您带来的勇气，我们将不懈地勇敢地走下去……"林老师有着一个体验：学习成绩好的学生需要锦上添花，学习能力弱的学生更需要老师的关爱，没有关爱就没有教育。

（二）运用信息技术辅助教学

现代化的战争不能靠小米加步枪；现代化的教学也不能仅仅依靠黑板和粉笔。从1998年开始，在何美中老师的带领下，林老师开始自学用Powerpoint、Authorware和Frontpage等平台根据课文内容制作课件，并完成一批演示型的课件及学生自主学习的反馈型课件，这当中有图片、动画、影视及影音素材。林老师说："收集课件是没有用的，课程在不断地改革，课件无法适应改革的步伐，只有积累知识，通过整合，制作的课件才可以跟上改革的潮流。"通过制作课件，林老师清楚了常见的几种媒体在教学运用上的利弊。她认为多媒体要合理使用，才能有效地刺激学生的各种感官，激发学生的学习兴趣。

三、教育教学业绩

任教二十多年，林老师教过1届初中毕业班，9届高中毕业班。成绩如下：

1998年，林老师任教文科班，高考文史类和外语类的平均分都超过了广州市B组平均分数线（学校属C组），是2004年以前（含2004年）高考唯一能超B组平均分的一届。

2002届，林老师任备课组长，学校高三年级英语高考平均分为594分，是学校有史以来最高的平均分，超C组二十多分。任教政治班，英语高考平均分为613分，是2004年为止以班为统计单位最高的英语成绩。

2003届，林老师知难而上，勇挑重担，再担任高三毕业班英语教学。当年学校的上线率创历史新高。所任教的两个班的英语成绩在各高考科目中是最高的。

2005届，高三化学班高考平均分为600.69分，超B组平均分（558.5分），生物班平均分为558.43分，平B组线，压本科A线。英语（2）平均分为628.43分，超B组平均分（523.58分）和A组平均分（596.14分），仅次于第一名的华师附中（631.68分）。

1997—2002年，林老师担任英语科组长期间，86中学无论是中考还是高考，成绩一直保持稳步上升的趋势，英语学科由学校的弱势科目发展成强势科目。她还配合广州市教研室工作，开展第一、二阶段优化课堂教学的研究。全科组教师同心协力，取得了一批教学成果，为推广广州市初中实验教材付出了相当多的努力。

2000 年，学校英语科组被评为广州市优秀英语科组。

2002 年 6 月，林老师获广州市中学英语优秀科组长称号。

2002 年 6 月，林老师获广州市高考英语贡献奖。

2002 年 6 月，林老师获“亚太地区英语竞赛”优秀辅导员奖（指导学生两人获二等奖）。此竞赛是由中国教育学会外语教学专业委员会与澳大利亚新南威尔士大学教育测试中心联合举办的国际中学生英语能力测试。

近年来，独立完成论文数篇：《高中英语阅读教学模式探讨》《英语教学与跨文化交际》《中学英语教学与创新能力培养》《多媒体在阅读教学中的运用》。其中《英语教学与跨文化交际》于 2003 年 9 月获广州市中小学“学英语报杯”论文大赛三等奖。

2004 学年度用电脑完成下列软件的编辑：英语（2）人机对话训练试题 15 套；《看电影　学英语》4 套；高中英语语法电子习题。收录或编辑的英语歌曲和影音文件已经与科组不少老师共享。

四、教育教学感悟

（一）与时俱进，更新教学方法，改变教学观念

二十年来，中国的外语教学经历了翻天覆地的变化，林老师的教学方法也随之作出重大的改变。入门时，跟师傅学，使用传统的翻译法，先读一段英文，后翻译成中文，解释句型和语法，天天如此，两星期才学完一篇课文，结果学生不但上课时昏昏入睡，而且根本开不了口说英语。为改变这种状况，林老师尝试用听说法和情景法教学，使用以结构主义和行为主义为依据编写的语法教材。在学习词汇、句型时先创设情景，采取“刺激—反应—强化—联系”模式反复训练；然后做书面练习，巩固结构。一段时间的教学后，林老师发现学生还是不能把通过听说法和情景教学法所获得的技能运用到实际交际中。1999 年，她开始使用人教版 Senior English For China 高三课本。这套课本以“话题 + 结构 + 功能意念”模式编写，要求教师在课堂上使用“presentation, practice and production”模式进行教学，林老师运用克拉申的输入假设“i + 1”，增大学生听和读的输入量，希望学生能习得语言。但后来发现输入不等于输出，你教过了不等于学生学到了。由此看出，任何一种教学法都不是万能的，教师应该根据不同的情况使用不同的教学法。语言不是教会的，学生要亲身体验语言才能习得语言。要培养学生的综合语言能力：语言知识、语言技能、学习策略、情感态度以及文化意识，而不是高考考什么就教什么。

教材不是唯一的学习媒介。随着科学技术的发展，学生接受知识的渠道越来越广泛。课本是学习的依据，但不是唯一资源；互联网、报纸、影像等各种方式

都能为英语的学习提供广阔的平台，因此英语学习也应该由课内延伸到课外。作为教师，就应该更新自己的观念，不要一本“经书”教到老，如果学生喜欢通过看英文电影学英语，教师为什么不可以采取这种教学形式？通过引导，让学生从各种形式中获取英语知识，在愉快中学习，不是更好吗？

（二）树立终身学习的理念

教师职业是一个树人的过程，一棵树能否茁壮成长，就要看教师是否给予了充分的养分及养料。因此，教师不能故步自封、思想落后，要终身学习，把更新的知识提供给学生。林老师一直认为：“我要教给学生的是学习的方法，而不是学习的内容，这才能为学生未来的学习提供有效的手段。”因此，林老师到现在还不断地学习，她说要把教育和学习当做自己终身的职业。

（三）建立客观评价学生的新体系

目前学校教育评价基本上还是仅凭某种标准测试的分数或几门书面考试的成绩来衡量，整个高三的教育更是应试教育，相当多的学生在无休止的大小考试测验中屡屡遭受挫败。霍华德·加德纳教授在他1983年出版的著作《智力的结构》一书中认为，智力是“在一定的社会文化背景下，个体用以解决自己面临的真正难题和生产及创造出社会所需的有效产品的能力”。就智力的结构来说，智力不是某一种能力或围绕某一种能力的几种能力的整合，而是相对独立、相互平等的七种智力，即言语——语言智力、音乐——节奏智力、逻辑——数理智力、视觉——空间智力、身体——动觉智力、自知——自省智力和交往——交流智力。林洁敏老师一直在思考，对学生的评价能否从这七个方面进行？她还在她的教育事业中不断探索……

（执笔：何超华）

工作压力是我成长的动力

广州市铁一中学　赵连华

赵连华，广州市铁一中学数学教师，教龄三十年。赵老师先后担任了学校教研中心成员、广铁教育办兼职教研员、东山区初中数学中心组副组长、第九届至第十一届广州市数学教研会理事及广州市初中数学中心组成员等，曾获得多种荣誉称号，如1999年被评为羊城铁路总公司优秀教师，2000年被评为广铁集团“三八红旗手”，2002年度获得羊城铁路总公司“优秀共产党员”称号，2003年度被评为广铁集团先进工作者，2004年度被评为广铁集团优秀班主任，2005年获得“优秀共产党员”等光荣称号。在多年的教育生涯中，赵老师曾培养出不少优秀学生，近年辅导学生参加各类数学竞赛，也均获得好成绩：1998年全国“初中数学竞赛”中，四人获三等奖；1999年第十届“希望杯”全国数学竞赛中，两人获得三等奖；2000年全国“初中数学竞赛”中，两人获二等奖，两人获得三等奖；2004年全国“华罗庚杯”数学竞赛中，五人获二等奖，四人获三等奖；2005年全国“初中数学竞赛”中，一人获一等奖，四人获二等奖，三人获三等奖。另外，赵老师还积极参加各种教育科研活动，并取得突出成绩。

一、起步从学习开始，力量在学习中凝聚

我于1976年参加工作，在广州铁路第二中学任教数学。教学的第一年就担任初三毕业班的数学教学工作，面对只比我小三岁的顽皮学生，面对教学上的重重困难，我没有胆怯，因为我知道，工作的压力是我成长的动力。我常常备课到深夜。为提高教学能力，我做了几十本的练习。由于我肯学好问，刻苦钻研，教师的潜质逐渐显现出来，受到了老教师的好评，也得到了领导的认可。

1977年，学校将初二年级一个纪律较差的班交给我，这对于一个二十岁的青年教师来说，是一个富有挑战性的工作，同时也是一个施展能力的空间和平台。我凭着对教育事业满腔的热情和对学生的一颗爱心全身心地投入到班主任的工作中，大胆而细致地展开了班级纪律作风的整顿，由于善于调动学生的积极性，班级很快形成了凝聚力，原来顽皮的学生也在良好班风的带动下逐渐转变。该班在1979年初三毕业时，各方面已成为年级的表率，成为学校的优秀班级。勇挑重担的工作体验也为我日后的教育教学工作奠定了良好的基础。

1979—1982年，我担任高一至高三的数学教学和班主任工作，强烈的进取

心和勤奋好学的精神使我战胜了许许多多的困难，我的教学工作受到了学生的欢迎，激发了学生的学习积极性，班级的学风好。在1982年的高考中，该班有两名学生考上了大学。这在当时的普通学校的普通班级里是非常难得的。

送走了该届毕业生之后，我于1982年参加了广州教育学院脱产进修考试，以该级考生第四名的成绩取得了学习资格。1984年毕业后，我回到广州铁路第二中学任高中数学的教学工作。我把在学校学到的教育理论用于教学实践，使自己的工作水平有了长足的发展，深受学生的欢迎。1985年，我加入中国共产党，这时，朴素的工作热情逐渐成长为对事业的追求，思想得到了升华，政治上进一步成熟，业务上成为教学的骨干。1989年，我参加广铁分局教育办举办的青年教师评优课活动，获得中学甲组一等奖。1990年，我担任数学科教研组长，并受聘担任广州铁路教育办兼职数学教研员。在这期间，除了完成常规的教学工作以外，我还要抽时间深入广北、韶关、乐昌、英德等地区学校做教学指导工作。认真的工作态度和顽强的拼搏精神，为我赢得了当地学校的好评，因此，我被评为优秀兼职教研员。我还多次代表学校参加铁路系统的公开课比赛，并取得优异成绩。1990年，我代表广州铁路分局管辖的十多所中学参加广州、湖南两地铁路中学的评优课比赛，获得一等奖；论文《依据大纲，根据教材，实施素质教育》获得广铁教育办一等奖。

1995年，我调入广州铁路第一中学，任教初三数学并担任初中数学教研组组长。在工作中，我带领科组全体教师崇尚学术，积极钻研教材，研讨教学教法，科组形成了良好的钻研业务的氛围，组内人人讲团结、讲正气、讲奉献，出色地完成了教学工作。在广州市初中毕业统考中，我校的数学成绩在同类学校中名列前茅，并超A类学校的平均分。初中数学教研组也连年被评为先进科组。我服从学校的工作调配，多次在学校工作人员安排出现困难时，把学校的利益放在第一位，勇挑重任。长期以来，我的工作担子一直较重，一度担任数学科组长、班主任和两个班的数学教学等工作，凭着高度的责任心和拼搏精神，出色地完成了各项任务。从2000年至2004年，我分别与四位青年教师建立了师徒合作关系，在双方的努力下，这些教师的业务水平有了很大的提高，其中三位已成为学校的骨干教师。

从1995年到2000年，我连续五年担任初三毕业班的数学教学工作。不论接哪一个班，不论该班的基础如何，我都能激发学生的学习热情，调动学生的非智力因素，使所任班级的学生热爱数学，在较短的时间里，使所教班级的数学成绩有大幅度的提高。

1997年，我接任初三（6）班的数学教学工作，当时该班的数学成绩不仅排在年级最后，并且与年级的平均分相差十多分。经过一年的教学，该班在广州市升学考试中取得了好成绩，大大超过了同类学校的平均分，不仅跟上了年级的行列，而且还超过了两个平行班。1999年9月，我接任初二（6）班的数学教学工作，仅仅两个多月的时间，该班学生由不爱学数学变得特别喜欢上数学课，数学成绩也有了很大的提高，期中考试由原来八个班的最后一名追赶到第四名。正在这时，由于工作需要，学校调整我接任初三重点班的教学工作，我毫无怨言，在学期之中接任了毕业班的教学工作。严谨的教学态度得到了学生的好评，不久我就建立起了自己的威信，学生的学习积极性和学习成绩进一步提高，该班在初三毕业会考中，虽然有二十位最优秀的学生免于考试直升高中，余下学生的数学成绩仍然取得了平均分 132 分的优秀成绩。我的教学工作着力在激发学生的学习积极性、培养学生的进取精神方面下工夫，虽然作业量不大，但是学生的学习效果较好。对后进生的热情帮助，使这些学生从受感动到崇敬老师，再到热爱学习数学，一步步走向成功。就在这期间，家里的两位老人病重住进了医院，需要亲人二十四小时陪护。为了不影响工作，我与姊妹商量选择晚上陪护老人。就这样，白天在学校上课，晚上赶往医院，一个多月的时间下来，人瘦了许多，但是从没有耽误一节课。我凭着顽强的毅力，完成了各项工作。

二、以德为先，通过自身的人格力量影响学生

我热爱人民的教育事业，有强烈的事业心、奉献精神和拼搏精神。我自觉不断地提升个人的师德修养，以教师应有的人格魅力来影响学生，与学生建立了良好的师生关系，这为我当好班主任奠定了良好的基础。2002 年开始，我担任数学特色班的班主任、该班和体育特色班的数学教学工作，同时还兼任数学科组副组长。在班级管理中，我注意以学生为本开展德育工作，建立了和谐的管理模式和良好的师生关系，所任教班级的班风正，凝聚力强，每学期都被评为文明班级。我重视学生德育工作的计划性和科学性，每接一个班，都为该班制定一个德育目标，并围绕这个目标开展一系列教育实施活动，使思想工作的针对性强、实效性大。在数学班开展德育工作时，我以爱心教育为主线，开展了一系列的实施活动：诚信教育讲座、学生编排文艺节目、完成研讨课题——“上善若水，厚德载物”、参加老人院的公益劳动等。一系列的教育活动培养了学生良好的思想品质和积极向上的精神风貌，班级学生被老师们誉为“阳光青年”。同时，培养了一批优秀的学生干部，数学班的李文聪同学被评为广州市“三好”学生；何雍蓉同学被评为广州市优秀学生团干。后进生也在集体良好风气的感染下转化了。小张同学在初一入学时，思想作风和纪律作风都表现较差，其父母时常因对他的教育意见不一致而闹意见。为了转化他，我专门制订了教育计划，为了培养他的责任感，安排他为班级文艺节目编写剧本，并担任导演；为了调动他的学习积极性，发挥他的特长，选他做生物科代表；为了让他家长不再打他，使家校的教育方法更加一致，我及时进行家访，动之以情晓之以理，给他营造了一个良好的成长环境，促使他转化。在初三毕业时，小张有了很大的进步，在广州市升学考试中，取得了七百多分的好成绩。由于能做到既对学生严格要求，又尊重学生的个性发展，引导学生树立正确的人生观，使该班取得了优异成绩。该班在 2005 年

升学考试中，取得了总平均分684.15分和数学单科平均分138.1分的优异成绩。

三、广泛参与教育科研活动，促进教育新理念的实现

我不断学习现代教育理论、信息技术和媒体教学技术，注意更新教学手段，教学能力不断提高，还参加了学校的多媒体公开课评比（一等奖），广泛开展了一些教育科研活动。1990年起，我开始加入一些学术团体活动，先后担任了学校教研中心成员、广铁教育办兼职教研员、东山区初中数学中心组副组长、第九届至第十一届广州市数学教研会理事及广州市初中数学中心组成员等。参加这些学术组织期间，我还积极组织铁路系统学校的教研活动，并深入广北、韶关、乐昌、英德等地区学校做教学指导工作。

在广州市数学教研会担任理事和初中数学中心组成员的八年时间里，我多次在市级或区级的教研活动中作专题发言，课题有：圆的复习建议、初二期末复习策略、教学设计与教学实施、发展性教学评价课题交流、初三总复习建议等，受到广州市教研室来函表扬。我还曾参与讨论广州市教研室编写的《广州市初中升学考指导书》的修改方案；两次参与编写由广州市教研室组织、广东教育出版社出版的《数学标准化题型同步测评》；八次参与编写由广州市教研室组织、广东教育出版社出版的《广州市中考数学试题分析与测评》，为广州市初中数学教学工作作出了自己的贡献。

2004年开始，广州市教研室实施对偏远学校帮扶教学的活动计划，作为广州市的骨干教师和初中中心组成员，我先后负责黄埔开发区、番禺区、白云区的教学帮扶工作。我常常上午在本校上完课，交代好本班的工作，中午吃几口面包，就乘车赶往教学薄弱的试点学校，参与该校教师的集体备课，帮助教师修改教案，并协助召开区课改现场会，对观摩课进行点评。另外，我还担任了广州市教育科学“十五”规划中的“发展性教学评价研究”子课题的副组长，组织了三次课题组的课题研讨会。2005年4月，在广州市课题交流会上，我的论文《数学教学实施发展性评价的策略和操作》在大会上宣读，受到与会者和教研室人员的好评。

自广州市实施新的课程标准以来，我积极钻研新课标理论，分别参加了广州市、广铁教育办、铁道部基础教育司组织的新课标培训班，更新了教育理念，提高了教学水平。我运用发展性教学评价的手段，以人本思想为指导，提倡个性化教学，根据学生不同的特点，实施不同的教学策略，以满足不同层次的学习需求，促使每个学生最大可能地实现其自身价值，使所有的学生都得到发展，达到了良好的教育效果。同时，我还根据教学内容，注意从学生的生活经验和已有的知识积累出发，为他们提供学习数学的平台和机会，在活动中激发学生的学习潜能，展示学生的个性特长，让学生获得成功的满足和喜悦，使学生的心智得到发展，为推动广州市新课标的实施作出了自己的努力。

严于律己　勤于学习　善于思考　勇于创新

——我的成长经历

广州从化市第六中学　黄铭新

黄铭新，广州从化市第六中学地理科教师，中学高级教师，在教坛耕耘十五年。1994年和1998年，黄老师被评为从化市优秀教师；1999年，被评为广州市优秀教师；2004年9月，被评为广东省南粤优秀教师；2001年9月—2005年9月，被评为从化市第二、第三届地理学科带头人。多年来，黄老师一直坚持地理教育教学研究，《重视提高地理能力》等三篇论文发表在《广州青年报》上，《对中学地理教学实施素质教育的几点认识》被选入《广州市素质教育研讨会论文集》，《高三地理复习课课型探讨》获广州市地理科三等奖，《高中人文“导学——讨论”教学模式的构建》获广州市第二阶段教学设计与实施活动优秀成果三等奖，与人合作的《中学地理教师自我实践反思与评价的研究》获广州市第三阶段教学设计与实施活动优秀成果地理学科一等奖。

回顾我十五年来的教育教学经历，我觉得我是在“学习—思考—创新”中成长的，在教育教学中经历了三次观念的转变：关注老师“教”的阶段、关注学生“学”的阶段、关注学生生命发展的阶段。现将我的成长之路简述如下，与同行们共勉：

一、在困难、挫折面前严于律己、敬业乐业、忘我工作

我毕业后被分配到一所离家三十多公里的镇级中学任教，是当年师范本科毕业生中唯一一个被分配到乡镇中学任教的教师，虽然工作分配不理想，但我还是希望以自己强烈的事业心和责任感、精良的业务知识和能力感染学生，干出成绩。因此我在7月初报到后，即利用7、8月暑假期间，全身心地投入到教育教学的各项准备工作中去：积极地钻研教材、认真备课，学习有关班级管理的知识等。开学后，我在预备周和第一周，每天都工作到深夜。正当我踌躇满志，准备干出一番事业时，我病倒了，并且病得不轻，我不得不到县城医院住院治疗，一住就是3个多月。即使受到这么大的打击，我也没有怨天尤人，没有自暴自弃，没有消沉，在病情好转之后，我就利用住院机会，加强学习，为出院后的教育教学工作做准备。后来，我读高三时的班主任知道了我的情况，在他的关心和帮助

下，我病好后于第二学期被调回县城从化三中任教。由于在从化三中取得了比较好的教育教学成绩，1993 年 7 月，我被调到从化中学任教。1997 年 7 月，由于工作的需要，我被调到现在的单位从化六中任教。无论在哪一个单位、哪一个岗位，无论受到什么样的挫折，我都时时以师德规范严格要求自己，把自己的主要精力、心血倾注到教育事业中去，以平等、公正、真诚的态度对待学生，努力营造平等、民主、和谐的师生关系，在教育教学上取得了优异的成绩，深受学生的好评，得到了学校的肯定，获得了党、政府和人民给予的不少荣誉。

我任教的是地理学科，而地理学科不列入初中中考科目。高考也曾经中断地理考试近十年，因此地理学科一向被认为是副科，在很大程度上不受大多数学生、家长、领导的重视，在不少学校中成了可有可无的科目。面对这种现实，我没有像一些地理教师那样转教其他学科，希望在另一学科上得到发展，或像不少地理老师那样心灰意冷，随波逐流，得过且过，做一天和尚撞一天钟。我始终认为地理作为中学基础学科之一，是中学传授地理基础知识的唯一学科，是对中学生进行人口、资源、环境和可持续发展教育的主渠道，是对中学生进行国情国策教育和爱国主义教育的主要阵地。因此地理学科在育人功能、社会功能方面发挥着巨大的作用。基于我对地理学科作用与功能的认识，更基于我良好的职业道德、敬业乐业的精神，我始终热爱、珍惜并坚持献身地理教育，这是我的基本教学思想。因此我始终以云南省地理特级教师王新诚老师写的几句话作为我献身地理教育事业的座右铭："我是一名教师，我更是一名地理教师；我眷恋珍惜我的教师生活，我更眷恋珍惜我的地理教学生活。""领导不重视，我自己重视；学生不喜欢，我自己热爱，并通过自己的教学，使学生喜欢地理课，使学生爱上地理课。"也正因为如此，我才能在教育教学中取得优异的成绩，获得不少的荣誉。

二、勤于学习，积极开展教育教学研究，努力完善自身的知识结构和能力结构

我参加工作后，虽然工作相当努力，但由于经验不足，缺乏理论知识的指导，工作往往事倍功半，因此我认识到必须重新进行学习，学习成功教师的教学经验、教学思想、教学方法，学习先进的教育教学理论等。在我参加工作的第一年，我有幸得到两本教育教学理论的书籍，它们是中国教育学会地理教学研究会主编的《地理教学研究》第三辑和第四辑，该书论文作者都是地理界的精英，书中有地理教学一般理论的论介，有地理课程、教材的论介，有地理教学方法、教学改革的探讨，有第二课堂教学的讨论和经验等，是我至今所见到的最好的地理教育教学理论书籍之一，对我的地理教学、专业发展影响深刻，使我认识到学习教育教学理论的重要性。从此，我开始自费大量购买有关教育教学理论的书籍，订阅教育教学杂志、报纸，热衷从书籍、报纸、杂志中学习教育教学理论，学习教育教学方法，并将所学的理论知识和方法运用到课堂教学中去，在运用中

进行反思、思考并改进、创新，努力完善自身的知识结构和能力结构，不断提高自己的教育教学水平。我学习的主要方式、内容有：①利用报刊、互联网学习先进的教育教学经验、方法，学习教育教学理论。我参加工作至今，每年都自费订阅《地理教育》《地理教学》《中学地理教学参考》等全国性的权威地理教育教学杂志，经常阅读《中国教育报》《人民教育》等报纸杂志，利用网络获取有关教育教学的知识信息，而且把有用的信息在自己的电脑中分类存盘，以备日后之用。②学习教育教学理论书籍、名著。我参加工作至今，已购买了五十多本有关教育教学的理论书籍，并养成坚持每天阅读理论书籍的习惯。一些对教学帮助大的理论书籍，经常是一口气读完，并时常重读。理论书籍既有本学科的和一般性的理论书籍，也有其他学科的理论书籍。③通过听课、网上学习的方式学习优秀教师的经验。

课堂教学与教研是密切相关的，教育教学研究能提高教师的精神气质、增强教师的业务水平。因此，从教以来，我十分重视在教学过程中开展力所能及的教学研究，希望能使自己从勤奋型教师向学术型教师转变。在教学上，我积极开展教学改革，在“兴趣、知识、能力、方法”四方面加强研究，从教研上要质量。历年来研究的主要内容有：①如何提高学生学习地理的兴趣；②如何指导高一、高三学生掌握地理会考和地理高考的复习方法；③高中人文地理教学模式的探讨和实施；④高三地理复习课课型探讨；⑤中学生地理观察方法的掌握与运用的诊断与评价等。我将研究成果写成论文、经验总结，以指导教学。我所写的《充分准备、科学安排、迎接地理会考》《重视提高地理能力》《地理高考复习的思路和方法》三篇论文发表在《广州青年报》上，《对中学地理教学实施素质教育的几点认识》于1999年5月在广州市素质教育研讨会上进行交流，并被选入《广州市素质教育研讨会论文集》，2002年所写的《高三地理复习课课型探讨》获广州市地理科三等奖，《高中人文“导学——讨论”教学模式的构建》获广州市第二阶段教学设计与实施活动优秀成果三等奖，与人合作的《中学地理教师自我实践反思与评价的研究》获广州市第三阶段教学设计与实施活动优秀成果地理学科一等奖。

三、在平时的学习和教学实践中，善于思考、勇于创新，形成自己的教学风格特色

不少教师说：没有经历高三毕业班的教学，对专业知识的理解是不透彻的，在专业发展上是不成熟的。这话虽然有点偏颇、片面，却说明高三教育教学工作对老师成长的重要作用。我比很多老师幸运，刚毕业就连续四年担任高三地理的教学，从教十五年来，在高考要考地理科目的十一年中，我有九年担任高三地理教学工作。这九年的高三地理教育教学工作，使我的专业知识、专业技能和教育教学观念得到发展和更新，对我的专业成长影响很大。在教育教学工作中，我经历了三次观念的转变：

（一）关注自己“教”的阶段

1. 关注学生知识构建的阶段

1990 年 7 月大学毕业后的第二学期，我被调到一所职业高中。在学校领导的信任下，我从参加工作的第一年开始，就担任高三毕业班的地理教学工作。由于自己教学经验缺乏、专业知识不足、专业技能不高、对初高中地理教材不熟悉，因此，在自我学习上，我主要是钻研初高中地理教材，理解教材的每个知识点，对地理知识进行简单的归纳；在教学设计和具体教学上主要是关注学生对知识的掌握情况，教学的全部功能在于对知识的继承和积累。上课时主要是对学生进行知识灌输，将课本知识原汁原味地教给学生，帮助学生理解地理知识与地理现象间的关系，但缺乏相关知识间的联系，很少考虑到学生对知识深层次的理解；利用题海战术训练学生、提高学生的解题能力，应试教育特征很明显。

2. 关注学生能力构建的阶段

经过三年的高三教学，虽然有个别学生地理高考成绩不错，但学生的整体成绩并不算突出。从教第四年，我被调到从化中学任教高三地理。在重点中学任教高三，如果采用知识灌输、知识条目的罗列、重复课本结论的课堂教学方式是很难过关的。因此，在自我学习上，我加强了教育教学理论的学习，加强了教学方法的研究，在教学中，既重视知识的传授，更重视在传授知识的同时，培养学生的地理能力，使学生掌握学习地理的方法。例如，我十分重视通过传授基础知识，使学生掌握地理的两类结构知识：一是知识结构，一是方法结构。知识结构主要是掌握地理各要素的知识结构以及各要素之间的相互联系，如地理位置的知识结构、地形的知识结构以及它们之间的相互联系等。学生掌握了这些结构，就掌握了科学的分析思路和解题思路，解题时，就能全面地分析问题，减少失分。方法结构是学习地理知识的方法、程序，如学习地理位置的方法、程序，学习地理分布规律的方法、程序等。学生掌握了这两类地理结构知识，学生自主地学习地理知识才能真正实现，学习区域地理知识时，就不需要老师对大洲、国家、地区逐一讲解，而只需要以某一大洲、国家作为案例，通过前面所述的两类结构知识的教学，教会学生学习区域地理的方法。再如，在传授基础知识的过程中，要提高学生的地理能力，特别是以下几项能力：一是地理思维能力，学生要进行地理思维，必须有思维的线索，使学生熟练掌握各地理要素的知识结构，这是提高地理思维能力的重要方法之一；二是从地理材料（包括文字、图表等）中提取、分析有用信息的能力；三是用地理概念、术语科学规范地表述地理问题的能力；四是地理计算能力。由于在教学中，既注重基础知识的落实，又重视培养学生的能力，使学生掌握学习的方法，因此在 1994 年的高考中取得很好的成绩，文史类平均分为 566 分，外语类平均分为 603 分。1996—1997 年地理会考合格率都为 100%，优秀率都超过同类学校的平均水平。

（二）关注学生“学”的阶段

在关注学生能力构建的阶段中，学生能力的构建主要是通过教师的“教”进行的，学习能力强、接受能力强的学生容易接受、理解，学习成绩也提高得比较快，但对提高中下生的成绩效果不是很明显，学习成绩提高的幅度不是很大。即使学习能力强、接受能力强的学生也会不时出现老师常说的“这题（类题）我都讲过，但学生做起来又不会”的情况。我在1997年7月，由于工作的需要，被调到办学才两年的从化六中任教，从化六中的生源比从化中学的生源要差许多，但我还是用在从化中学任教时的教学方法、教学模式去进行课堂教学，结果在高中地理第一单元《宇宙中的地球》测验时，成绩并不理想，特别是涉及理性思维比较强的知识，很多学生都不会做。于是，我重新审视以前的教学，通过学习相关理论知识，并积极地进行思考、分析，认识到无论是学生对知识的掌握还是学生地理能力的形成，都必须经过学生的主体活动，内化成学生的知识（包括文本知识、能力知识、方法知识），学生才能记住、理解、融会贯通。因此，我在教学中，从关注老师如何“讲”才能使学生掌握知识、提高能力、学会方法，到关注老师如何引导学生主动、积极地通过主体活动学习，去掌握知识、提高能力和学会方法。通过教学方式的改进、转变，促进学生学习的改进、转变。如在课堂教学中，增加学生参与学习的时间和空间，提高学生参与学习的效益，多给学生多方交流的机会，多给学生观察、思考、演示的机会，多给学生表达的机会，提高学生对地理知识理解的深刻性。经过师生的共同努力，取得了优异的教学成绩：1998—2002年地理会考合格率都为100%，优秀率都超过同类学校的平均水平。在高考成绩上，1999年平均分为595.8分，比广州市B类学校平均分高出23.7分；2001年平均分为623分，其中有一位学生高达810分，在全省地理单科成绩中并列第二名；2003年平均分为580分，最高分为750分；2005年高考最高分为781分，位于广州市第四名。

（三）关注学生生命发展的阶段

在前两个阶段中，关注教师的“教”明显带有应试教育的特征，关注学生的“学”虽然能关注学生的个体活动，但也多是从知识、能力的角度去看待学生的主体活动的，较少关注学生其他素质的发展。随着社会的发展，我国就业竞争日趋激烈，单是文化素质高不一定能找到好的工作。如报纸曾报道过一件有关研究生去应聘工作的事件：说一名名牌大学毕业的研究生，他有扎实的专业知识和很高的英语水平，但因为交流能力、表达能力低，心理素质差，在主考面前说不出话来而遭淘汰。2001年6月，教育部颁布了《基础教育课程改革纲要（试行）》，启动了新一轮课程改革。新课改的理念之一就是为了每位学生的发展，把教学过程看成是学生生命发展的过程。我通过学习新一轮课程改革的有关理论知识，结合自己作为学生时成长的经历，认识到教师应该把教育实践中的全部精神因素都集中倾向于“人的发展内部”，强调人的品质、人的涵养、人的生命价值在教育中的突现，尽可能大地满足学生个体的发展需要。因此在教学中，我除了关注学生的知识、能力和方法外，更关注学生的情感、态度和价值观，关注学生全面素质的发展，将教育教学过程看成是学生生命活动和发展的过程。

孜孜不倦教学路　矢志不渝教改人

广州市花都区实验中学　黄　辉

黄辉，广州市花都区实验中学历史科教师，广州市花都区高中历史学科带头人，教龄十一年，曾荣获多种荣誉称号和奖励，包括：1995 年度花都市先进教育工作者；2004 学年广州市优秀教师；2004 学年花都区优秀教师；1999 年在花都区教育局举办的中小学教学技能比赛中获二等奖；2004 年在花都区教育局举办的首届青年教师（高中）解题比赛中获一等奖；2004 年被评为花都区实验中学优秀科组长等。

我是一个平凡的人，怀着一颗平凡的心，踏上一条平凡的教学道路，然而教学生涯带给我的是一种非凡的经历。“教师”是神圣的行业，是太阳底下最光辉的职业。我爱这一职业，为了它我愿意把自己的青春奉献出来，为国家培养出更多的建设者。1994 年 6 月，刚刚从湖南省湘潭师范学院本科毕业，获历史学士学位的我徘徊在择业的三岔路口。最后，我抵住来自家人的压力，毅然选择了我深深热爱、梦寐以求的职业——教师。

终于，我如愿以偿地步入教师这一行业。1994 年 8 月，我任教于花都市第二中学，它使我踏进了教师这一神圣殿堂的门槛。在这里，我感受到前辈们的热心、同学们的尊重。1997 年 7 月，我调到广州市花都区实验中学任教，这段时间是我尽情挥舞教鞭，进一步解读学生的心灵，散发热量和光芒，硕果累累的时期。任教以来，我和同学们时时沉浸在知识的海洋中，翱翔在历史的天空里，奔驰在伟人的英雄事迹之中。同学们尽情地欣赏着、享受着、吸收着。学生的欢笑是我的欢笑，学生的悲伤是我的悲伤，学生的成绩是我的成绩，他们时刻牵动着我的思绪。站在人生的历史舞台上，心系那群让人疼惜的学生，我还有什么奢求呢？当我看到学生们欣喜地捧着大学录取通知书时，当我听到学生们高呼“黄老师，我考上了”时，我的嘴角也不禁往上扬。这是我前进的动力。为此，我暗下决心：我将竭尽所能，将我毕生所学全部教与学生。

回顾我的教学路，我深刻地体会到我的努力是有价值的。

一、以信念为导引，以学习与研究为路径，体会发展的快乐

十一年来，我始终坚守“学高为师，身正为范”的信念，把它作为我教学

道路上的一盏明灯。为人师者，其任务就是教书育人，学高是必须的，但身正也是必不可少的。如果教师自身没有良好的思想品德，就不能培养出德、智、体全面发展的人才。为此，我努力学习，以一名优秀教师的标准严格要求自己，不断加强自身修养，提高思想素质，塑造为人师者的人格魅力：对待自己，我严格自律，在学生面前处处起到表率作用；对待教学，我兢兢业业，精益求精，力求将最好的教学设计展示给学生；对待学生，我既严格又宽容。正是我不断加强自身修养，展示了作为一名教师应具备的人格魅力，也就在无形当中赢得了学生的尊重，每次轮到我接任高三历史班教学时，报名学历史的学生人数总是最多的，很多学生都说"我们就是冲着黄老师才来学历史的"。

虽然在教学中取得了不错的成绩，但我深知，"教无极限，学无止境"。因此，我非常珍惜和把握学习机会，注重自学，大量借阅教工阅览室的专业杂志、报纸和教学专著，及时补充新鲜血液；把握教研动态，及时促进科组教研或改进自己的教法；完善教学思想，把别人最新的教研成果进行消化、吸收，应用到自己的教学实践中。这样既提高了自身的"教力"，又不失时机地提高了学生的"学力"，使同一课题的讲授，内容常新，角度常变，教法常优，学生学起来满意，自己教起来"得意"。在教学工作非常繁忙的情况下，我还于1999年参加了由省社科院举办的在职研究生班学习，并于2002年7月通过了由专家组成的研究生论文答辩会，以优秀的成绩毕业，获得了研究生学历，成为我区教育系统最早获研究生学历的青年教师之一。三年的学习生活，专业的、教育教学的甚至其他社会科学知识，积聚着沉淀于心底，眼前的路越来越亮，视野越来越开阔，也使得我在课堂上更能引经据典、纵横联系。

从教以来，我潜心探索教学规律，总结教学经验，教学论文《第二课堂在中学历史教学中的重要性》获区中小学第一阶段教学设计与实施活动优秀成果二等奖；《中学历史教学中经济史的讲授方法》获区中小学第二阶段教学设计与实施活动优秀成果三等奖；《历史影视片在中学历史教学中的有效运用》在2004年区教学论文年会上荣获一等奖；《浅谈新课程背景下中学历史探究性教学的发展》2005年6月在花都区教学科研研讨会上荣获一等奖；教学反思录《在看电影过程中学习历史》被收入区教学反思论文集中；多次被区教研室任命为花都区高三历史统考试卷命题人；在花都区教育局举办的首届青年教师解题比赛中获一等奖；在花都区教育局举办的中小学教学技能比赛中获二等奖；从1999年开始至今，每学年均被区教研室聘为区高中历史中心组成员，经常参加省、市、区的历史教学研讨，多次组织区的教学研讨并作中心发言；2004年9月，经笔试、理论考试、民主评议、考察我被区教育局聘为"花都区高中历史学科带头人"；2004年10月，经考试、民主评议、考察我被学校聘为"骨干教师"；2005年4月30日，主讲了区高三历史教师的专题讲座《2005年高考热点问题分析》，为花都区高中历史教学的发展作出了一定的贡献。

在十一年的教学道路上，我共担任了五届高二会考和高三高考工作，每次的会考合格率均超省、市平均水平，在区内居同类学校前列。五届高考我都超额完成了局、校下达的高考任务，是所有科目中上线人数最多的，并且年年有重点。在我执教的2001、2003届高考中，全校总分第一名均在我班且都上了700分，多人单科上了700分。2003届高考历史单科成绩尤其突出，700分以上四人，平均分为531分，居我区同类学校前列。2005届高考中历史单科也取得好成绩，且有效上线率达到了98%。学生们取得的辉煌成绩，就是我收到的最好的礼物。

二、促进课内与课外的互动，追求智、情、美的和谐统一

教学是一门永恒的艺术，我为此进行了孜孜不倦的追求。在教学中，力求做到精益求精，虽然长期担任毕业班历史教学，有丰富的教学经验，但我从不满足现状，仍坚持钻研教材教纲，密切关注高考改革的信息，紧跟形势，不断提升，不断改进教学方法。在平时的教学中，我一直本着一丝不苟的态度对待备课、上课，遇到疑难杂症一定弄清楚，不打无准备之仗。在课堂教学中，注意以教师为主导、以学生为主体的教学原则，结合学生的实际情况对学生进行分层教学，踏踏实实地上好每一节课，注重培养学生的历史素质，提高他们的能力，使不同层次的学生都学有所得。

历史的情感因素和审美因素是我的视觉重点，智育和情育、美育的和谐统一是我的追求。我善于营造轻松、民主的课堂氛围，使学生乐学、会学，不断总结出一套适合我校学生水平的中学历史教学方法，逐渐形成了自己的教学风格。

第二课堂活动是培养学生能力的有效途径。在正常的课堂教学之外，我们还开展了丰富多彩的第二课堂活动。我担任高三教学期间，每年都负责临界生的培优扶差工作，并取得了良好的效果。

2004年，我带领高二年级的钟丽琼等十三位学生组成了三个研究性学习小组，对教材中提供的研究性学习课题开展研究，并将个案送广州市中学历史教研会参加评比，其中个案《美国与联合国》获广州市二等奖，《烟草的发展、传播与危害》《中国20世纪以来服装的变化》获广州市三等奖。

另外，我还组建了校内历史兴趣小组，指导学生演历史剧、编历史手抄报、制作历史仿制品。2003年指导的手工作品获广州市三等奖、花都区二等奖。2006年是世界反法西斯战争胜利六十周年，我和科组成员为此开展了一个大型主题活动——“纪念世界反法西斯战争胜利六十周年暨中国抗日战争胜利六十周年”优秀影片展，通过放映《虎！虎！虎!》《地道战》《小兵张嘎》《这里的黎明静悄悄》等中外优秀影片，对学生进行爱国主义和热爱世界和平教育，此项活动在学生当中引起了很大的反响。

三、“四心一严”，促进班级全体学生的共同发展

作为班主任的我对自己定下了目标：拥有爱心、细心、耐心、诚心，严格要求，措施得力。我矢志不渝地带着一颗“爱心”工作，这让学生觉得我是真心关心他们，缩短了师生之间的距离，一旦他们犯了什么错，也就容易接受教育，并且很快地加以改正。这种爱，有对学生思想形成的正确引导，更有对学生生活上实实在在的关心。对学生的爱还应表现在对后进生的转化上。每一个人都有他闪光的地方，所以在对后进生进行转化时，我的做法是首先肯定他们的长处，指出他们的优点，这就使得一直被别人看不起的后进生首先就对我产生亲近感；接着谈社会、家长和老师对他们的期望，肯定他们只要认真学就能有所作为；然后再婉转地指出他们的不足之处。在时间上不是一次两次就作罢，而是隔一段时间就和他们进行一次推心置腹的谈话，让他们感受到老师对他们的关心、爱护是真诚的，从而使他们不断地取得进步。

教育学生不是一朝一夕的事，而是一项长期的工作，这需要足够的耐心。教师只要在平时的工作中细心观察，发现了学生的错误，坦诚地和他交流，学生是能够接受的。只要努力，学生一定能感受到你的诚意。我在担任班主任工作时，坚持正面教育，循循善诱，善于把思想教育和满足学生的求知欲有机地结合起来，生动有趣地开展主题班会，讲究教育的艺术性。我担任班主任的班级，班风严谨，团结向上，勤奋好学，文明有礼，受到各科任老师的好评，多次被评为校先进班集体。

四、以身示范，营建积极的教学科研团队

五年的科组长工作，让我学会了团结科组成员，凡事从大局着想，不计较个人得失；五年的科组长工作，让我体会到了“模范带头”四字之重。从带领科组全体成员积极投身到科组教学教研上，到科组成员形成互助互爱、奋发向上的精神面貌；从科组的接手，到科组活动正常化、规范化，均做到定时、定点、定人、定专题。“寓德育教育于历史教学之中”“高三专题复习的优化”“校本课程的开发”“新课程下历史课堂教学评价的变化”等有针对性的教研专题一个接一个，均收到较好的效果。我感到欣慰，欣慰的不是历年的会考、高考均取得了较好的成绩，不是历史科成了我校一门优势科目，不是历史科组屡获校、区、市教育局教研室“优秀科组”称号，而是我做到了不负“模范带头”四个字。

“新竹高于旧竹枝，全凭老干为扶持”，我的成长离不开当年老教师的帮助和指导，这也让我意识到了我有责任和义务去帮助青年教师。“从青年中来，到青年中去”，我深入了解青年教师的状况，同他们交心谈心、切磋教学，相互之间开展听课、评课活动。为了促进青年教师尽快成长，敢于让他们挑重担，鼓励他们参加教改，我们经常集体备课，将自己在教学中的经验、体会毫不保留地传

授给青年教师。"教无常法"，我常鼓励青年教师要勇于创新，努力形成自己独特的教学风格。在我的影响下，历史科组的青年教师茁壮成长。

作为区学科带头人，我担任了外校两位青年教师的培养工作。我经常去听这两位老师的课，给予悉心的指导，给他们定下培养目标，鼓励他们积极投身教改，勇挑重担，不断取得进步。

五、领悟教育发展精神，探索可持续发展之路

世纪之交的基础教育新课程改革激荡着中国的基础教育界，唤醒了广大中小学教师的教学改革热情，同时也引起了广大教师对新课程教学的种种困惑。在我校学生现有的水平基础上，在进行新课程的教学时应采用怎样的教学方式？怎样在教学过程中体现新课程的教学理念？这也是我在面对新课程时不断进行探索的问题。我认为不管采用何种方式，只要能让学生乐于学，能调动学生的学习兴趣就可以了。这就需要我们不断进行研究、探索，掌握更多新的课程与教学理论，并且把自己置身于鲜活的课程与教学改革实践中与之进行交流互动，这样就一定能够成为反思型教师、专家型教师、研究型教师。同时教育变革的宝藏隐藏在日常的教育教学中，如果我们多写教学随笔、教学反思，通过对教学经验、新问题的分析与研究，从中发现新理念、新见解，就可以促进自己对实践的反思和智慧的提升，从而避免教学中重复出现的失误，让教育随笔中的反思成为教师的一种职业习惯，那将是教师教育教学发展新的境界，更是我的教学要求。

"捧着一颗心来，不带半根草去"，陶行知先生的真知灼见，言犹在耳。我深感一名人民教师的责任，也深感一名人民教师的光荣。成绩属于过去，未来更需不断努力，作为一名平凡的教师，我知道自己的担子还很重，我唯有勇于进取，不断创新，才能走出自己非凡的道路。

用心学习与积极反思　实现学生和教师自身的共同发展

广州市第二中学　曹亮敏

曹亮敏，在广州二中任数学科教师二十六载，在教学、科研方面均取得突出成绩：曾获“南粤优秀教师”等荣誉称号；曾培养大量的优秀毕业生，包括几个高考总分状元；曾带领、指导学生参加各种比赛，获得良好成绩。近几年来，在带领的学生中共有三十多人次分获全国高中数学联赛广东赛区一、二、三等奖。在第二课堂中，开设大量“数学讲座”，指导学生写出一批高质量的研究性文章，其中，何逊的《称次品最少问题》、黄婉玲的《数字和的特征》、李和恒的《桌球与不同几何图形边界反弹路线规律》、袁国霖的《数学的对偶》、江志伟的《商品的包装》等论文分别获省、市青少年科技论文比赛一、二、三等奖。指导学生宋德扬、袁敏而参与“穗、港、深、澳、珠中学生IQ擂台比赛”获省级一、二等奖等。曹老师还十分注重教学研究，撰写出一批高质量的研究论文，曾获得广东省教育厅论文三等奖、广州市教育局论文一等奖和广州市中学数学年会论文二等奖等奖励。

“更新观念，孜孜以求，学生欢迎，人民满意”这十六个铿锵有力的字醒目地展现在二中的大橱窗里，这就是我，一个有着二十六年教龄、三十二年工龄的人民教师发出的誓言，也是我在几十年如一日的言行中忠实履行的诺言。

一、开始的工作我没有权利选择，但我可以选择以后的人生路

我是因为一个偶然的机会，踏入了教师这一行业的，并成为一辈子的职业。那是1972年5月，正在读高二的我突然被班主任叫去谈话，说准备分配我到广州师范读书，以后当教师。这是一个完全没有思想准备的谈话，在那个年代你没有机会选择专业和工作，我也只好稀里糊涂地开始了我的职业培训。到1977年恢复高考后，我可以重新选择自己的爱好和专业，但对外面不大了解的我还是选择了有把握的师范大学，四年华南师范大学的寒窗苦读，打开了我的知识视野，培养了我终身学习的科学方法，深刻认识到数学这一专业在人类的文明过程中的作用和对未来人类发展的作用，也弥补了由于“文革”所造成的知识缺陷。青春年少、踌躇满志的我怀着强烈的报国之心，来到了广州二中，踏上了我人生的第二个工作岗位。

许多人认为，当教师是一件美差，有假期，有固定的收入，还能得到别人的尊重。说真的，工作几十年回过头来看，教师其实是一件苦差，心永远没有闲着，工作永远干不完。一旦投进去，可谓蜡烛一样，“照亮了别人，燃尽了自己”。也正是这样的工作，社会非常需要一批又一批有志之士去做，为培养祖国未来的接班人贡献自己的青春年华。正因为有这样的苦，才尝到真正的乐，它将带给你充实而有意义的人生。所有这些都是经历许多许多之后的真实感受。

我清楚地记得曾经发生的一件事：1992 年秋，父亲不幸脑出血中风住在医院，生命危在旦夕，急需亲人日夜看护。我当时任教高三两个教学班并担任一个班的班主任，看到我的工作那么忙，家里人已经十分照顾我，下午 6:00 到深夜求 12：00 这段时间由我来照看，天天如此，历时半个月，孩子没办法照看，连自己的正常生活秩序也被打乱。就这样，每天奔跑在学校和医院之间，最后父亲由于出血太多，一直昏迷不醒，离开了人世。在这期间，我没有因为家里的事情请过一天假、缺过一节课，反而让自己患上了霉烂性胃炎，霉烂面积达整个胃的 2/3，每天疼得连腰也直不起来，无法坐下来办公、备课。医生建议我住院治疗，那时的我，身心疲惫，每天都好像是非常艰难的日子。后来学校知道我的困难，千方百计调整我的工作，减少一个教学班的任务，消息传到那个班，学生们竟集体到我家探病，里里外外，把家围得严严实实，他们带来了问候，更带来了渴望，虽然嘴里没有说出来，心里却在说，老师你回来吧，我们不能没有你，我们不会让你失望的。看着懂事的孩子，看着正处在高三关键一年的学生的期待，我情不自禁地流下了眼泪，放心吧，我的学生，老师离不开你们！于是，我开始了长达四年时间的治疗，同时我依然承担原来的工作，我用百倍的热情投入到工作中去，不辜负学生对我的信任和理解。结果这一年，我咬着牙关，以顽强的意志克服了里里外外的困难，带出了高三数学成绩全年级第一和第三的好成绩。

还有一件事也让我难以忘怀。那是 1996 年，随着我工作年限的增长和知名度的增加，许多单位主动邀请我到他们单位工作，有一所学校开出来的条件特别诱人，安排一套 90 多平方米的住房，主要担负学校行政工作，这些都是我一直梦寐以求的。当时，我虽然已经是高级教师，可是住房面积仅有 38 平方米，我的许多大学同学早已经是各单位的主要负责人，而我年年教高三，又苦又累，责任又大，重新调整单位对于我的仕途和待遇都是一件大好事。为此，我曾经多次拜访校长，恳求他们批准我调离，当校长们知道我的心思后，一次一次上门家访，耐心做我的思想工作。他们说：“你那么热爱数学，热爱你的学生，二中有这样的舞台给你展示，如果到别的学校，不是浪费你的专业吗？至于生活问题，学校有条件的时候一定给予解决。”听着领导们深情的话，还有什么比这更温暖的呢？我惭愧了，是啊，虽然自己在工作中取得了一些成绩，但它绝不是向党和人民提出要求的资本，既然你选择了教师这个职业，选择了数学教育这个专业，那么就意味着你选择了为此奋斗的事业。你的成绩不仅是属于个人的，更是属于培养、造就了你的学校。一个人如果不爱自己的学校，何谈爱自己的事业呢?

就是这样，1982 年大学毕业至今的二十四年中，我无怨无悔，默默耕耘，曾任教初三数学五年，任教高三数学十二年，年年超负荷工作，带出了一届又一届毕业班，并荣获了广州市高三毕业班的特等奖，带出的学生考上各类名牌大学，许多学生在各行各业中成为中坚力量。一个在美国博士毕业并留在美国工作的学生来信说，“不管我到哪里，高三是我腾飞的起点和摇篮，老师是我起点时候的领路人，我永远记得我高三的老师和同学”。一位在美国华盛顿世界银行工作的学生带着世界各种有代表性的硬币来探望我，紧握着我的手说：“老师虽然没有我这么幸运，可以踏遍世界各地，但是我会把老师的深情带到世界各地，我的足迹里有你的痕迹。”

二、用心学习，用心反思，坚持不懈走科研和教研相结合的路

如果有人问我，成功之路在哪？我会毫不犹豫地回答，成功之路在学习。也就是说工作一辈子，学习一辈子。事实上，在我成长的路上，一刻也离不开学习。这种学习不是纸上谈兵的学习，而是善于结合工作实际和问题主动地学习。大学毕业后，我先后参加正规的学习班不下十个，最有收获的是 1994—1996 年的研究生学习班，带着多年的实践问题回到课堂学习理论，那种兴奋感很难描述出来。从那以后，许多现代教学观点或教学理念在我脑海里扎下了根，一篇篇优秀论文由此喷涌而出。郭思乐的教学过程论、皮亚杰的建构主义理论、奥苏伯尔的有意义接受学习和发现学习、布卢姆的掌握学习等都在学习领域中成为我探讨数学教与学的有效方法及理论依据。我对这些理论有了新的认识，结合自己的教学实际总结出一些颇有成效的数学教学的方法和模式。

（一）开放式课堂教学

让学生学会提有价值的数学问题。数学课成为开放式的教学，能使学生始终在数学问题的浪尖上激流奋进，学会提出问题，学会延伸和发展问题。“开放”不是简单的有形的教学操作模式，而是观念层面上的东西，应用它作为指导思想进行教学的设计。简单举一例说明，有一位老师上一节初一的公开课，其中有一道数学题，“已知 $x^2-x+1=0$，计算代数式 $(x^2-x+2)-5(x^2-x-3)$ 的值”。这是一道非常典型的题，从解题的方法开放来说，至少有五种方法。从题目设计的结论开放来说，如果条件不变，那么我们可以重新设计代数式。从题目设计的条件开放来说，如果代数式不变，重新设计条件，那么我们可以编出许多的问题，等等。开放的模式可以是解答过程，也可以是题目的变形过程，也可以在问题背景不变的情况下，条件和结论同时开放，体现了数学教学的整体性和多样性。当前的“数学教学开放”，不仅仅停留在“数学问题”的开放，还有“课堂开放”，改变数学学习环境，比如电子课堂、课外数学小组研究课堂等；又比如“作业开放”，改变过去死板完成作业的模式，可以是规定的基本作业，也可以

是课后延伸的作业，更可以是研究性的作业，等等。教学目标的开放、学习过程的开放、学习结果的开放更能使学生由被动式的学习改变为主动式的学习，促进学生的自我发展。

（二）数学变“式”教学

数学的变“式”，不要简单理解为“式”，还可以是“图形”“性质”等。这种教学的最大特点是，在“变”字上做文章，一层层薄纱揭开，庐山真面目就暴露无遗了。它遵循由浅入深的教学原理，能揭示事物的本质变化规律，是学习数学、理解数学非常有效的方法。

原题：设是函数 $f(x)$ 定义域为 $(-\infty,0)\cup(0,+\infty)$ 的奇函数，且在 $(-\infty,0)$ 上是增函数，若 $f(1)=0$，解关于 x 的不等式 $f\lfloor \log_a(1-x^2)+1\rfloor\phi 0$（其中 $a\phi 1$）。

变式1：设是函数 $f(x)$ 定义域为 $(-\infty,0)\cup(0,+\infty)$ 的偶函数，且在 $(-\infty,0)$ 上是增函数，若 $f(1)=0$，解关于 x 的不等式 $f\lfloor \log_a(1-x^2)+1\rfloor\phi 0$（其中 $a\phi 1$）。

变式2：设是函数 $f(x)$ 定义域为 $(-\infty,+\infty)$ 的偶函数，且在 $(-\infty,0)$ 上是增函数，若 $f(1)=0$，解关于 x 的不等式 $f\lfloor \log_a(1-x^2)+1\rfloor\phi 0$（其中 $a\phi 1$）。

变式3：函数 $f(x)$ $(x\neq 0)$ 满足 $f(x\cdot y)=f(x)+f(y)$，且在 $(-\infty,0)$ 上是增函数，若 $f(1)=0$，解关于 x 的不等式 $\lfloor \log_a(1-x^2)+1\rfloor\phi 0$（其中 $a\phi 1$）。

变式4：定义在 $(-1,1)$ 上的函数 $f(x)$，满足①对任意 $x\in(\ 1,1)$ 都有 $f(x)+f(y)=f\left(\frac{x+y}{1+xy}\right)$；②当 $x\in(1,1)$ 时，$f(x)\phi 0$。解关于 x 的不等式 $f\lfloor \log_a(1-x^2)+1\rfloor\pi 0$（其中 $a\phi 1$）。

尽管后面的数学题相对原题出现了一些变化，但万变不离其宗，只不过是单调性和奇偶性的表达方式不同而已，抓住本质，一切迎刃而解。数学的变式就是从数学的本质出发，运用建构主义的思想，重组教材，丰富教材，使学生在数学万千变化的过程中，通过最根本的线或网路形成知识结构，并在这个基础上丰满起来，形成个人的心智，形成数学特有的魅力，也形成数学的素养和能力。

（三）收集、整理和编写数学资料

多年教学中，我注意收集一些精彩的数学题，注意数学问题的探讨，注意课后的反思，并形成个人的文字资料，不但丰富了个人的教学理念和教学材料，也丰富了学生学习数学的资源，扩大了学生的数学视野。比如，学习“解三角形”后，形成了专题《三角形的解的个数与三角形确定，三角形作图等关系》；学习“圆锥曲线”后，形成了专题《直线系和曲线系》；学习数列后，形成了专题《求数列和的方法，求数列递推式通项公式的方法》等。在教学的同时，我带领科组部分骨干教师，完成了从初一到高三共六年每一单元的练习题、测验题和大考试题的编写工作，经过三年的不断实践、修改和完善后，建成了我校的数学题库，为学校数学教学质量的评价起到了杠杆作用。我还带领我校部分数学老师完成了校本课程《数学的应用》的编写工作，成为我校第二课堂教学的使用教材。几十年的教学生涯中，编写教学资料几乎成为我工作的重要组成部分。编写工作必须善于结合学情和教情，通过对典型的数学问题的研究达到学习数学的目的。为了编写好资料，我一般在夜深人静的时候，静下心，抛开烦事，全身心地投入，奋笔疾书。我除了完成以上各种资料的编写外，还参与了不少书籍的编写，如2003年广西师范大学出版社出版的《决胜6月》丛书，2002年广西师范大学出版社出版的《奥赛金牌之路》。另外还在各种杂志上发表文章，交流教学心得。

（四）把学习的主动权真正交给学生

当前中国教育存在不少问题，要改革的东西很多。我认为在“把学习的主动权真正交给学生”方面具有探索性和可操作性。于是，我从理论上探讨把学习的主动权交给学生的意义，在实践中充分落到实处。历经两年的研究，在留给学生充分思考的时间和空间，留给学生发问与反驳的权利，留给学生在“解决问题”中回顾与联想的余地，留给学生自选作业、自创作业、自评作业的机会等方面，我得到了一些研究成果。从而进一步说明，把学习的主动权真正交给学生，就能充分发挥学生的潜能，教育改革才有更大的空间，学校才能真正培养出新时代所需要的人才。这种观念的确立，使自己在当前素质教育和应试教育中找到一个新的平衡点，或多或少缓解了当前学生负担越来越重的情况，让高三的学生学得快乐，学得轻松，学得有效率，学得有质量。

以上的每一个成果都是压力变动力、实践与理论相结合、科研与教研相结合的结果。

广州市公开课《对数与对数函数》，是根据知识发生过程和创设知识发生过程的情境的理论设计的一节课，得到了听课者的好评。通过整理、修改，《对数与对数函数教学设计和反思》一文获广州市中学数学年会论文二等奖。国家课题“学生自主性的研究”第一阶段解题汇报公开课《两线段数量和的最值》，是根据知识建构理论，从问题的引入到问题的引申与拓展设计的一节课，得到了听课者的高度赞扬，称学生如能长期接受如此教育，必将成为社会精英。这节课的教学案例与设计被广州师范学院选编为师范类教材，成为大学生实习时的案例学习材料。在此基础上，我针对高三学生为题海战术苦不堪言的情况，开展了“把学生的学习主动权还给学生”的研究，历时两年探索，写成论文，荣获广州市特约教研员论文年会一等奖。

在工作中，我体会到科研与教研的甜头，体会到实际工作如自觉与现代教学理论联系，就相当于插上了腾飞的翅膀，可在教学的天空中自由飞翔，为此自觉学习、主动学习、刻苦学习就成为我毕生的追求。我订了五种杂志，有《中学数学教学参考》《数理天地》《中等数学》《读者》《新华文摘》，把读书、看报作为生命中不可缺少的一部分，博览群书，勤于思考，刻苦钻研业务，总结自己的教学心得，力求每一天都有一个新的提升，这样就使自己比别人想得深些，站得高些，效率高些。体现在工作中，则表现为教学质量、管理质量、组织能力都比别人强些，因此2000年我被学校评为第一批名教师。

人要自觉地给自己加压，还要不断地追求目标。近八年来，我平均每年都有一篇至少是市级二等奖的论文发表，并积极给各种杂志投稿，其中两篇由广州市教育局行政部门颁发了一等奖。我所任教的学生学得轻松，高考成绩总是排在年级前面，曾带出高考数学平均分687分的班，带出了叶玉婷、骆斯慧、程琳这些高考总分状元。我还负责组织并参与全国高中数学联赛的辅导工作，带的吴伟强等同学荣获全国高中数学联赛省一等奖，且代表广东省参加全国冬令营并获全国三等奖。近几年来，共带出三十多人次分获全国高中数学联赛广东赛区一、二、三等奖。此外，在第二课堂中，开设大量“数学讲座”，指导学生写出一批高质量的研究性文章。其中，何逊的《称次品最少问题》、黄婉玲的《数字和的特征》、李和恒的《桌球与不同几何图形边界反弹路线规律》、袁国霖的《数学的对偶》、江志伟的《商品的包装》等论文在省、市青少年科技论文比赛中分获一、二、三等奖。指导学生宋德扬、袁敏而参与“穗、港、深、澳、珠中学生IQ擂台比赛”获省级一、二等奖等。

三、教师政治思想水平直接影响学生的思想品质

我有十四年班主任的经历，深知要形成一个好的班集体，必须进行前瞻性、及时性、生动性、有效性的思想教育，切实打动学生的心，充分调动学生的积极性和内在的强大的自我教育和自我约束能力，形成有强大的凝聚力的集体。我所任教的班先后被评为市、校级先进班，带出的班高考的总分平均分均达到660～670分，高考重点率为70%，连续三年校运动会总分为高中组第一，在学生中涌现出大量优秀人才。

现在不少班主任以管代教，整天的精力用来“救火”，还有的班主任以情代教，希望施一点恩，回报一点进步等。当然，我不否定这些做法的合理性，但是它确实不能从本质上感化学生，或者达不到根本的教育目的。

我认为班主任的成功经验是熟悉学生，关注学生，把握一切可能的教育契机，非常精心地准备每一节班会课，使每一节班会课成为学生心灵碰撞、沟通、升华的过程，把感情中的亲情、班情、校情、国情上升为对祖国、对人民、对家人的深情的爱，并把这种爱转化为个人的责任、义务、目标、理想。

1993学年，我担任高三（4）班的班主任。在高二时，这个班是出了名的乱班，没有人愿意当班干部，各方面的组织纪律及正常的班务管理都处于瘫痪状态，原高二的班主任曾在家长会上痛哭流涕地对家长说：“我尽力了，但学生不配合，我也没办法。”是不是没有办法呢？从接手的第一天开始，我就暗暗下定决心扭转该班的不正常情况。首先是家访，我几乎对全班学生走访了一次，这次

家访让我受益匪浅，一下子了解了自己学生及其家庭的情况，哪些学生总体素质比较好，可以胜任班干部，哪些学生有哪方面的陋习，这些陋习是怎样产生的，这为以后有的放矢的教育提供了最基本的信息，所以即使在现代信息如此发达的时候，我还是认为家访是一件很有效的工作。尽管走家串户看上去耗时间，但面对面教师、学生、家长之间的交流，其感受是大不一样。然后，我有计划地上班会课，第一节班会课的主题是“我与班集体”，通过声情并茂的典型个人成长故事，说明个人的成长离不开班集体，反过来班集体以你为荣。这次班会课打开了学生心灵的一扇窗，让他们认识到个人的行为与集体的荣誉有着密切联系，我们的责任是为集体添光，而不是为集体抹黑，从而顺利制定出学生认可的班管理条例，迅速进入高三正常的、有秩序的学习中。第二节班会课的主题是“当班干部与自己成长的关系”，列举了大量敢于自我牺牲但反过来促进自己有所作为的英雄人物的故事，说明虽然高三学习非常紧张，但并不意味着不能当班干部。当班干部有时候看上去比较吃亏，但付出之后的收获比别人多得多。班会课后，不少同学纷纷争当班干部，学生内在的积极性逐步调动起来，这为以后班集体的建设打下了重要基础。就是这样，根据学生的实际情况和学校的工作安排，每次有充分准备的、形式多样的主题班会，以主动的方式切入学生的思想问题，从本质上解决他们的困惑，统一他们的思想认识，使其走向健康、正确的道路。当然，班主任工作包罗万象，但抓住了工作的重点和要害，其他问题就迎刃而解。要想成功地上好每节班会课，班主任必须要有很强的洞察力，有很好的教育素材和资源，有很强的组织能力。1992 年，我当高三班主任时，班上有一个女学生，家里生活条件非常优越，父母都是知识分子，非常渴望他们的孩子比他们更强，偏偏该生接受力稍弱，心理脆弱，尽管学习非常努力，但成绩仍达不到家长的要求，当她知道一模高考成绩后，几乎失去理性，寻求自杀。当我知道这种情况后，马上带她到我家住，带她去中山纪念堂欣赏音乐表演，分散她的注意力。等她逐渐恢复理性和平静后，我进行了大量的艰苦的思想工作，既做家长又做老师，让她重新认识自己，认识到高考的重要性，也认识到高考并不是成才的唯一道路，并根据父母都是医生的社会条件，建议她报读医科类的护士或检验专业，并指出这些“冷门”的前途。后来家长也改变了对孩子的态度，接受老师的建议，报读护士专业，由于她本人英语功底好，后来被新加坡国立大学以免试和奖学金方式录取。她非常感慨地说：“在我最痛苦和遭遇挫折的时候，老师您用人间最温暖的心抚慰了我，您是我的恩师和朋友。”就这样，几十年的教师生涯中，我用自己无私的爱、用自己的真诚、用自己的心血培养了一批又一批的学生，挽救了一个又一个迷途的学生，为党的教育事业做了自己应该做的事情。

时代在进步，挑战和机遇并存，在教育的转型期，我们更要走科研与教研相结合的路子，始终与时代并进，这样才能真正成为人民放心的优秀教师。为此，我将一如既往，不懈努力。

我这地理教学十五年

广州市花都区秀全中学　梁汉强

梁汉强，广州市花都区秀全中学地理科教师，教龄十六年，获得过多种荣誉称号，如：花县优秀青年教师、花都市优秀教师优秀教育工作者、广州市优秀教师、南粤优秀地理教师等。梁老师积极参与各类教育教学科研活动，并获得多种奖励，如，1994年，获广州市中学地理图像教学设计比赛二等奖；1996年3月，提交的《大气热状况教学设计》获广州市中学地理科教学设计一等奖；1996年9月，提交的《地理教学流程图设计初探》获广州市中学地理科第五届教学论文评比一等奖；2000年6月，撰写的《地理教学设计的实施障碍初探》获广东省中学地理优秀论文评比二等奖等。

光阴似箭，转眼间我的地理教学已近十六个年头，十六年的教学说长不长、说短也不短。回顾自己的成长之路，颇有些感悟，执笔写下权作自我激励、相互交流之用。

一、明师指导　终生受益

我1990年9月大学毕业后分配到秀全中学，第一年任教初一地理。开学初就碰上广州市教研室地理科郑粤飞老师来校听课调研。当时上什么内容我印象不太深刻，郑老师的评语却让我终生难忘。当时许家莹校长在教职工会议上反馈市教研室各学科教研员的评课意见时，引用郑老师的话："梁老师虽然第一年参加工作，但上课能突破教学重点，思维开阔，是很有潜力的老师，今天的课评为良好课。"郑老师的评语令刚出道的我大受鼓舞，增强了我的自信心。第二学年我即被学校安排任教高二文科班地理课，我意识到学校对自己的信任受益于郑老师的肯定与鼓励，于是我全力以赴。

1991学年至1992学年，我上高中地理课，有机会参加全市四次地理科教研活动，能聆听到郑老师高屋建瓴的教学指导，受益匪浅，回来后认真领会其精神后付诸教学实践。不久我迎来了一个好机会，即参加广州市教研室地理科组织的第二期青年骨干教师学习培训班。说来这个班很特别，一是人数并不多，为数仅十来个，我有幸成为其中一员（我还是这班上年龄最小的一个），包括来自白云区的李建成老师（现为白云区教育局副局长）、番禺的李灼坚老师（现为番禺区旅游局副局长）、增城的冯伟山老师（现为增城新塘中学副校长）等；二是不像一般培训班那样集中只上理论课，而是组织我们到不同层次的学校进行大量的听课、评课活动。其间，我到过广州市16中、7中、65中等多所学校听课，还到过坪石、江门一中听课。听课过程中，一方面我认真观察、感受同行的不同教学特点，另一方面我更被郑老师的精彩评课水平打动，郑老师的评课是非常到位的，对此我非常佩服，她总能发现别人看不到的东西，善于捕捉每个老师的优点与不足，然后又给予恰如其分的评析，给上课教师很好的指导意见。作为第一线的地理教师，能听到不同层次、不同年龄老师的课，并作出点评，这是一笔难以估量的财富，特别是课后反思对自己的地理教学更有新的启发。培训班的听课、评课活动完毕，我们这批培训班学员要提供一节自己的汇报课。我选择了《农业概述》第一课时进行教学，受到郑老师和学员的好评。课后撰写出的教学设计经郑老师修改，发表在《广州教研》（文科版）上。

培训班结束后，我认识到教师上好课与评好课是相辅相成的，如果只是能上好课，那还是靠自己的基本功加上个人的语言和书写素养而已，但如果能善于评课，就等于知道如何才能上更好的课，这就会使自己的课堂教学水平上一个新台阶了。

1990学年至1994学年是我的教学适应期，自我感觉课堂教学等方面比别人进步更快些，这离不开郑老师的帮助和指导，是她领我入了听课、评课的门，是她领我开始走上教研的新路。

二、“教学设计与实施活动”伴我成长

1994年，广州市教育局开展在全市范围内掀起“开展优秀教学设计与实施活动”，活动历时十年，共分三个阶段，而在不同阶段侧重点是不同的。在这十年里，我是这项活动的积极参与者，当然也可以说是这项活动的最大受益者之一，正由于自己的积极、全身心投入，才有机会脱颖而出，终于在地理教学上开辟出新的天地。

“教学设计与实施活动”第一阶段——以教学设计为主题。我留意到地理科走得比其他科更快，郑老师发表在《广州教研》上的一篇文章对单元教学设计作了详细介绍，教研活动中地理学科印了一本白皮书——《地理学科阶段性成果案例集》，这引起了我的兴趣，我就试着进行设计并把自己撰写的《大气热力作用第二课时教学设计》寄给郑老师，郑老师很快作出回复，并鼓励我多作尝试。后来我撰写的《地理教学流程图设计初探》获广州市地理科第五届教学论文一等奖。不久，我被吸纳为广州市教研室地理教学设计课题组成员，我起初负责起草“地理图像教学设计”课题的研究意向，后来这课题组一分为二，其中许少星老师、何伟江老师、刘锦环老师和我（后来还有胡伟英、符建萍老师加入）被划为高中地理教学设计课题组，指导我们的是郑粤飞老师。从这个时候开始，

郑老师对我的指导就非常直接、到位，她带领我们学习相关教学设计理论，深入讨论、整体把握单元教学设计等问题。她的工作方法和思维方式，都令我佩服不已，回想起来，包括我现在的工作方法绝大多数来源于当年郑老师的教导。这段时间也使我从其他老师身上学到不少东西，如许少星老师的博学与精深的专业功底，还有其开拓创新的思维，这些令我不敢有一丝松懈学习的念头。我们对整个高中地理上册各单元进行系统的认识，对教材、教学方法、学生认知等角度进行探讨，形成了高中地理上册单元设计成果，在第一阶段成果交流会上获得广州市一等奖。在教学设计活动阶段与郑老师相处，我更觉得郑老师的为人处世均是我们学习的楷模。

“教学设计与实施活动”第二阶段——以课型与模式为主题。在这段时间，经郑老师推荐，我先后成为广州市教育局教研室特约研究员、市教研会高一中心组组长、市地理教研会理事、常务理事，这使我增长了见识，特别是与胡伟英等老师的交流讨论，使自己对地理教学、科研都有了新的认识。我更加认真努力地学习理论，不辜负郑老师的期望。在第二阶段活动中我接受新的挑战，由于“3＋X”高考改革，地理科重新列入高考科目，我在地理基本功方面又迎来一次大检验。设置综合科目，更引起我的关注。综合科目的地理课，由于受课时限制，要想上好课是很不容易的事情，为此我与科组的符建萍老师共同讨论商量，探讨运用学到的课型与模式理论，形成一个教学模式方案，然后边实施边改进。后形成的论文成果《“问题解决式”专题组构的思考、设计与实施》一文获2001年广州市高三“综合能力测试”优秀教学论文评选一等奖，登载在“广州教研网”和《广州教学研究》（文科版）2002年第1期上，并被收入《广东“3＋X”高考模式备考研究》一书（华南理工大学出版社2002年5月出版），在第二阶段再次获得广州市一等奖。

“教学设计与实施活动”第三阶段——以发展性教学评价为主题。这阶段中，我在学校的教学任务变了，自己分管教研工作，此时我校成为教学设计与实施活动的试点学校，我具体负责组织实施这项活动。我边学习边思考，形成了学校实施活动的行动方案。更具体的是考虑到自己上高二年级的课，就牵头成立“各学科优秀学生培养研究”课题组，讨论形成各学科以成长记录为切入口，引用成长记录来促进培优的实施方案，研究周期为两年，该课题研究工作较规范有序地开展起来了。目前已结题并撰写出课题结题报告，作为试点学校课题成果上报到广州市教研室理论科。该课题在中期评价时得到广州市教研室领导的肯定，在“广州教研网”《“发展性教学评价研究”中期工作会议简述》一文提及；花都区秀全中学展示了本校高二年级“关于各学科优秀学生成长历程研究”课题组的研究成果。这个课题组主要以成长记录袋的方式作为研究的载体，数学、语文、英语、政治、历史、生物、化学、物理和地理等学科的研究各有特色。其中数学学科着重于测试反思，语文学科侧重学生自我的成长“随笔”，历史学科注重教师评语中的话语，生物学科则研究成长记录袋可以包含的项目内容。这些研究有力地促进了学生的学业和个性发展。市教育局教研室主任麦曦指出，花都区秀全中学关注高二年级优秀学生整体，以档案袋记录成长为切入点，这对学生的终生发展起到了奠基的作用，要继续以此为突破口，继续探讨评价的方式方法。课题结题报告再次受到广州市教育局教研室麦主任的高度评价。

总的说来，我积极参与教学设计与实施活动的三个阶段，感受最深的是做课题靠的是集体智慧。教师其实很容易犯单干的错误。我对此有另一番思考。我本人有机会与广州市同行如胡伟英等老师交往，受益良多，更直接的是同科组符建萍老师，她本人具备优秀教师的素质而备受学生欢迎，加上她善于学习、能发现不少新问题，这刺激我对问题进行深入思考，所以在交流中我们共同进步、共同提高。我很欣赏人类学家博厄斯的名言："人类的历史证明，一个社会集团，其文化的进步往往取决于它是否有机会吸取邻近社会集团的经验。一个社会集团所有的种种发现可以传给其他社会集团；彼此之间的交流越多样化，相互学习的机会也就越多。大体上，文化最原始的部落也就是那些长期与世隔绝的部落，因此，它们不能从邻近部落所取得的文化成就中获得好处。"换言之，如果其他地理因素相同，那么人类取得进步的关键就在于各民族之间的可接近性和相互影响。只有那些最易接近、最有机会与其他民族相互影响的民族，才最有可能得到突飞猛进的发展；而那些与世隔绝、缺乏外界刺激的民族，多半停滞不前。这可推及到做人的道理，人只有不断地交往，才会有向前发展的可能。经我们共同研究，综合科地理课实施模式时产生了1+1>2的效果，所以我认为今后地理教师要上新的台阶应多在合作上下工夫。

三、千载难逢　全面充电

2000年7月经广州市教育局推荐，我被省教厅确定为第二期中小学骨干教师国家级培训对象，成为教育部"跨世纪园丁工程"中骨干教师一员，10月至12月去北京接受三个月的集中培训。

这次培训对我来说，是一次"知识再生"的绝好机会，更为我提供了一次难得的自我反思的机会。我的教育教学思想观念受到冲击和碰撞，从旁听"21世纪中国地理学大会"院士发言中了解到地理学研究的前沿成果、最新知识；从教授、教育专家的言传身教中体会到名师的典范、崇高的师德；从教育部师范司马立司长的专题讲座中把握住国家关于素质教育改革的动向；从夜以继日的上机操作中掌握到多项现代多媒体技术。

这次培训我发现自己的优势是相对比其他学员年轻，接受新事物快，能敏锐地抓住当前地理教育的问题。在学员研讨会上，我的"中学地理实施素质教育之我见"发言经小组推荐与全班学员交流，最后被推选向《北京教育学院报》领导汇报，受到专家好评；临培训结束前，我还向教育部来调研的官员汇报学习体会。

经培训，我的思想观念、认知视野和学习、教学方式都得到脱胎换骨的改造，素质得以全面提高，并把学到的规范的科研方法应用到“关于构建高中地理过渡型教学模式的研究”课题上。我牢记北师大校长在开学典礼上的一番忠告：“作为国家级骨干教师，今后不但要努力提高自己，更要注意发挥辐射作用……”于是，培训结束回校后我向科组老师说明课题意图，使科组老师达成集体攻坚共识，在北京教育学院地理系孙家镇教授和广州教委教研室地理科郑粤飞老师“双导师”的指导下，很快制订出试验方案，通过课堂实践来具体实施“持续学习”模式，在行动研究中检验、丰富、发展、推进和完善模式的操作性。

通过该教学模式的实践，学生的学习方式有明显改变，学生的自主学习能力有所提高，表现在他们能关心、搜集课外知识，形成更浓厚的讨论氛围，思考问题的广度和深度都明显增强，高一年级学生的地理会考成绩并没有因采用新模式而出现下降，反而学生答题的思路更开阔。

在课题试验期间，适逢北京教育学院地理系两位教授来我省对学员进行课题跟踪，我随即采用该教学模式上了一节汇报课，受到两位教授的高度评价；在2001年8月返京的论文答辩会上，我撰写的《“持续学习”模式的建构与初步实践——关于构建高中地理过渡型教学模式的研究课题阶段性报告》得到地理教育专家的一致好评。

四、自我盘点　业绩成果

地理学科被戏称为中学“小五科”之一，但我还是得到过不少荣誉和教学成果，整理如下：

1992年12月，被评为中学二级教师。

1993年5月，被评为1993年花县优秀青年教师。

1994年6月，获广州市中学地理图像教学设计比赛二等奖。

1995年9月，获1995年花都市普教系统“优秀青年教师”称号。

1995年11月，被评审通过中学地理一级教师资格。

1996年1月，获秀全中学第一届青年教师优质课评比一等奖。

1996年1月，被评为花都区科技活动优秀辅导员。

1996年3月，提交的《大气热状况教学设计》获广州市中学地理科教学设计一等奖。

1996年8月，获高级中学教师资格。

1996年9月，获1996年“广州市优秀教师”称号。

1996年9月，获1995学年“花都区优秀教师”称号。

1996年9月，提交的《地理教学流程图设计初探》获广州市中学地理科第五届教学论文评比一等奖。

1996 年 11 月，获广州市 1996 年中学生防震减灾知识竞赛“优秀辅导员”称号。

1997 年 9 月，被评为 1996 学年花都市优秀教师及优秀教育工作者。

1997 年 9 月，参与的“高中地理单元教学设计（上册）系列”课题成果获广州市中学地理科第三次教学设计交流一等奖。

1997 年 9 月，被聘为广州市第十一届中学特约教学研究员。

1997 年 9 月，被聘为广州市高一年级地理科教学研究中心组成员。

1997 年 10 月，《高中地理单元教学设计（上册）系列》被评为广州市中学第一阶段优秀教学设计一等奖（与许少星、梁汉强、刘锦环合作完成）。

1997 年 12 月，被评为 1997 年度南粤优秀地理教师并获金质奖章一枚。

1998 年 6 月，获广州师院 1998 年“杰出校友”称号。

1998 年 9 月，获花都区 1997 学年“先进教育工作者”称号。

1998 年 9 月，被聘为广州市高三年级地理科教学研究中心组成员。

1999 年 9 月，被聘为广州市高一年级地理科教学研究中心组组长。

2000 年 1 月，撰写的《地理教学设计的实施障碍初探》获第十一届特约教研员年会论文评比三等奖。

2000 年 5 月，被聘为广州市第十二届中学特约教学研究员。

2000 年 6 月，撰写的《地理教学设计的实施障碍初探》获广东省中学地理优秀论文评比二等奖。

2000 年 8 月，获区教育党委“优秀共产党员”称号。

2000 年 9 月，当选为第十届广州市中学地理教研会常务理事，并被聘为广州市中学地理教研会高三中心组成员。

2000 年 10 月至 12 月，到北京教育学院参加跨世纪园丁工程中小学骨干教师国家级培训班全脱产学习。

2001 年 2 月，被认定为广东省中学地理高级教师。

2001 年 8 月，获跨世纪园丁工程中小学骨干教师国家级培训合格证书。

2001 年，被聘为广州市中学地理教研会高三中心组成员。

2002 年 5 月，被广州市中学地理教研会、花都区推荐为广东省第六批中小学特级教师参评对象。

2002 年 7 月，提交的《“问题解决式”专题组构的思考、设计与实施》（与符建萍合作）获广州市中学地理成果评比一等奖，《高中地理教学“持续学习”模式的构思与实践》获广州市中学地理科成果评比二等奖。

2002 年 9 月，被聘为广州市中学地理教研会高三中心组成员。

2002 年 10 月，提交的《“问题解决式”专题组构的思考、设计与实施》（与符建萍合作）获广州市中小学第二阶段教学设计与实施活动优秀成果一等奖，《高中地理教学“持续学习”模式的构思与实践》获广州市中小学第二阶段教学设计与实施活动优秀成果三等奖。

2003 年 4 月，提交的《高中地理教学渗入“研究性学习”的思考及阶段性策略探讨》获广州市第十二届中小学特约教研员年会三等奖。

2003 年 9 月，被评为花都区 2002 学年优秀教师。

2003 年 9 月，当选第十一届广州市中学地理教研会副会长。

2003 年 9 月，被聘为广州市中学地理教研会高三中心组成员。

2004 年 3 月，提交的《地理高考有关“地理图像”考点研究》获广州市教育局教研室举办的广州市中青年教师高考内容研究征文评选一等奖。

2004 年 5 月，获花都区第一届青年教师解题竞赛一等奖。

2004 年 7 月，成功地通过人众人拓展训练广州分公司的“后备干部领导力”课程。

2004 年 9 月，被评为 2003 学年花都区优秀教师。

2004 年 9 月，被聘为花都区教育系统第一届中小学科首席地理教师。

2004 年 9 月，被聘为“广州名师辅导网”辅导教师。

2004 年 9 月，被聘为广州市中学地理教研会高三中心组成员。

2004 年 10 月，获广州市地理科高考成绩单项奖励证书。

2005 年 3 月，承担花都区高三地理“国土整治训练”研讨课。

2005 年 9 月，被评为 2004 学年花都区优秀教师。

2005 年 9 月，被聘为广州市中学地理教研会高一中心组成员。

另外，在 1999 年地理高考中，我所教的马尚同学的地理成绩以 810 分位居全省第五名、广州市并列第二名；2004 年高考中，所教的何浩文同学的地理成绩以 799 分位居全省第七名、广州市并列第三名。我还曾先后参与 1999 年、2000 年、2001 年三年广州市教研室主编的《高考备考指南》地理科及综合科中的地理部分的编写工作；参与了七市高中选修教材《中学地理图像系统》《社会与科学》的编写工作（三联书店出版）；参与了《高考地理复习指导》的编写工作（广东教育出版社出版）；参与了《地理掌握学习指导（上、下册）》的编写工作（广东教育出版社出版）。

教师工作让我青春永驻

广州市第一中学　梁慧英

梁慧英，广州市第一中学化学科教师，教龄三十多年，担任班主任工作二十年。在多年的教育生涯中，梁老师培养了大批优秀的学生，所任教班的高考化学平均分均名列该校年级前列，2005 年还培养出 897 分的广州市化学单科状元；所教的学生，近年参加广州市高一化学竞赛有 27 人次分别获得一、二、三等奖，参加全国奥林匹克化学竞赛（广东赛区）有 6 人次分别获得二、三等奖。梁老师是第 10 届、第 11 届广州市中学化学教研会理事，多年来指导全市性教研活动，在广州市中学化学教学领域有良好的声誉。梁老师积极参加教育教学科研，所撰写的论文《加强化学学法指导，提高学生科学素质》获 2000 年广州市中学化学教师论文年会二等奖，《实施探究性实验教学的尝试》获 2003 年广州市中学化学教师论文年会二等奖，《探索性实验在化学教学中应用的体会》获 1996 年广州市中学化学教师论文年会三等奖。

三十多年的"园丁"生活，梁老师的最深体会是："教师工作是一种平凡、艰辛而又伟大、光荣的工作，一种辛勤耕耘、乐在其中的工作，一种为人师表、催人上进的工作，一种童心未泯、永葆青春的工作。它需要一颗奉献教育事业的炽热的心，把自己的心融入学生中，把它视作一种巨大的快乐和满足，从而把教师工作当成一门大学问来钻研，必将结出教育事业的累累硕果。经过三十多年的教书生涯，已经桃李满园的我始终将教师工作视为一份事业，并为之不懈奋斗来实现我的人生价值。"

1955 年 3 月 22 日我出生在广州市一个工人家庭，从小受到父母勤劳、善良、朴实、奉献的思想熏陶和严格要求、教育；进入学校读书十多年更是受到学校和老师的教育培养，一直以来都担任班级干部，积极向上，关心集体和同学，努力做好各项工作；勤奋学习，刻苦钻研，学习成绩优秀，年年获得"三好学生"称号。

在我的成长过程中，有两个人对我的影响是最大的。一个是我的父亲，他是我在教师岗位上默默耕耘、积极奉献和学习的楷模。他虽然只是一个普通的车床工人，但在平凡的岗位上，勤奋、踏实地工作，一年完成三年的工作任务，他的事迹曾刊登在《南方日报》上，成为工人学习的榜样。他被推选为海珠区人大代表后，在积极完成自身工作任务的同时，积极参政议政，关心工人群众的疾苦，为他们争取合法的权益而忘我工作，长期超负荷的工作使他积劳成疾。在他病重弥留之际，也不忘嘱咐厂领导和其他人大代表“要关心人民群众，好好地为人民群众工作”。此情此景，我毕生难忘。另一个是我的高中班主任张任伟老师，他是一个印尼归国华侨，精通几国语言，博学多才，捧着一颗为祖国的教育事业作奉献的炽热的心，毅然放弃优越的生活条件回国执教。即使在十年动乱的日子，也坚信科技可以兴国，年青一代不能没有科学文化知识。他孜孜不倦地学习，不断充实自己，坚持上好每一堂数学课，使我们深深感受到科学文化知识的重要。正是受张老师这种对教书育人的执著和坚持的精神影响，我在师资缺乏的时候响应党的号召，选择了教师这个职业，即使在那个教师地位未得到充分认可、工作又苦又累、工资很低的年代，我依然把教师工作当成一门大学问来钻研，把它视为一种快乐和满足，把它视为我终生的事业。

一、师德方面——以生为本，乐于奉献

我 1973 年 8 月参加工作，成为一名光荣的人民教师。1975 年 8 月在广州市第一中学从教至今已三十二年，担任班主任工作十九年，担任化学科组长近八年，一直担任化学课教学。我认真贯彻党的教育方针和政策法规，热爱教育事业，有强烈的事业心和责任感；热爱学生，主动关心学生，把自己的心融入学生中，坚持正面引导，寓教育于教学之中，努力提高学生的思想素质和科学文化素质；注重自身素质的培养，在言行中严格要求自己，处处作学生的表率；自觉服从学校的工作安排，能和同事团结协作，尽职尽责，踏实勤恳，按质按量地完成各项工作任务。因而，我多次被评为学校先进教师，多次被评为教育系统的“三八红旗手”和先进教师。1992 学年被评为“教育系统先进工作者”，1994 年被评为“广州市优秀教师”，受到广州市教委、广州市教育基金会的表彰。

二、教育工作——春风化雨，情理相融

在班主任工作中，我本着以知导行、知行统一，集体教育和个别教育相结合，热爱、尊重与严格要求相统一，正面强化与纪律约束相结合，赏罚严明，长善救失等原则，具体抓以下几点：①结合形势要求和学生的身心发展规律，通过各种途径，运用班会课、主题班会、演讲会、辩论会、座谈会等形式对学生进行思想政治教育和共产主义道德规范的教育，从根本上提高学生的政治素质和思想认识水平；②利用校运会、艺术节、歌咏节等各种活动，培养学生的综合素养，抓好集体的凝聚力和班风的建设，创建优秀班集体；③注重培养高素质的学生干部队伍，提高学生自我管理的能力；④细心观察分析不同学生的不同心理特征和个性特点，善于做各种类型学生的思想工作，特别是做好后进生的转化工作，坚持动之以情，晓之以理，消除消极因素，调动其主观能动作用，以积极因素去克

服消极因素，使其向良好方面转化和发展。

我的班主任工作取得了显著成效，表现如下：

（1）任教班集体有上进心，有良好的集体行为规范，有勤奋好学的学风，有正确的集体舆论，有和谐协调的同学关系和师生关系，有健康活泼的课余生活和整洁美观的课室环境。任教班集体每学期都被评为文明班，年年被评为校先进班集体；1992 年高三（1）班和 1995 年高三（2）班均被评为广州市的优秀班集体。

（2）学生干部素质较高，工作能力较强。钟志科（1992 届）、黄咏之（1995 届）、梁伯瀚（1998 届）被评为三好学生，张丽坚（1992 届）被评为市优秀干部，刘天祥（1995 届）、周斯筠（1998 届）被评为市优秀共青团员。

（3）任教班集体学习成绩优秀。1992 年、1995 年、1998 年高考我班考上本科线以上的学生比例，均高于学校上本科线的百分比，班总平均分超学校平均分，名列本校该年级前列，高于同类学校的平均分。

多年以来，我主动指导青年教师开展班主任工作，指导他们制订班主任工作计划，研究各类型学生的心理特征，有的放矢地开展思想教育工作，使他们较快地掌握班主任的工作方法和原则，胜任班主任工作。

三、教学工作——勇于实践，形成特色

在教学上，注重运用各种先进的教学方法，不断总结自己的教学经验，逐渐形成自身的教学风格——帮助学生把零散知识整理成块，把各块知识用有关理论串成线，让学生自如地遨游在知识的海洋中。

（一）结合教学内容和学生整体特点，注重整体教学

1. 根据教材内容、课型特点和学生的实际实施多元教学法

在有关化学基本概念和基本理论课的教学中，我利用学生已有的元素化合物知识，用形象化教学法和发现法或实验法进行教学，采用图表、模型、实物、实验、电化教学等直观教学手段；而在元素及其化合物知识课的教学中，我多采用系统实验教学法，通过观察实验现象、设问、议论、讨论、讲解、对比等方法，引导学生结合结构理论知识，抓住物质的结构决定物质的性质—物质的性质决定物质的存在、制法、用途这条思路，使零碎烦琐的知识变为易于学习和记忆的系统的知识。

2. 根据学习阶段的特点和学生知识水平的差异实施不同的教学法

对高一的学生，我多采用形象化教学法和程序启发教学法，也使用发现法，使学生对教材的认识从感性到理性，深刻、准确、完整地理解知识，形成科学的理论体系。对高二、高三的学生，则充分发挥学生的主体作用，多采用发现法、探索法、单元结构法和错误暴露法，学生通过发现问题、提出问题、讨论分析，找出解决问题的方法，较好地培养和训练了学生的思维能力、解决问题的能力和

创造能力。在高三复习教学策略上，坚持以学生为本，让学生发现问题，通过表达与交流活动，让持不同观点的学生发表意见，形成讨论的氛围，在讨论和辨析中得出结论，领悟科学的复习方法，提高自我学习的能力和解决问题的能力。但不管实施哪种教学方法，我都注重创设情景，让学生积极、主动地加入到知识的形成过程中，培养学生终身学习的能力。学生曹泳红说："你的课非常精彩，生动活泼，听你的课既是一种享受，又能牢固地掌握知识。"

3. 突出学科的特点，运用探索性实验教学

我坚持把实验作为探索问题的手段，精心设计探索方案，发展学生的智力，培养学生的能力。尽可能做到：把演示实验改为学生自己动手的边讲边实验；把部分验证性实验改为探索性实验；从实际出发增补一些实验；适当增加含设计因素的实验。这样不但使得重要的概念、规律、理论和物质性质变化及联系都可以由实验引出，而且又为学生多动手操作、多动眼观察、多动脑思考创造了条件，更能使学生学会应用实验去学习、研究化学的科学方法，培养科学精神和创新能力。

合理、适量地编印单元复习提纲和配套的、有启发性的、综合性的练习题，并通过学生建立"错题集"和错题题析，使学生的思维缺陷和思维障碍得到暴露和剖析，知识及时得到完善；有效地促进了学生形成科学的思维品质，提高了思维能力、自我纠错能力和灵活运用知识的能力。

（二）针对学生的个别差异，注意因材施教

在教学方面，我不但注重整体学生的教学策略，还根据学生的个体特点，有的放矢地进行有针对性的教学。

对学科尖子，我既指导他们熟练、牢固地掌握课本知识，又指导他们进行课外阅读，拓宽视野，扩大知识面，动手设计实验，提高解决问题的能力和创造能力。

同时，我也加强对所任教班中的学习弱势学生的个别思想工作、学习辅导和心理辅导，使他们在成绩得到提高的同时形成正确的人生观和价值观。

由于本人的努力，在教学方面收到了良好的教学效果。具体体现在：学生对本学科学习的兴趣和积极性高，思维能力和灵活运用知识的能力不断提高；所任教班的高考化学平均分均名列年级前列，也高于同类学校平均分，每年均有700分以上的高分学生，特别是2005年培养出897分的广州市化学单科状元，名列全省第二名，受到学校嘉奖；所教的学生，近年参加广州市高一化学竞赛有27人次分别获得一、二、三等奖，参加全国奥林匹克化学竞赛（广东赛区）有6人次分别获得二、三等奖。所教的学生，近五年参加广州市中学生"我与化学"活动评比，有几十人次获多项评比的一、二、三等奖。

四、教研工作——不懈探索，成果丰硕

我是第10届、第11届广州市中学化学教研会理事，多年来为指导全市性教研活动作出了不懈的努力，在广州市中学化学教学领域有良好的声誉。我积极组织和参加各类型的教研活动，并踊跃发言。我在教学中不断总结经验，进行记忆方法和探索性实验教学和高考总复习策略的研究，写出《在化学教学中培养学生的记忆能力》《探索性实验在化学教学中应用的体会》《在高三化学复习中如何实施“练”》《加强化学学法指导，提高学生科学素质》《实施探究性实验教学的尝试》《在化学总复习中利用“错题集”的反思提高学生学习效果》等教学论文。我还注意探讨结合有关化学教材内容进行爱国主义教育的形式和方法，写出《结合化学教学进行爱国主义教育》的教学论文。为帮助学生正确评估自己的学习水平和提高学习质量，我尝试运用标准分管理学生学习质量，写出《运用标准分管理学生学习质量的尝试》的教育论文。其中，《加强化学学法指导，提高学生科学素质》获2000年广州市中学化学教师论文年会二等奖，《实施探究性实验教学的尝试》获2003年广州市中学化学教师论文年会二等奖，《探索性实验在化学教学中应用的体会》获1996年广州市中学化学教师论文年会三等奖。《加强化学学法指导，提高学生科学素质》被录入被中国教育学会评为中小学素质教育丛书一等奖的由中央民族大学出版社出版的反映我校“双动”教育模式的专著《生动的主动的教与学》，《实施探究性实验教学的尝试》被录入《承先启后，开拓创新》（中央民族大学出版社出版）。

五、科组工作——悉心指导，形成合力

担任科组长工作期间，在校领导的关心和指导下，我努力抓好科组建设，积极组织科组教师深入学习和贯彻中共中央国务院《关于深化教育改革全面推行素质教育的决定》和第三次全国教育工作会议精神，全面认真执行党的教育路线，根据市教研室、学校的计划和要求，组织各种课型教学优化设计的研讨，特别是探索在教学中如何充分利用实验激发兴趣、获取知识、启迪思维、培养科学方法和创新能力；开展以“发展性教学评价”和实现新课程提出的“转变学生过于依靠接受式的学习方式”目标为主题的各项教研活动，组织化学课堂教学评价方案使用说明的研究，探讨如何在课堂教学中以科学探究或探究式学习作为突破口来转变和优化学生的学习方式，使科组老师进一步转变教学观、学生观、质量观，以符合新课标的要求，教学技能和教学水平不断提高，教研水平得到发展。

我一直主动承担培养青年教师的任务，多年来我坚持带领他们学习教学大纲，分析教材内容，制定教学目标和教学计划，研究各种教学方法和教学策略，通过自身的示范课，带领他们上公开研讨课，促使他们在实践中较快成长，成为学科教学的骨干。

近几年来，本科组的教师积极参加各类教研活动，形成了一批中青年教学教研骨干力量，在市内外进一步扩大了知名度。尤其是青年教师的教育教学研究活动范围越来越广，2000 年市化学教研室组织征集优秀课例成果出书，我科组张永杨、林婉贞、吴芳蕾、罗婉娴 4 名年轻教师投稿，3 篇作品入选；在 2002 年 9 月荔湾区第二阶段课堂教学优化设计与实践活动成果评比中（中学部分），我校在各项目评比中名列各校之首，本科组也获得 5 个奖项，占全区化学科 18 个奖中的 27.8%，其中本人获一等奖，张永杨、吴芳蕾、林婉贞获二等奖，廖孙静获三等奖。在荔湾区青年教师基本功大赛中，本科组的张永杨获一等奖，林婉贞、吴芳蕾获二等奖，占全区获奖人数的 37.5%。在 2002 年 10 月广州市第二阶段课堂教学优化设计与实践活动优秀成果评比中，我校获 8 个等级奖，本科组占了两项，张永杨的教学实录《“电解反应规律”的教学》获二等奖，吴芳蕾的教学论文《化学理论课教学设计研究》获三等奖。梁淑华制作的课件《有机反应类复习》在广州市多媒体教育软件中学组评比中获优秀奖。此外，在《荔湾区第二阶段课堂教学优化设计与实践活动成果集——开拓　进取　创新》（中学版）中，由张永杨制作的课件《乙酸的酯化反应》和吴芳蕾制作的课件《离子键、共价键》均被入选收编在“荔湾区教学优化设计与实施活动成果（光盘系列）”中，占我校入选优秀个案的 14%。由中央民族大学出版社出版的反映我校“双动”教育模式的专著《生动的主动的教与学》被中国教育学会评为中小学素质教育丛书的一等奖，本科组共有 6 篇文章入选该书。在 2002 年荔湾区评选中学首届“荔教新星”活动中，我校入选 4 人，占区中学获选总数的 14.8%，其中两人是化学教师。由于成绩显著，本科组被评为荔湾区教育系统青年文明号，连续四年被评为广州市中学化学优秀科组。

三十多年的“园丁”生活，使我深深认识到教师工作是一种平凡、艰辛而又伟大、光荣的工作，一种辛勤耕耘、乐在其中的工作，一种为人师表、催人上进的工作，一种童心未泯、永葆青春的工作。它需要一颗奉献给教育事业的炽热的心，把自己的心融入学生中，把它视为一种巨大的快乐和满足，从而把教师工作当成一门大学问来钻研，必将结出教育事业的累累硕果。经过三十多年的教书生涯，已经桃李满园的我始终将教师工作视为一份事业，并为之不懈奋斗来实现我的人生价值。

“当世人需要你时，你是最幸福的。”

这，就是我所追求的人生。

完善与挑战自我　在教研活动中超越与创新

广东仲元中学　曾国琼

曾国琼，教龄近二十年，1995 年调入广东仲元中学，为化学科教师。自调入仲元中学以来，因各方面表现突出，曾老师曾获多种荣誉称号，包括：1998 年被评为番禺市优秀教师；1999 年荣获番禺市“巾帼建功”活动标兵暨“三八红旗手”标兵；2003 年被评为 1999—2002 年广州市中学化学教研积极分子；2004 年荣获广州市首届中青年化学教师综合素质大赛五项综合一等奖；2004 年被评为番禺区优秀青年；2004 年被评为番禺区拔尖技术人才并享受政府特殊津贴；2005 年被评为 2003—2005 年广州市中学化学教研积极分子。曾老师先后三次荣获广东省化学会颁发的全国高中化学竞赛“园丁奖”，并于 1998 年受到中国化学学会的表彰。曾发表十多篇论文，多篇论文获奖；先后辅导过三届学生参加全国高中学生化学竞赛，四届学生参加广州市高一化学竞赛。曾老师辅导的学生参加全国高中学生化学竞赛，获全国一等奖 5 人、二等奖 4 人、三等奖 9 人，获省一等奖 7 人、二等奖 10 人、三等奖 12 人；参加广州市高一化学竞赛，获广州市一等奖 18 人、二等奖 21 人、三等奖 22 人。

为了实现儿时的梦想：在神圣的讲台上传播知识，像自己敬爱的老师一样点亮孩子们渴求知识的心灵之灯，我选择了教师作为自己的职业。当我 1987 年以优秀的成绩从陕西师范大学化学系毕业时，一个意外的机会让我在毕业的第一年就任教高三化学，经过一年的刻苦钻研、顽强拼搏，我所在学校（只有两个理科班，均由我教）的高考化学成绩取得了历史性的突破：作为一所普通中学，平均分超过了区里的重点中学，由此激起我不断创新、超越自我的勇气和信心。1995 年调入广东仲元中学。二十年来，我一直立足于三尺讲台，辛勤耕耘，无论是教育、教学还是教研都取得了一些成绩，我也因此受到了上级的奖励。回顾我走过的人生历程，我感受最深的就是：只有用崇高的信念指引自己努力奋斗，才能实现人生的价值。

一、淡泊名利，用理想指引人生

淡泊名利，就是要正确对待自己，正确对待同事，正确对待组织。因为一个人无论取得了怎样的成绩，都应该清醒地看到，没有党的培养，没有各级领导的支持和关心，个人的力量和作用是有限的。在经济高度发达的当今社会，一个人想生活得更好，是无可厚非的，也是应该的。但我个人认为作为一名教师，一名人类灵魂的工程师，我们应该在生活中寻找属于自己的生活支点，不断地塑造自我，让岁月的坎坷、生活的风雨来磨砺自己的品格。二十年来，我始终以一颗平常心对待荣誉和名利，一心一意地想着把学校领导分配给自己的工作尽力做得最好，唯有如此，才不辜负学生和家长的期待，才不辜负教师的职责。

争当名师是我的理想和追求，献身党的教育事业是我的责任和光荣。参加工作二十个春秋，我已教出了十二批高三毕业生，十多篇论文的发表和多项获奖记录着我艰苦奋斗的日子，多少个钻研备课的深夜伴随着我耕耘的历程。当教师节的贺卡和手机中的短信载着学生深情的问候，当学生一次次以优异成绩向我报喜的时候，我感到无比的欣慰，它告诉我：只有将个人融入集体、融入社会，不断地为我们的社会作出贡献，人生才会展现出最美的色彩。立足岗位，默默奉献，用心去建构，最终你会在平凡之中创造成功。

二、变压力为动力，完善自我

如不想虚度年华、碌碌无为，就要不断完善自我、超越自我。要想获得成功，就必须努力培养自己的主动意识：在工作中要勇于承担责任，主动为自己设定工作目标，并不断改进方式、方法，不断在原有的水平上取得进步，进一步完善自我。

1995 年调入仲元中学后，我一方面虚心向其他老师学习，一方面主动寻找自己的“弱势项目”，“对症下药”进行解决。为了提高自己的解题能力，我做完了历年来所有的高考题和试测题，并力争对所做的题目进行一题多解、一题多变、多题同解，再从众多的解法中找出最优解法，然后进行归纳小结。在复习化学实验这一部分时，发现学生遇到化学实验题不知从何下手，我就到处查找资料，找出所有能找到的有关化学实验复习方面的文章和书籍，然后进行筛选、分类，并从中归纳出自己独特的、行之有效的方法。在教学过程中，我还鼓励学生不断创新，尽可能提出与众不同的解题方法，并在全班进行推广，这样既可以调动学生的学习积极性，又能提高自己的业务水平。经过不断的改进教学方法，我的教学风格已经逐渐为学生所适应、所喜爱。近几年还创造了三次夺得广州市同类学校高考化学平均分第一的优异成绩，所教的学生有近 26 人考出了 700 分以上的好成绩，4 人取得了 800 分以上的优异成绩，更有一人夺得了 2001 年的广东省高考化学单科状元。由于高考成绩突出，我曾先后六次在广州市高三化学教研会上作经验介绍、在茂林研修班上作专题发言。

在繁重的常规教学外，我还先后辅导过三届学生参加全国高中学生化学竞赛、四届学生参加广州市高一化学竞赛。我辅导的学生参加全国高中学生化学竞赛，获全国一等奖 5 人、二等奖 4 人、三等奖 9 人，获省一等奖 7 人、二等奖 10

人、三等奖 12 人；参加广州市高一化学竞赛，获广州市一等奖 18 人、二等奖 21 人、三等奖 22 人。我本人先后三次荣获广东省化学学会颁发的全国高中化学竞赛“园丁奖”，并于 1998 年受到中国化学学会的表彰。

为了让学生在全市或全省化学竞赛中取得好成绩，辅导教师是要付出很多艰辛的：四处寻找和购买有关竞赛方面的书籍、资料。为了解竞赛题（因为全国高中学生化学竞赛的知识基本上都是大学内容），要查阅很多参考书，甚至到网上论坛去查询；为了对学生进行辅导，又不影响学生正常的学习时间，我经常牺牲双休日、寒暑假。因此辅导竞赛所面临的最大问题就是时间：做题需要时间，辅导学生需要时间，而这些时间只能从我自己的休息时间中挤。因此，我常常在辅导学生时，把当时尚年幼的女儿锁在家里，有时她实在不愿意一个人待在家里，我只好把她带到实验室，让她一个人在实验室后面玩；而为了寒暑假辅导竞赛，不得不一次又一次推迟回老家的时间。

由于我先后辅导了三届学生参加化学竞赛，因此来仲元中学这么多年，我只有 1999 年 9 月—2001 年 7 月这两年担任了班主任工作。我在所带的班里没有采取奖惩制度，也没有进行量化考核，实行的是民主管理，无论是谁都可以提出提议，但提议是否实施，则要在班委会上进行表决，如果有必要，还会在全班表决。但一旦表决通过，全班同学就要不折不扣地执行。记得刚接手这个班时，有的同学喜欢晚修时说话，我看到其他班都是班干部维持纪律，于是就提议：我们班也可以采取同样的方法，但班委会讨论时没有通过，原因是这样做容易使班干部和同学对立，降低班干部的威信。怎么办呢？没有规矩不成方圆，于是全班一起讨论制定了一些对大家学习有利的规则，如晚修时不能随便出去接水，不能去洗手间，相互讨论与学习有关的问题可以，但不能影响其他同学的学习等。虽然刚开始有的学生不习惯，但渐渐地大家也都认识到晚修安静的好处，全班同学都自觉遵守。尤其是高三那一年，无论我什么时候去检查，也无论我出现得有多么突然，课室里始终是安安静静的。正是由于有了这样的班风，我所带的高二（5）班在 2002 学年被评为番禺区先进班集体，高二（5）班团支部被评为番禺区先进团支部。高三（5）班在 2001 年的高考中有 21 人上重点线，26 人上本科线，还有 10 人上大专线，取得了当年高考各段上线人数和上线率的全校第一。

在我收到的一张教师节贺卡上，一位学生深情地写道：“老师，能成为您的学生是我的荣幸，您不仅教会我知识，还教会我怎样做人。请相信，明天的我们会成为您的自豪。”这言语让我感到艰辛之后的欣慰，这言语激励着我要以更高的目标指引人生。

三、挑战自我，超越自我

人的一生，肯定会遇到许许多多的困难和挫折。困难面前，我们要勇敢地面对，只有迎接挑战，才能超越自我。

2002 年，广州市教研室化学科举办广州市首届中青年化学教师素质大赛，共设置了笔试、论文、课件、课堂教学、实验技能等五项比赛，历时近两年。说实话，要从平时繁忙的工作中抽出时间来参赛，既辛苦，压力又大。刚开始我确实不想参加，主要是怕没有时间，无法坚持到最后。在学校领导的支持下，我慢慢地认识到：参赛是一次检验自己、学习他人、提高自己的好机会。抱着学习、提高的想法，在最后一刻我才报名参赛。在整个参赛过程中，我看了很多有关教育、教学理论方面的书籍，查阅了大量有关新课标理念方面的资料，对写出来的论文、设计、课件等反复修改，尤其是两次课堂教学的教学设计修改次数多达八九次。在这个过程中，经历了不少失败，但我自己认为经过这次参赛，我的收获绝不仅仅是得了几个奖，而是从那以后，我不仅知道了该如何写教学设计，还知道了什么时候该组织学生进行自主学习、探究学习、合作学习等。在广州市、番禺区教研室、学校领导以及学校其他老师的支持下，经过自己的努力，最终我一共获得了五个单项中的三项一等奖、一项二等奖、一项三等奖，并最终取得了广州市首届中青年化学教师素质大赛五项综合一等奖（全广州市仅三名）。

为了提高自己的教学、教研水平，我不断地钻研业务、探索创新，积极投入教育、教学改革。面向全体学生，根据学生的实际情况对教学内容进行合理重组，创设能激发学生学习兴趣的教学情境，以引发学生的认知冲突，引导学生自己发现问题、提出问题，并在此基础上通过生生、师生之间的交流和评价解决问题，最终实现化学知识的自主建构，将教学评价与课堂教学有机结合起来。

从 2001 年开始，我结合自己的教学工作加强教育教学理论的学习，并用先进的教育、教学理念指导自己的教学工作，把对教学活动的反思、体会撰写成论文。所写的论文共有十三篇在《中学化学教学参考》《中学化学教与学》《广州市教学研究》等杂志上发表。2002 年、2003 年，我先后两次参与由广州市中学化学教学研究会组织的《高中化学基础知识与基础题型训练》（第一册）的编写工作。2004 年，我参与了由广东省教育厅教研室组织的《高考化学复习指导》一书的编写工作。2005 年，我参与了由广东省教育厅教研室组织的《高中化学必修 1 教学案例》一书的编写工作。2005 年，我参与了由广州市中学化学教学研究会组织的《高中化学基础训练》化学必修 1 的编写工作。我撰写的教学论文、教学设计等教研成果获全国一等奖一项、二等奖三项、三等奖两项；获广东省一等奖三项；获广州市一等奖七项、二等奖四项、三等奖四项。

四、积极投身教改，不断探索创新

2004 年秋，广东省作为首批新课程实验的四省之一，率先开始进行普通高中新课程实验。我认为作为参与新课程实验的样本学校的一名教师，有责任也有义务为新课程在全国的全面实施提供经验和教训。在新课程进行实验的这一年多的时间里，我不断加强思想理论和业务理论的学习。为了正确领会新课程理念，正确把握新课程标准，我积极参加各级教研室组织的新课程培训。

在新课程实施的过程中，为了将教学评价与课堂教学有机地融合在一起，我精心选择教学内容，努力创设适宜的问题情境，引导学生从“通过评价，从学生提出的众多问题中筛选出最适宜的问题；通过评价，优化解决问题的方法；通过评价，优化实验方案；通过评价，理解知识产生和形成的过程；通过评价、反思，自主建构知识体系”五个方面进行自评、互评，以便在课堂教学过程中促进学生自主建构知识，促进学生的发展。这种将课堂教学与评价有机结合起来的教学模式受到了各级专家的认同：2004 年 9 月 13 日所上的《除去粗盐中的可溶性杂质》一课受到了教育部、省教育厅、市教育局的专家的好评；所撰写的教学设计《除去粗盐中的可溶性杂质》荣获中南六省区研究性学习教案评比二等奖，在广东省高中新课程化学教学经验交流暨研讨会上获一等奖，在广州市高中新课程化学教学案例评比中荣获一等奖。2005 年 4 月 7 日所上的展示课《化学反应速率和限度（第一课时）》在人教版普通高中化学课程标准实验教科书实验经验交流暨研讨会上获得好评。2005 年 7 月 13 日应邀在广东省教育厅举办的普通高中新课程高一化学省级培训班上作“课堂教学中通过评价促进学生自主建构知识体系”的发言，受到好评。2005 年 7 月 15 日受人教社委托以及江苏省骨干教师培训基地的邀请为江苏省教育厅师资处举办的“2005 年普通高中新课程（化学）骨干教师省级培训”学员作“新课程实施的体会”的报告，受到好评。

成绩属于过去，在未来的教师生涯中，我将尽力在原有的基础上进一步完善自己、超越自己，以优异的教育、教学成绩，回报党和人民对我的培养。

附：

1. 常规教学

所教学生在 1999、2001、2004 年高考中均创广州市同类学校高考化学平均分第一名，共有 4 人取得了 800 分以上的高分，并培养出 2001 年广东省高考化学单科状元。

（1）1999 年任教的高三（4）、高三（5）班高考化学平均分为 595.38 分，名列广州市 B 类学校第一名，700 分以上 6 人，其中 1 人 805 分（广州地区 800 分以上共 9 人）。

（2）2001 年任教的高三（5）班、高三（6）班高考化学平均分为 595.6 分，再次名列广州市 B 类学校第一名，700 分以上 9 人，其中 800 分以上 2 人（广州地区 800 分以上共 8 人），彭炎聪同学以 845 分夺得广东省高考化学单科状元（全省共 10 人，广州市仅此 1 人）。

（3）2004 年任教的高三（5）班、高三（6）班高考化学平均分为 582 分，第三次名列广州市 B 类学校第一名，700 分以上 11 人，其中 1 人 849 分。

2. 竞赛辅导

我多次辅导学生参加化学竞赛，取得了较好的成绩。我先后三次荣获广东省化学学会高中化学竞赛“园丁奖”，并于1998年受到中国化学学会的表彰。辅导的学生参加全国高中学生化学竞赛，获全国一等奖5人、二等奖4人、三等奖9人，获省一等奖7人、二等奖10人、三等奖12人；参加广州市高一化学竞赛，获一等奖18人、二等奖21人、三等奖20人。

具体如下：

(1) 1997年，辅导学生参加全国高中学生化学竞赛（初赛），获全国一等奖1人、二等奖3人、三等奖2人，获省一等奖2人、二等奖3人、三等奖3人，获广州市一等奖5人、二等奖3人、三等奖6人。

(2) 1998年，辅导学生参加全国高中学生化学竞赛（初赛），获全国一等奖3人、三等奖2人，获省一等奖3人、二等奖2人、三等奖5人。

(3) 2003年，辅导学生参加全国高中学生化学竞赛（初赛），获全国一等奖1人、二等奖1人、三等奖5人，获省一等奖2人、二等奖5人、三等奖4人。

(4) 1996年，辅导学生参加广州市高一化学竞赛，获广州市一等奖7人、二等奖5人、三等奖8人。仲元中学获集体奖，吴冠云同学获广州市个人总分第一名。

(5) 1997年，辅导学生参加广州市高一化学竞赛，获广州市一等奖4人、二等奖9人、三等奖8人。

(6) 2002年，辅导学生参加广州市高一化学竞赛，获广州市一等奖7人、二等奖7人、三等奖4人。仲元中学获集体奖。

(7) 指导学生撰写的小论文参加广州市首届中学生“富丽杯”我与化学活动，有4篇获一等奖、8篇获二等奖、5篇获三等奖。

3. 教学研究

1998年以来，共有12篇（次）论文在杂志上发表，其中在《中学化学教学参考》上发表8篇，在《广州教学研究》上发表2篇（其中一篇为3人合作），还有2篇被中国人民大学主办的《中学化学教与学》转载。

(1)《有机物的燃烧规律及其应用》发表在《中学化学教学参考》1998年第8~9期上。

(2)《形象思维在解题中的应用》发表在《中学化学教学参考》1999年第4期上。

(3)《应用螺旋式题组，培养学生的思维能力》发表在《中学化学教学参考》2000年第7期上。

(4)《胶体第一课时教学实录》发表在《中学化学教学参考》2000年第11期上。

(5)《优化课堂教学　培养科学素质》发表在《中学化学教学参考》2002年第5期上。

（6）《如何提高高三化学复习的效益》发表在《广州教学研究》2002 年第 2 期上。

（7）《建立化学概念的教学策略》发表在《广州教学研究》2002 年第 5 期上。本课题组成员有广州市第 10 中学陈彦玲、中山大学附属中学李南萍、仲元中学曾国琼，执笔：陈彦玲。

（8）《电解原理》的教学设计发表在《中学化学教学参考》2003 年第 7 期上，并于 2003 年 12 月被中国人民大学主办的《中学化学教与学》转载。

（9）《建立化学基本观念　培养微观想象能力》发表在《中学化学教学参考》2004 年第 5 期上，并于 2004 年 11 月被中国人民大学主办的《中学化学教与学》转载。

（10）《化学教学中实施探究性教学》发表在《中学化学教学参考》2005 年第 1 ~2 期上。

（11）《有机化学专题复习指要》发表在《中学化学教学参考》2005 年第 11 期上。

教学论文获奖情况：获全国一等奖一项、二等奖三项、三等奖两项，获广东省一等奖三项，获广州市一等奖七项（次）、二等奖四项（次）、三等奖四项（次）。

（1）2004 年 7 月，论文《优化课堂教学　培养科学素质》获中国化学学会第四届全国中学化学教学研讨会论文评比一等奖。

（2）2004 年 7 月，论文《创设问题情境　实施实验探究　培养创新能力》获中国化学学会第四届全国中学化学教学研讨会论文评比二等奖。

（3）2004 年 12 月，论文《通过探究性学习实现化学知识的自主建构》在中国教育教学研究会主办的第六届全国新概念教育教学论文大赛中，荣获二等奖。

（4）2004 年 11 月，《除去粗盐中的可溶性杂质》荣获中南六省研究性学习教案评比二等奖。

（5）2004 年 4 月，论文《结合化学教学培养科学素质》在中国教育学会化学教学专业委员会第十次学术会上，荣获三等奖。

（6）2005 年 7 月，论文《通过探究性学习自主建构化学知识》在“第二次‘积极推进中学化学课程改革实施研讨会’”上，荣获三等奖。

（7）2004 年 1 月，论文《结合化学教学培养科学素质》在广东省中学化学优秀教学成果评选中，荣获一等奖。

（8）2005 年 1 月，《除去粗盐中的可溶性杂质》在广东省中学化学优秀教学成果评选中，荣获一等奖。

（9）2005 年 4 月，《除去粗盐中的可溶性杂质》在广东省高中新课程化学优秀教学经验交流暨研讨会上，荣获一等奖。

（10）《建立化学概念的教学策略》在广州市中学、小学、中等职业学校第二阶段教学设计与实施活动中，获一等奖。本课题组成员有广州市第10中学陈彦玲、中山大学附属中学李南萍、仲元中学曾国琼，执笔：陈彦玲。

（11）《2004年高考化学实验复习策略》在2003年广州市中青年教师高考内容研究征文评选活动中被评为一等奖。

（12）《如何在新课程实施中开展“我与化学”活动》在广州市中学生“我与化学”活动设计与实施专题研讨会中被评为一等奖。

（13）2005年8月，《除去粗盐中的可溶性杂质》在广州市新课程案例评比中获一等奖。

（14）《电解的原理》参加2000年广州市中学化学说课评比，获二等奖。

（15）《结合化学教学 培养科学素质》在2002年广州市中学化学教师教学论文年会中被评为二等奖。

（16）《成功就是成为最好的你自己》在“我们的十年”故事征文中被评为二等奖。

（17）《浅谈化学教学中学生思维能力的培养》于1999年获广州市中学化学教研会、广州市化学化工学会三等奖。

（18）《有机物燃烧问题（总复习）》参加2000年广州市中学化学教师优秀教学设计评比，获三等奖。

（19）《创设问题情境 实施实验探究 培养创新能力》在2000年广州市中学化学教师教学论文年会中被评为三等奖。

（20）2003—2004年参加广州市首届中青年中学化学教师素质大赛，分别荣获“课堂教学”一等奖、“课件制作”一等奖、“论文比赛”一等奖、“实验操作技能大赛”二等奖、“业务知识综合测试（笔试）”三等奖。

其他

敏于问题　不懈探求

——在教育科研中发展

广州市番禺区教育局教研室　严运华

严运华，曾在湖北监利中学、广东番禺中学任教。广州市教育局教研室中学数学教研员，番禺区教育学会副秘书长，广州市中学数学教研会理事，中国教育学会教育实验会会员，中国数学教学研究中心会员。2004年9月，严老师被广州市教育局人事处聘请为“广州名师辅导网”中学数学辅导教师；1998年，获得“南粤教坛新秀”荣誉称号；1997年至1999年，被评为番禺市先进劳动者；多次被评为番禺市（区）先进教师。另外，严老师还有近四十篇论文发表在国家、省、市级教育刊物上，其中有十多篇分别获国家、省、市级奖励，担任副主编或参与编写了十多本数学教育方面的书籍。

回顾二十多年的数学教学历程，我觉得之所以在教学和研究两方面均取得了一定成绩，与本人始终坚持“在研究中教学、在教学中研究”密切相关。正所谓在研究中发展，多年来，我一直坚持“学习—研究—实践—反思”的思路积极进行教学研究。通过研究，自己的教育理论水平和专业素质不断得到提高，并形成了独具特色的教学方法与教学主张，教学研究能力也日渐成熟。反思自己的研究轨迹，感触最深的就是“研究始于问题”，要有强烈的问题意识和探究问题的兴趣。我主要是从以下几个方面去发现问题并展开研究的：

一、研究的问题立足于教学实践，以教材和教法为研究重点

立足于教育教学实践是我的基本研究立场。具体体现为：

1．对教材例（习）题的研究

教材中例（习）题是教材的重要组成部分，充分挖掘例（习）题的教学功能，有利于学生深刻理解数学概念、公式、法则等数学事实。研究内容包括例（习）题的一题多解、一题多变、简单向复杂的推广，将课本例（习）题改编成具有开放性、探索性、应用性的新题，合理整合例（习）题、归纳数学模型等方面的研究。围绕这些方面，我进行了研究，并写了一些论文，其中有十多篇在省、市级教育刊物上发表。如发表于西南师范大学主办的《数学教学通讯》上的《一道例题的联想》一文，主要是将课本中的不等式：若，且，则，通过与

三角函数、指数函数、对数函数等方面的类比，将问题进行推广，并运用这些结论处理一些数学问题。这些素材对丰富学生数学课外活动、开展研究性学习等诸方面都有重要参考价值。发表在《广州教学研究》（理科版）的《提高课本例（习）题的教学功能》一文则对如何提高课本例（习）题的教学功能进行了全面阐述，对引导教师如何整合教材例（习）题、如何研究例（习）题的教与学指明了方向。

2. 对数学概念、公式引入的研究

数学中的一些重要概念、公式、定理、法则等数学事实是人类文明发展的结晶，这些发现凝聚着人类的聪明才智。我们的教学虽然不可能重现人类发现这些数学事实的过程，但可以通过创设情境让学生体会人类发现的过程，培养学生的探究能力。为此，本人积极主张在教学中对一些重要的概念、公式、定理通过创设问题情境展示其形成过程。如数学概念形成的问题情境可从以下几个途径创设：①回顾已有相似概念，对问题举一反三进行类推得出结论；②由已有相关概念的比较，归纳总结得出结论；③联想相关数学概念，引导发散性思维猜想得出结论；④提供感性材料，抽象与概括相结合得出结论；⑤通过学生实验，让学生在实验过程中锻炼观察、发现问题的能力，由观察、发现得出结论。该项研究先发表在山西《教学与管理》2000 年第 6 期上，后被收录在由广州市教育局教研室主编的《中学数学课型与教学模式研究》（由新世纪出版社出版）一书，对教师创设一些重要数学概念引入的问题情景有直接的指导意义。

3. 挖掘教材中隐含的数学思想方法

数学思想是人们对数学内容的本质认识，是对数学知识和数学方法进一步的抽象和概括，属于对数学规律的理性认识的范畴。数学方法则是解决数学问题的手段，具有“行为规范”的意义和一定的可操作性。数学功能的发挥主要是利用数学方法解决科学和社会各领域的问题，因此数学教育不应只局限于传授知识，还要充分展示数学过程中的思想方法。由于现行教材都是沿着数学知识的纵向或横向联系去展开的，数学知识体系是明显的，而数学思想方法隐含在这些知识里面，必须通过提炼、总结才能挖掘出来。为此，我认真研究了高中数学教材中各章节隐含的数学思想方法，构建了中学数学思想方法的体系，并自觉地将数学思想方法的渗透纳入教学目标，始终贯穿知识与方法这两条线，把这两条线都统一于数学思想这一主线上，同时数学思想方法的教学还要依附于知识与方法。在进行数学思想方法教学时应遵循渗透性、反复性、适时性、系统性等基本原则。在数学思想方法的研究上，我先后在中国数学学会主办的《数学通报》、广东省教育厅主办的《广东教育》、广州市教育局教研室主办的《广州教学研究》、江西师范大学主办的《中学数学研究》等教育教学杂志上发表了《不等式单元数学思想的挖掘与渗透》《数学教学渗透数学思想例说》《高中数学方法及其教学》《不等式教学中学生类比、归纳能力的培养》《从数列高考试题谈数学思想方法的运用》《初中数学中常用数学思想方法》等十多篇论文，其中《高中数学方法及其教学》被评为广东省中小学教育创新成果三等奖。

4. 以教学设计、课堂教学作为问题研究

课前认真搞好教学设计，课中激励学生有效参与，课后及时进行教学反思是优化课堂教学的三大举措，也是提高教师专业素质的有效途径。对此我作了以下研究：①教学设计要重视创设“问题链”，架设新知识与学生已有知识间的联系，使新知识纳入到学生已有的认知结构中。如何设计“问题链”并组织教学呢？我提出了四条途径及三点注意，详见发表于《广东教育》2000 年第 12 期的《论“问题链”的设计与教学》一文。②提高学生课堂教学的参与程度。数学教学活动中，教师主导作用的效果应以能否充分调动学生的课堂积极性来衡量；离开了学生主动积极的参与，教师的主导作用是没有意义的。教师的“导”要具有科学性、启发性和艺术性，充分激发学生的思维活动，以达到优化学生思维品质、增强创造力的目的。因而，教师应结合教学内容，设计出有利于学生参与的教学环节，引导学生参与课堂教学的全过程。对于如何引导学生有效参与数学思维活动，我提出从六个方面进行，详见发表于《广东教育》1999 年第 4 期的《提高学生数学课堂教学的参与度》一文。③课后及时做好教学反思。一节课下来，教师要进行反思，从目标、方法、学生活动、问题处理等方面反思，通过反思，促进自己的教学水平不断提高。

二、适当分析考试制度，以高考及竞赛试题为问题研究

在当前的教育环境下，完全不考虑考试制度是不可能的，也是不现实的。因此，我还适当注意对高考及竞赛试题进行研究。具体包括：

1. 结合高考试题进行研究

由于高考试题具有强干削枝、深化能力立意、重视数学思想方法和理性思维的考查等特点，因此，重视高考试题的研究，能更好地从整体上把握高中数学知识间的纵横联系及数学思想方法运用的要求，有利于改进中学数学的教学。自参加教育工作以来，每年高考结束后，我都及时将高考数学试题认真做一遍，并要求自己用尽可能多的方法去完成，做完后再与国家提供的标准答案进行比较，并结合教材进行分析：哪些题源于教材，体现了哪些重要的数学思想，找出试题的知识点分布规律等。在高三复习备考中，我提出如何根据高考数学试题特点和学生的实际情况，设计复习计划，选择好例（习）题，从而提高复习的效果。我结合高考试题特点分别在中国人民大学报刊复印资料《中学数学教学》、湖北大学主办的《中学数学》、江苏省数学学会主办的《中学数学月刊》、扬州大学主办的《中学数学教学》、湖北省教研室主办的《高中生语数外》等杂志上发表了《从高考数列试题谈数学思想方法的运用》《谈高三数学例题的选编》《一道高考试题的简解及推广》等十多篇论文。

2. 结合竞赛试题研究

为了鼓励数学优秀生脱颖而出，选拔数学英才，国家每年都要组织全国初中数学竞赛和全国高中数学联赛。这些试题具有一定的难度，对数学思想的运用要求较高，需要有较高的数学天分和较好的数学基础才能完成。研究这些试题对有效指导数学课外小组、提高自己的专业水平有很大帮助。每年竞赛结束，我都及时将这些试题认真做一遍。有些试题，当时不能很快解决，但我绝不气馁，通过查阅有关资料后再思考完成。这样，我的解题能力得到了很大提高。对不少竞赛试题都能从解法的多样性和结论的一般性进行研究，写出了一些关于数学竞赛试题研究方面的论文。如《一道 IMO 试题的推广》《一道竞赛题的推广及应用》《一道全国高中数学联赛题的简解》等多篇论文分别发表在上海师范大学主办的《上海中学数学》、浙江师范大学主办的《中学教研 · 数学》、湖北大学主办的《中学数学》等杂志上。

三、从文献资料中寻找问题研究

在查阅有关文献资料的过程中，我坚持认真思考，从中发现问题，努力解决问题。

如我读匡继昌教授所著的《常用不等式》（湖南教育出版社出版）一书时，该书附录中“100 个未解决的问题”深深地吸引了我，经过努力，对其中一个猜测进行解答：

设$\triangle ABC$的三边为a，b，c，其对应的角平分线分别为t_a，t_b，t_c，则$\frac{1}{t_a}+\frac{1}{t_b}+\frac{1}{t_c}>\frac{1}{a}+\frac{1}{b}+\frac{1}{c}$。不仅给出了证明，还提出了一个更为优美的不等式：设$\triangle ABC$的三边为a，b，c，其对应的角平分线分别为t_a，t_b，t_c，则$\frac{1}{t_a}+\frac{1}{t_b}+\frac{2}{t_c}\geqslant\frac{2}{\sqrt{3}}\left(\frac{1}{a}+\frac{1}{b}+\frac{1}{c}\right)$。详细内容见发表于湖北大学主办的《中学数学》1995 年第 5 期的《一个猜想的加强及其证明》一文。

又如，对著名的欧拉定理：设$\triangle ABC$的内切圆半径和外接圆半径分别为r和R，则$\frac{R}{r}$。我进行研究后，将它进一步加强为$\frac{R}{r}\geqslant 2+\frac{1}{2}\left[\left(\tan\frac{A}{2}-\tan\frac{B}{2}\right)^2+\left(\tan\frac{B}{2}-\tan\frac{C}{2}\right)^2+\left(\tan\frac{C}{2}-\tan\frac{A}{2}\right)^2\right]$。其证明过程详见发表于西南师范大学主办的《数学教学通讯》1992 年第 6 期的《欧拉不等式的一个加强》一文。

四、将教学中普遍存在的困惑提升为课题进行研究

教育科研的目的和任务就是为了提高教育教学质量。因此，教育实践是教育

科研课题的源泉，教师研究的课题应源自教育教学实践，即对在教学中遇到的一些困惑进行分析，把一些有研究价值的提升为课题进行研究。例如，我在教学中常常发现学生在遇到数学问题时不知如何进行思考，通过分析发现，这是因为学生对数学思想方法的运用不熟悉，为此，我于1994年确立了“高中数学思想方法及其教学的试验研究”的课题。我在所教班进行了三年的试验，该试验班学生的思维能力得到大幅度提高，高考数学平均成绩比其他班高出60多分（标准分），全校数学高分段（标准分700分以上）的学生全部在试验班上，而且该班在物理、化学成绩方面也高出其他班。可见，课堂中渗透数学思想方法的教学对培养学生的思维能力、提高学生的数学素养乃至科学素养是有效的。该项研究获得了广东省中小学教育创新成果三等奖。又如，针对我区初中学生在初中升高中的考试中，对开放题、探索题、应用题答题不理想的问题，我通过问卷调查、个别访谈等多种形式了解到，我区大部分初中数学教师在平时的教学中不重视这方面的渗透，有少部分初中数学教师虽然知道要在平时的教学中进行渗透，但由于自身能力的限制，不能很好地将教材内容有效地设计或改编成开放性、探索性和应用性的问题，因此，并不能达到理想的效果。针对这样的情况，我们确立了“寓开放性、探索性、应用性于数学教学中”的课题，并在全区初中数学教师中开展研究，通过三年的研究，我们得到两方面的成果：一方面，我们将初中教材中的一些重要定理、公式、法则等数学事实的引入设计成一些开放性或探索性的问题，将课本例（习）题改编成开放性、应用性、探索性问题；另一方面，则通过开放性、探索性的问题使数学课堂教学更加民主开放，学生的自主性得到更好的发挥。该课题的结题论文《数学知识的学术形态与教育形态的转化》获广东省2003年中学数学优秀论文一等奖，被中国教育学会中学数学专业委员会第十一届年会评选为全国中学数学优秀论文二等奖。

五、从教育主管部门拟定的研究课题中，筛选课题研究

近年来，党和国家高度重视教育科研，国家、省、市教育主管部门或教育研究部门都有一些大的教育教学研究课题要求广大教育工作者积极参与。我认为，应抓住机遇，积极参与这方面的研究，因为上级教育部门组织这样的课题既有专家引领，又有同行交流，对促进教师专业水平的发展最有效。如积极参与由广州市教育局教研室所主持的“教学设计与实施活动”课题。我研究的“现代教育技术下分层合作学习法的构思与实践”则是一种充分利用现代教育技术，以“问题—自主探索—小组研讨—问题解决”为主线，以学生自主探索活动为主体，以教师点拨为主导，以培养学生学习的兴趣和能力为中心，以优化课堂教学为目的，使每一个学生都得到充分发展，以大面积提高教学质量为目标的课堂教学模式。该项目获广州市第二阶段教学设计与实施活动一等奖。《中学数学教师反思性教学研究》（广州市中学数学教学研究会立项课题结题论文）获2005年

广州市中学数学研究会优秀论文一等奖、2005 年广东省中学数学优秀论文一等奖，被中国教育学会中学数学专业委员会第十二届年会评选为全国中学数学优秀论文一等奖；我参与研究的《中学数学评讲课模式的构建和试验》获广州市教学设计实施活动一等奖、广东省优秀论文一等奖，被中国教育学会中学数学专业委员会第十届年会评选为全国中学数学优秀论文一等奖。

六、从新课程的实施中选择课题研究

当前，我国基础教育课程改革正在不断深入，如何将先进的教学理念融入课堂教学中，如何有效地解决课程改革中出现的问题等，这些都需要研究。教师应根据自己的实际情况选择一些需要解决的问题提升为课题进行研究。我分别对研究性学习、资源开发、新课标下教学行为、新课标下高中数学教材各个版本的研究等课题开展研究，部分课题被广州市中学数学教研会立项。

回想二十多年的教育生涯，虽然取得了一些成绩，但我知道，在人生的旅途中还有很多的挑战在等着我，要取得进一步的成功需要付出更多的努力，但我不会退缩，因为我坚信只要拥有对教育事业的执著和热爱，再加上永不气馁的意志，终会取得更加辉煌的成绩。

信念、恒心和永远的追求

——记广州市教育科学研究所李麦浪老师

李麦浪，广州市教育科学研究所副研究员，并任广州市特约教育督导员、中国学前教育研究会学术委员会委员，曾多年工作于幼儿园，现主要从事学前教育研究。李老师曾荣获由教育部、人事部授予的“全国优秀教师”称号和其他如“广州市好园丁”“广州市岗位女能手”“广州市优秀教师（优秀教育工作者）”等多项荣誉称号。在学术研究上，李老师曾主持过中国学前教育研究会“十五”规划课题“学前儿童图书阅读与指导”、广州市教育科学“十五”教育科研重大课题“儿童早期教养和发展的行动研究”等多项课题的研究，先后在国家级、省市级的报纸杂志上公开发表学术论文多篇。研究成果多次获奖。如《对影响幼儿走跑跳能力相关因素的分析》于2003年获中国学前教育研究会学前儿童健康专业委员会学术论文评比二等奖；“学前儿童图书阅读与指导”于2005年获中国学前教育研究会“十五”优秀研究课题奖；《构建开放式的学前教育社会化新网络》于2005年获广州市第五届优秀教学成果三等奖等。

从十几岁到几十岁，从幼儿园教师到教育学副研究员，这不仅是一个人年龄的增长与岁月的变更，更是一个人价值的展现与升华。以李老师个人专业成长和发展为主线，去阅读她的教育、科研经历，可引发我们更多的思考。

一、默默耕耘，精心育苗

家庭的熏陶，是李老师投身幼教事业的基础。李老师的母亲以前是幼儿园园长，为幼儿服务了五十多年，李老师就是在母亲的影响下喜欢上了学前教育这份工作的。小时候，李老师常常看到母亲与幼儿共同游戏、学习、生活，被那有趣的故事、活泼的幼儿、生动的教育深深吸引着，从那个时候开始，她幼小的心灵便暗暗下定决心要当一个幼儿教师，并一直追求着这个梦想直至现在。当1977年恢复高考时，只有她一个人选择这个专业，坚定不移地选择了学前教育这条路。

李老师认为学前教育有巨大的吸引力，儿童心灵的那种纯净、天真、活泼总会让人有积极向上的力量。一个人可能会随着年龄的增长而衰老，但保持童真是一件非常快乐的事情。正因为有着爱儿童的心，还有做事认真负责的精神，她在幼儿园工作期间是全身心投入的，没有一丝一毫的马虎。

李老师认识到幼儿是正在迅速发育和成长着的人，而不是已经成熟和能独立地面对社会生活的人。因此，她在担任班主任的时候，处处为幼儿着想，以“妈妈老师”的角色给予幼儿无微不至的关爱，关心幼儿比关心自己的孩子更多；对新入园、还不适应幼儿园生活的幼儿耐心体贴，对身体不舒服、情绪欠佳的幼儿细心照顾，对体弱多病、经常需要吃药的幼儿精心护理，让幼儿园变成一个充满温暖的大家庭。而身为幼儿园老师的她，每天心力和精力的损耗很大，可是李老师无论有多累，从来没有一丝埋怨。

李老师在与幼儿共同生活、学习和游戏中，留意观察孩子，了解他们的行为方式和学习活动特点，在尊重幼儿不同个体的人格和权利的基础上，因材施教，创设良好的、适宜幼儿学习成长的环境和教育。因为幼儿发展是一个主动地与周围环境发生作用的，由小到大、由简单到复杂、由低级到高级的变化过程，有其自身发展的速度和规律，不同的儿童，发展的内容、方向和程度都会有所不同。

此外，她还常常带着“幼儿学习什么能终身受用？如何理解和为儿童选择学习的内容？怎样引导儿童进行学习？应追求什么样的学习结果”等问题，去思考教育教学中教师的“教法”与幼儿的“学法”，以整合的观点大胆地改革幼儿园的课程，探索综合主题教育，在这种主题活动中对幼儿渗透健康、社会、语言、科学、艺术等领域的内容，对幼儿实施全面的素质教育。她经常为来自国内外、港澳台、外省市和本地区的学前教育同行们进行幼儿综合主题教育、幼儿语言教育等公开教学，均受到广泛的好评。她还曾多次应香港学前教育联会、香港华人基金会、香港基督教教育学院的邀请，到香港为当地幼儿园教师进行现场教学，有近千名教师参加了培训活动，非常受欢迎。

幼儿园的工作，是李老师人生的一个重要经历。正因为她对儿童的热爱、对工作的无私付出以及过人的洞察力，她争取到了更多的参与学前教育活动的机会，这也为她以后所进行的学前教育专门研究积累了丰富的经验，奠定了坚实的基础。

二、深入思考，潜心研究

1996 年，为了更好地开展学前教育研究，李老师被调到了广州市教育科学研究所。十年来，李老师刻苦钻研，努力接受新信息，主动学习先进的教育理论，更新教育思想，积极探索，不断创新；深入幼儿园教育教学第一线，坚持“以科研促教研”“互助互利”的原则，努力地建立一个能促进幼儿发展、提高幼儿园教育质量、帮助教师专业成长的课题研究网络和研究与学习的共同体，规范课题管理，开展多元指导。正因为李老师对教育事业的执著和努力，她的研究成果累累，其中以下列两项最为突出：

（一）主持了“学前儿童图书阅读与指导”的研究

李老师敏感地发现婴幼儿的图书阅读是学前教育的一个重要课题，已在世界范围内引起很大的重视。在国外，许多发达国家都非常重视婴幼儿早期的阅读问题，并努力进行着广泛的宣传、指导和研究。而在我国，上述的研究还不多，特别是在婴幼儿图书阅读的观察与指导的实践上还需要更多的、深入的、系统的探讨。从1996年开始，她就对学前儿童图书阅读进行研究。

近十年里，她经常下到幼儿园，亲自参加幼儿园的实际教学活动，对学龄前儿童图书阅读的各层次目标、活动内容、指导方法、学具设计等进行研究，发表了不少关于幼儿阅读的文章，而且受到广泛好评。《婴儿早期阅读活动的观察与辅导的研究》发表在《教育导刊》1998年第2期上，并被由中央教科所主办的《教育文摘周报》转载（1998年4月29日），因为此文她应邀出席了在北京举行的“中日儿童发展与社会环境”研讨会，并作书面发言，此文还被收入研讨会的论文集中；《2～3岁婴幼儿图书阅读特点及影响因素的分析研究》发表在《学前教育研究》1999年第4期上，此文曾获广州市哲学、社会科学优秀成果三等奖。此研究还于2002年成功申报为中国学前教育研究会“十五”规划课题“学前儿童图书阅读与指导”，现已结题，并获得了中国学前教育研究会“十五”课题优秀成果奖。

不但发表的文章受到了教育界的认可，李老师还撰写了二十多万字的专著《0岁，阅读的起跑线——学前儿童图书阅读与指导》，现已出版。这本书的出版，无疑让李老师的研究事业更上一层楼。这本书的出版有它的重大意义：当代科学飞速发展，信息时代为我们创造了各种读物，如有声读物、音像读物，电脑及资料储存产品的普及，要求人们有主动学习和独立学习的能力，婴幼儿的早期阅读经验，本身就是主动学习能力与独立学习能力的培养。当今的“世界大战”是人才之战，阅读能力越强，主动学习、独立学习的潜能就越大，所获得的新知识、新信息也就越多，在竞争激烈的社会中才能不断前进。

李老师曾在某幼儿园对大班幼儿进行了为期三个月的图书阅读训练，发现此时进行训练为时已晚，许多不良的阅读习惯已经形成，且较难纠正，需花很多的时间去辅导，严重地阻碍了幼儿阅读能力的发展。因此，李老师提出了图书阅读必须从0岁开始，让孩子养成图书阅读的良好习惯。她在这方面花费了大量的时间，终于皇天不负有心人，迎来了专著的出版。她感到最欣慰的是会有更多的人读到这本书，那么就意味着有更多的家长明白如何指导婴幼儿阅读，相信这本书就像一颗种子，将在全国各地不同的地方开出“娇艳”的花。

这本书的出版，背后所隐含的辛酸也许只有李老师自己才能体会。在谈及这段写书的过程时，李老师这样说：研究真的是一件非常艰苦的事情，必须要一点一点地去摸索、思考，不能操之过急，要沉得住气，也要耐得住寂寞。因为成功要经过一步一个脚印的努力，成果要一点一滴地积累。所以写一本书也好，做一个研究课题也好，都必须能够经受得住时间的考验和精神的磨炼。李老师的坚持，终于让她看到了雨后的彩虹。

（二）主持广州市“十五”教育科研重大课题

近年来，李老师主持广州市“十五”教育科研重大课题“儿童早期教养和发展的行动研究”，对儿童早期教养与发展研究的理论依据、价值观念、实践基础等理论层面进行了探究，对促进儿童早期教养与发展的实施条件、操作模式、方法与途径等实践层面也进行了探索。其间，发表了论文《广州市家庭儿童早期教育现状研究报告》（《中国家庭教育》2003 年第 1 期）《0 ~ 3 岁婴幼儿语言发展与家庭教育的策略》（《早期教育》2003 年第 3 期）《构建开放式的学前教育社会化新网络》（收入《为了每个幼儿的健康成长——纪念中国学前教育百年学术论文集》，江苏教育出版社 2003 年出版）。

此课题现已结题，专家组听取了课题负责人的成果汇报，并进行了咨询，形成如下意见：

此研究的选题具有填补空白的意义，有一定的先进性和现实性。在针对当前儿童早期教育中存在的亟待思考和探讨的问题进行研究的过程中，发现了家庭对社区早期教育的需求日益增大，托幼机构为家庭和社区所提供的早期教育服务有待拓宽，政府及社区对早期教育的发展与管理力度有待加强，社会早期教育机构、师资准入标准有待规范等问题。在此基础上，对早期教育事业发展如何建立政府导向与管理的支持性网络，学前教育机构的辐射性网络，家庭、教育机构的沟通式网络，社区的互动与合作性网络等进行了思考、分析和实践性的探讨，提出了协调式、援助式、沟通式、互助式等合作性的网络建设模式，指出了构建开放式的学前教育社会化新网络的努力方向。

此研究针对目前广州市儿童早期教育缺乏有效操作工具的问题，研制成具有一定代表性、独特性、科学性和操作性的《婴幼儿家庭与社区教养大纲（0 ~ 3 岁）》《教师教育行为评价方案》《彩虹启蒙屋婴幼儿课程（0 ~ 3 岁）“理论篇”》，发表了有一定水平的学术论文、教育心得及婴幼儿活动设计等。

课题的研究涉及面广、任务浩繁、难度较大；研究思路清晰，方法得当，过程完整、规范；研究资料齐全，成果丰富，完成了预期的研究任务。

此项研究成果颇具创新性及推广价值。

三、点滴收获，成功启示

自 1979 年起从事学前教育及教育研究工作二十多年来，李老师无论是在幼儿教师这个岗位上，还是在今天的教育研究的岗位上，她都兢兢业业，在思想上、工作上、业务上都以积极主动、认真负责的态度，保质保量地完成各项任务，做好本职工作，时刻不忘思考，为了幼儿，她几乎付出了她全部的心力。

在幼儿园工作期间，她曾担任班主任、专科教师、教研主任、幼儿园园长等职务，捧着一颗爱心，在尊重幼儿不同个体的人格和权利的基础上，因材施教，创设良好的、适宜幼儿学习成长的环境和教育，还以整合的观点大胆地改革幼儿园的课程，在活动中对幼儿渗透健康、社会、语言、科学、艺术等领域的内容，对幼儿实施全面的素质教育。除此以外，她还经常为来自国内外、港澳台、外省市和本地区的学前教育同行们进行公开教学活动，受到广泛的好评；在市教科所的十年里，刻苦钻研，努力接受新信息，主动学习先进的教育理论，更新教育思想，积极探索，不断创新，主持和参与了多项国家级、省级、市级课题研究。究其成功的原因，主要有以下几点：

首先，有坚定的信念。李老师对儿童的热爱、对教育事业的热爱，一直是她前进的力量，为学前教育工作作出贡献一直是她的追求。所以，她并没有盲目地埋头苦干，而是有目标地投身于她所热爱的学前教育中。她从来不会在某一个研究中半途而废，就是因为她一直都有着这样坚定的信念。有追求、有热情是成功的前提条件。

其次，有恒心。做事情不可以操之过急，必须循序渐进，而且要有坚持下去的决心。正如前面所说的，做研究也罢，写论著也罢，都是一个需要付出努力的过程，都是一个经历高低起伏的过程，也是一个长期的过程。所以，要有恒心与耐心，要有刻苦的精神，要沉得住气，坚持下去，胜利才能属于你。

再次，不断地充实自己。李老师总是说，一个人要不断地更新知识，才能在瞬息万变的社会里站稳脚跟，知识是长久立足和创新工作的支撑点。只有不断地充实自己，才能拥有更广阔的发展空间。而李老师真正地做到了不断充实自己，她从插队农村，到城市读中专、进修学前大专、自考教育管理本科，这个很特殊的学习经历，培养了她“活到老，学到老”的学习观。可以想象，对于要做好本职工作、照顾家庭，还要不断进修发展的她，该需要怎样的一种毅力和耐力，这并不是每个人都可以做到的。

鲁迅说过：“不满是向上的动力。”每登上一个山峰都只不过是人生旅途中一个新的开始。成功是暂时的，追求才是永恒的。李老师还在继续地为她的人生努力着，不肯停歇，因为她说时间总是流逝得太快，我们能做的就是好好地把握它。我相信，李老师定能攀上她人生中的另一高峰……

（执笔：吕玲玲）

职教生涯廿三载　锐意探索开新路

——记广州电子信息学校何文生校长

何文生，广州电子信息学校校长，教龄二十五年，从事职教工作二十三载。何校长先后担任了广州电子信息学校教导处副主任、培训处主任（兼计算机科组组长）、副校长等职务，还兼任了广州市、广东省计算机职业教育部门的一些职务。他所辅导的学生参加全国青少年信息奥林匹克竞赛广州赛区普通中学组比赛，均保持团体前三名，并获多项一等奖。并根据自己的教学经验撰写成论文数篇，还主持编写了校本教材。

立志篇

1948 年 11 月，何校长出生在一个知识分子家庭，童年、少年、青年直至今天都在广州度过。

少年时期，他曾经就读于华南师范大学附属中学，名校严谨求实、蓬勃进取、勤奋刻苦、热爱科学的校风对何校长产生了深远的影响。在这样的氛围下，他努力地学习各门学科，成绩一直非常优秀，其中数学、物理尤为突出，为以后的学习打下了扎实的基础，并立志要努力学习科学技术报效祖国。

和其他那个年代出生的人一样，何校长经历了“文革”十年动乱，失去了受教育的机会，但这并没有消磨掉他的意志，他一直等待着继续深造的机会。“文革”后，经过自己不懈的努力，1978 年他顺利通过高考，进入华南师范大学物理系继续学习，为追求心中的梦想迈出了坚实的步伐。

职业篇

经过四年的苦读，何校长以优异的成绩本科毕业，获得学士学位。在改革开放的浪潮中，他毅然选择了当一名一线教师。起初被分配到广州执信中学任物理教师，后来因为职业中学缺教师，他义无反顾地到职业学校任教，这所职业学校就是今天的国家重点职业学校——广州电子信息学校，而且这一教就是二十三年。

1984 年起，何校长在广州电子职业中学任教计算机课程。从读物理专业到任教计算机，何校长一路过关斩将，当中的艰难困苦只有他自己才清楚。

八十年代初，计算机还是新事物，基础薄弱，识者寥寥。面对计算机知识，何校长要从头学起。当时的电子职中原来并没有计算机专业，何校长到校后才刚建立起计算机科组，而计算机科组组长由他来担任。面对新的专业、新的挑战，他以年轻人特有的自信和胆大心细的性格一一克服了“硬件”和“软件”上的困难，筹措资金、购置硬件、建立机房、编写教材……

就这样，一位教坛新手开始了他对教育事业一生的追求。

教学篇

何校长在谈到做教师的乐趣时，曾说，作为教师，最大的乐趣是能把自己学到的理论转化为实用的技能教给学生，让他们学得实实在在。

在实际的教学中，何校长善于反思、好学善学。

当时职业学校的学生，都是抱着学一技之长，能解决就业问题的心态来学习的，大多数学生都虚心好学、勤学好问，学生的这种心态和表现感动了何校长，更加坚定了他在从事职业教育的同时探索职业教育的决心。

职业教育不同于普通高中的教育，职业教育讲求的是实用的知识和技能的掌握。

刚开始教学时，何校长比较注重理论的传授，然而，一个学生的提问改变了他的看法，他开始思考如何把书本上的理论转化为实用的知识教授给学生，让学生真正得到技能上的提高。当时，何校长教电视机原理，有个学生就集成电路里放大功率向他提出实际的问题。因为之前在高校里学习的也是理论知识，很少涉及实际应用的方面，所以，何校长不能立即解决该问题。为了解决这个问题，他边教学边做试验，探索学生容易接受的教学方法，因此对职业教育有了一个更深层次的了解。

1984 年起，何校长开始担任该校计算机课程的教学工作，当时的计算机教学主要局限在语言教学方面。到工作岗位上，何校长意识到，学校学习的知识只是很少的一部分，要胜任所担任的工作，还需要自己不断地学习钻研，他充分利用有限的时间，边学边干，边教学边研究，先后承担了“BASIC 语言与 DOS”“程序设计基础”课程的教学。

当时有学生提出，能不能教授一些判断计算机故障、排除故障、实用维修等方面的知识，何校长听后，觉得这个提议很好，而且这些知识也很适合职业学校的学生学习，经过思考之后，“微型计算机原理与检修”“单片机原理”“微处理器及其在家用电器中的应用”等多门课程相继开设并受到学生好评。其间，他所辅导的学生参加全国青少年信息奥林匹克竞赛广州赛区普通中学组比赛，均保持团体前三名，并获多项一等奖。

教学工作有起色后，何校长把自己的教学经验撰写成论文，初步有了自己在教学上的研究成果，如《职业学校开设电脑课初探》《试论电脑教学中知识结构与认知结构的统一》。

从二十世纪九十年代起，他先后担任了学校教导处副主任、培训处主任（兼计算机科组长）、副校长等职务，还兼任了广州市、广东省计算机职业教育部门的一些职位。

工作职位的变化，使得他肩上的责任更重了，也增加了不少的压力。同时，由于工作需要，何校长经常外出，深入工厂、企业，广泛接触社会各界人士，与许多技术人员、管理人员成了朋友。当中的所见所闻，使他触摸到了广州市场经济大潮的脉搏，职业教育的观念也有了彻底的转变。

在频繁的外出调研中，何校长领悟到当时职业学校的毕业生动手能力差、基本技能不过硬的问题根本原因在于：学校的专业设置、课程设置、教学方法、技能训练、实习形式等各个方面都有问题，基本上还是沿袭传统普通中学和高等院校的一套，与企业的实际严重脱节。

经过深思熟虑，何校长认为，职业教育的出路是：打开校门，走进社会，以市场为导向，以能力为本位，培养适合企事业需要的高素质的应用型人才。思路理清后，何校长和计算机组的同事们一道努力，用“吃螃蟹的精神”，对以上各方面进行了一系列大刀阔斧的改革。

从此，广州电子信息学校掀起了一股劲头十足的教改热。

在专业课程设置方面，何校长根据社会经济形势发展的趋势，在做好调研、论证的基础上，主持建立了“计算机系统网络”和“电子商务”专业，为此建成了“计算机网络”和“电子商务”实验室。充分反映了该专业实验、实习特色，实行分级分组管理，紧跟世界计算机应用发展的潮流。

同时，该校还先后增开了“C 语言”“网络管理技术”“多媒体技术”“微机维修”“Visual Basic”“SQL Server”“JAVA 构件技术”“Photoshop”“网页设计”“电子商务基础”“网站维护”等课程。这些课程设置适应了社会经济的发展，及时满足了企事业的需求，很受欢迎。

在教学方法改革方面，何校长充分认识到，传统的教学存在过分强调概念构建、原理推导，不重视操作应用，方法单一的问题，不利于调动学生的学习积极性、主动性。何校长提倡理论以够用为主，在教学中着重培养学生的应用能力、操作能力。

在“软件蓝领”课题的带动下，何校长和其他一线教师共同研究，在现代教育理论指导下，进行多角度、多方位的探索，实施了“任务驱动教学法”“项目教学法”和“案例教学法”。这些教学法都是新的尝试，是在改革中探索出来的适合职业学校学生的方法。

“任务驱动教学法”是基于建构主义理论的一种教学理念和模式，教学过程是提出任务→分析任务→认知建构→评估认知→完善认知，以学生为中心，强调对学习环境的设计，重视情景和协作学习对意义建构的重要作用，具有主动性、情景性和体验性的原则。

“项目教学法”是在建构主义的指导下，以实际的工程项目为对象，先由教师对项目进行分解，并作适当的示范，然后让学生围绕项目分组进行讨论、协作学习，最后以共同完成项目的情况来评价学生是否达到教学目的的一种教学方法。

“案例教学法”通过具体事件的分析来促进学习，最突出的优点是学生在学习过程中扮演了更为积极的角色，教师与学生的关系是“师生互补、教学相辅”。

在技能训练改革方面，何校长和科组的同事改变了过去教学中重理论轻实践的倾向，突出了动手能力的训练，使学生有一半以上的时间从事计算机操作与程序设计实践，并鼓励学生积极考取上岗证。这一系列的措施，促进了教学质量的提高。

在实习形式改革方面，何校长和科组的同事注重实习的实用价值，围绕为当地经济服务的宗旨，与社会生产紧密结合，突出一个“专”字，落实一个“用”字。计算机专业从一到三年级设置了与理论课程相适应的系列实习课程，采取与生产、技术服务结合的形式，与企事业单位联系挂钩，开展有偿服务，变消耗型实习为创收型实习。九十年代，学校先后接受了“羊城杯质量选票统计”“初中会考成绩统计”“东山区公安分局户籍统计”的任务；接受了广东高教出版社、教育印刷厂《电脑》杂志社的排版业务，完成了四本书共二百六十万字的排版任务；接受了“广州市儿童免疫金卡工程”五十万条记录的录入、校对任务。这些任务都完成得很出色，均受到有关部门的好评。

科研篇

何校长从八十年代起，就开始了他的教学研究之路，撰写教学论文、编写实用教材。

1984 年，何校长第一次进行编教材的工作，当时主要是参考高校的教材，编出来的教材大多理论性强、系统性强，学生学起来较难。何校长吸取了这方面的经验后，在第二次编教材时，就注意把实用的例子、教学的体会融入教材，还以省内外同类教材做参考，力求从多角度、多方面考虑教材的编写问题。而且，何校长根据计算机知识、技术更新得快的实际情况，对教材一年进行一次改动，确保教材能跟上时代的步伐。

进入二十一世纪，我国严重缺乏软件业的低端人才，这引起了政府部门的高度重视，启动“技能型、紧缺型人才培养工程”。广东省早在 2001 年就开始着手研究有关培养软件产业低端人才——“软件蓝领”的工作，并由广州电子信息学校牵头，何校长为该课题组的组长，该课题历经五年的时间，于 2006 年 4 月结题。

在整个课题的研究过程中，何校长顶住了来自各方面的压力，冲破重重难关，迎来了学术研究上的又一个春天。

起初，他对“软件蓝领”也没什么概念，对职业中学能不能培养出“软件蓝领”心里面也没有底。为了弄清思路，确定培养目标和改革方向，他分别对广州天河软件园和珠海南方软件园十多家较大型软件企业进行了为期三个月的调查研究，了解到企业非常需要“软件蓝领”，职校学生大有就业前景，还到印度考察过著名的NIIT公司和TATA公司，在此期间，他也明确了“软件蓝领”的概念，“软件蓝领”指掌握计算机硬件、网络基础知识，有一定的英语水平且掌握三个层次的计算机语言的人。根据调研所得，何校长领导的课题组制定了中职“软件蓝领”教学计划和教学大纲，确定了课程设置。

确定了教学计划和教学大纲后，下一步就是着手编写教材了。

起初，编写教材的工作是由中山大学、华南师范大学、华南理工大学等知名大学的教授编写的，教材编得很优秀，但是对于职业中学的学生而言，学起来有一定的难度，不是每个职业学校的学生都能接受理论性、知识性、系统性很强的教材。这个问题引起了何校长的高度重视，第二次编订教材时，何校长进行了全方位的改革，让职业学校一线教师针对职业学校学生的学习特点来编订教材，编完后拿给知名学校的教授审批。然而，华南理工大学的一位知名教授对他们编写的教材进行了全盘的否定，她坚持认为教材的编写应该给学生一个最完美的理论体系，不可以把理论体系打破，何校长得知这个结果后很惊讶，以他多年从事职业教育的经验，他决定向教授提出坚持自己的看法，坚持使用一线教师自编的教材。后来实践证明，一线教师自编的教材更符合职业学校学生的实际情况，学生更乐意，那位持反对意见的教授在事实面前也渐渐改变了原有的看法。

在此过程中，一线教师参与了编写教材的工作，大大激发了他们工作的热情。在整个课题的影响下，教师们更加积极地投身到教育科研当中去，发表了不少优秀的论文，把实践的结果转化为更高层次的理论。何校长感慨地说：“科研带动教改，从来都没有见过教师以如此大的热情投入到教改过程中去。的确，在此过程中，很多教师的研究能力得到了提升，自身素质也得到了提高。”

在学生方面，学生在“软件蓝领”课题的引导下，其合作精神、团队意识、法律意识得到了进一步的提高。他们感觉到学习并不是枯燥无味的，学习也不是孤立的，而是有趣的、合作的。每次小组合作得出一项合作成果后，同学间的感情就得到了进一步的升华。“软件蓝领”教学改革成功的实施，大大缓解了学校的就业压力，第一届“软件蓝领”课程培养出的学生的就业率就达到100%。

何校长由一位一线教师成为一位学者型、专家型的校长，源于他有一股不断学习、锐意探索的精神。

（执笔：梁梦莉）

奉献和博爱——我心中的工读教育精神

广州市新穗学校　谢永德

谢永德，广州市新穗学校校长，从事工读教育工作近二十载，为广州市新穗学校的主要创办人。作为新穗这所特殊学校的校长，谢校长一直努力规范工读学校的管理，积极培育和营造校园人文环境，不断提高科学化、规范化的教育和管理水平，不断加强管理队伍和教师队伍的建设。在全校师生的共同努力下，学校已探索出“一个制度、两个课堂、三个工程和四个阵地”的德育模式，并形成了“科学、规范、人文”的教育发展理念。他们的口号是“给孩子一次机会，还父母一份惊喜，报社会一厢厚爱”；他们的信念是“每一个孩子都可教育，每一个孩子都应尊重，每一个孩子都可成功”；他们的校训是“礼孝并重，仁爱兼容”。谢校长还十分重视教育科研，先后发表了《道德建构与亮点工程——工读德育教育探索》《新世纪工读教育思考》《校训诠释：礼孝并重，仁爱兼容》《对工读优质教育效能的思考》等数篇全国性的教育教学论文，并积极带领学校教师投身教育科研，带领一批科研骨干撰写了《新穗学校教育辅导手册》，创办了《新穗月报》。新穗学校在广州市、广东省乃至全国均有一定的良好的社会影响（该校现为中国教育学会工读教育分会常务理事单位），受到广州市人大、政协和社会的一致肯定和赞誉。

工读教育是对品德行为偏常、严重违反学校纪律、普通学校难教、家长难管的中学生进行转化的一种特殊的教育，教育的目标主要是为不适应主流学校发展、品德行为偏常或有轻微违法行为的未成年人提供援助服务，培养其健康的心理和行为，发展其学业及职业技能，期盼其长大成人，回归社会。所以从某种意义上讲，从事这种教育的老师更需要一种精神，我就是靠着这样的精神带着广州新穗一步一步走到今天的。

不可动摇的执著——扎根工读

1979 年通过高考，我进入江苏省无锡市教育学院学习。1981 年毕业后，被分配到无锡教育学院附中任教，先后担任班主任、任课教师、少先队大队辅导员。担任大队辅导员期间，由于工作出色，连续三年获得团中央“快乐的中队”优秀活动奖，我多次被评为无锡市优秀大队辅导员，并于 1984 年被评为无锡市少年儿童先进工作者。

1990 年，我支援无锡市工读教育，到无锡工读学校从事“问题青少年教育”工作，从此开始了我的工读教育生涯。从内地到特区，然后又从特区到广州，无论走到哪里，我一直没有放弃过对工读教育的执著追求和热爱。

1990 年，我在无锡工读担任了三年的班主任。三年后，所带的班创造了无锡工读两项历史。其一，这些昔日不学无术的浪子经过三年努力，参加无锡市中考，一次性合格率达 83.6%，受到无锡市教育局表彰（当时我已在深圳）；其二，经过一年跟踪，教育成功率达 100%。

1993 年，我有幸被深圳市教育局召到深圳市参与特区工读学校（深圳市育新学校）的筹建。在深圳期间，我担任过班主任、办公室主任助理、教务副主任、宣教主任等职务，为特区工读教育作出了一定贡献，自己也得到了锻炼。

1997 年，受深圳育新学校校长委托，我被派到广州筹办广州市工读学校。两年后，本该回深圳，但经不住广州市教育局和市府领导的极力挽留，我决定留在广州。短短几年，在市教育局和社会各界的关心和支持下，通过新穗学校老师的共同努力，广州市新穗学校受到家长、社会、学校的普遍赞扬和一致好评。

为了筹备、创建和发展广州的工读教育，我带领着一群同样热心于工读教育的老师们，历经了许许多多的艰辛和磨难：从 1997 年 11 月在南海泌冲劳技学校的一隅，从招收 21 名工读生的工读试验班开始，到现在海珠区石榴岗路 15 号 6 个班 120 名学生；由 7 名教师 1 名教官（其中 5 名是从广州市各中学借调的临时教师）到现在 38 名正式教职工和 17 名临时人员共 55 人。

按照市教育局的规划，新穗学校将建成为在全市、全省乃至全国同类学校中起示范、带动作用的一流工读学校。建成后的新穗学校分普通教育部和职业教育部两块。初中部共设 18 个班 360 名学生，高中部暂定 3 个班 120 名学生。这些可喜的消息让我看到了广州工读未来的希望，同时也更加坚定了自己献身工读教育事业的决心。

臻于完美的追求——严谨与创新

作为一个学校的校长，从 1997 年建校至今，我一直在努力规范工读学校的管理，积极培育和营造校园人文环境，不断提高科学化、规范化的教育和管理水平，不断加强管理队伍和教师队伍的建设，为了提高新穗学校的社会声誉和教育管理效能，提升科研水平和教学质量，我一直在不断探索和实践。

首先是学校的制度化建设。为了达到以法治校的目标，我与学校的中层管理队伍一起，扎根现实，着眼发展，以全面长远发展为主题，实施校务民主管理公开化、教育教学管理科学化和创新研究系统化、学生自主管理模式化，努力塑造具有广州特色的工读特教教育管理新形象，促进广州市工读特殊教育的持续健康发展。比如，完善了校务民主管理公开化机制（包括校领导、中层干部的民主评议监督制度、中层领导岗位民主评议竞争上岗制度），推进了教育教学常规管理的科学化改革制度（如教职工《考勤制度》、工读教师《一日工作常规》、定期的班主任例会制度、《新穗学校教学规范》、《教学工作考核标准》）、学生评课制度、定期组织学生代表座谈会制度、教师业务学习及考核制度等。最终于2005年初步整编出《广州市新穗学校章程》，并交教代会讨论通过。

其次是学校的德育特色工程建设。我根据多年工读教育的实践和经验，总结分析了广州工读的地域和人文特点，带领一班年轻的工读班主任进行了长达八年的工读班级管理实践，初步建立和形成了新穗特有的德育教育模式：①一个制度。学校采用“学分制”进行教育和考核，“学分制”考核内容包括军训、内务卫生、纪律、礼仪、法律法规和学业成绩。学生必须修足最低限额的学分（总学分的60%），才允许毕业和返回原校就读。②两个课堂。其一是学科教学课堂，课程设置与广州市普通中学接轨。其二是教育训练课堂，学校除了开设普教课程外，每周还增设了行为训练课、静坐教育课、法制教育课、心理教育课、军事训练课、生理教育课等。③三个工程。针对学生的实际情况，我校坚持教育人、挽救人、造就人的原则，构建“亮点工程”“道德构建工程”和“社会化教育工程”三个德育工程，做好对工读生的矫治和教育内化工作。④四个阵地。为创造学校良好的校园文化，学校整合党、团组织、德育及心理等各种力量，开拓了特色班教育阵地、法制教育阵地、情感教育阵地、教育科研阵地四个阵地。

再次是工读教育模式和理念的创新。经过几年的努力，我带领新穗学校创造性地建立了适合广州特点的工读生阶段性科学管理体系和注重实效的工读教育管理方式，率先在全国实现了全开放式办学的工读办学模式，奠定了广州工读在全国工读序列中应有的位置，目前我校已经成为中国教育学工读教育分会的常务理事单位，本人也有幸成为常务委员。学校经历了1997年南海泌冲尝试办学的艰辛、1998—1999年校址迁移的风尘、2001—2002年与成人中专合校的尴尬，到现在尽管新校建设尚未动工，但是我们已经具备了工读学校建设和发展的基本条件，并形成了我们自己的“科学、规范、人文”教育发展理念。我们的口号是“给孩子一次机会，还父母一份惊喜，报社会一厢厚爱”。我们的信念是“每一个孩子都可教育，每一个孩子都应尊重，每一个孩子都可成功”。我们倡导“礼孝并重，仁爱兼容”的传统文化理念，创建校园良好的人文环境和校园文化，搭建全人发展、全人教育的成长平台。我们的发展总目标是努力办成一所办学目标明确、办学理念先进，师资水平高、科研能力强，装备水平高、教育手段齐全，在全市、全省乃至全国同类学校中起示范、带头作用的全国一流学校。

学校开办近八年，社会也逐渐了解、理解、接纳并认同工读教育。可以说，学校几乎每天都有打电话或上门询问是否招收学生。每年的新生招生，往往难以满足家长的需求；家长对孩子在新穗学校所取得的进步也给予了充分的肯定，普通学校也惊叹学生在新穗的变化，特别是看到学生在新穗有序的学习和生活而感到欣慰。不仅是广州本市，周边城市和外省的家长也慕名打来电话和上门咨询。香港地区和英国等来访者也给予新穗高度的评价，香港则仁中心、英国伯明翰教育机构都表示要引进新穗的行为训练课程。省、市人大、政协和社会各界的领导也给予新穗学校充分的认同和一致的赞誉。

学校在建设发展过程中，借鉴了中国工读教育前辈成功的经验，结合广东学生的实际，形成了一套切实可行的教育管理模式，无论在新生训练和教育、学生在校的行为表现、老师对学生的认同和评价等方面都达到很好的效果。学生生活有序、情绪行为稳定、班级氛围健康、学校管理顺畅、整体状况良好。所以凡是来参观的家长和原校的领导和老师都惊叹学生在新穗的表现，感觉到学生判若两人。

八年来共有 522 名学生离开新穗学校，经过一年的跟踪，教育成功率达到 97%，超过了全国 85% 的平均水平。新穗学校在广州市、广东省乃至全国均有一定的良好的社会影响，受到市人大、市政协和社会的一致肯定和赞誉。广州市新穗学校在 2004 年 5 月举行的全国工读教育年会上被选为中国教育学会工读教育分会常务理事单位。我负责组织编撰的《教育辅导手册》在全国年会上得到高度的关注，是目前全国仅有的具有很好参考价值的工读教育指导性读本。

充满人生的行囊——激情与反思

记得朱永新教授说过，他心中的理想教师应该是一个胸怀理想、充满激情的教师。在我看来，做一个校长，本身就应该首先做一个好老师，并希望自己成为工读教师的榜样，努力地使理想与激情成为学校整个教师群体的内在精神指向。在这一方面，我有两点是引以为豪并会坚持不懈的：

首先，一所好学校，需要有一支好队伍。工读教育对广州人来说一直是比较陌生的，新穗学校的特殊性使得招聘困难、质量相对受限制，而且新分配来的师范大学毕业生，在大学并没有接受过任何特殊教育专业理论和实践的培训。因此，占新穗员工 70% 的新教师在进新穗前对工读教育是一无所知的。面对这种情况，我着手制定了《工读教育 ABC》务实手册，对新教师进行“特教速成培训”。工读生进校后，我常常深入班级，在实践中为教师排难解惑。我主持制订的《新穗学校教师资格培训计划》为我校教师队伍培训，为提高广州工读师资的整体素质起到了关键作用。教师是人类灵魂的工程师，必须具备高尚的师德，学校非常重视师德教育，重视引导教师爱岗敬业，爱生乐教，倡导奉献、乐教的新穗校风。在对待人才方面，唯贤是举、唯才是任，大胆选用年轻有为的教师担负重任。如今新穗学校教育工作中最关键的是班主任岗位，学校的班主任都是两三年前走上岗位的新秀，而学校教务部门和人事部门也已经由年轻的中层干部独立支撑起来了。由于办学效益显著，社会影响广泛，《羊城晚报》《广州日报》《南方日报》《南方都市报》《新快报》、广东卫视台、广东省电台、广州电视台、中央电视台等许多新闻媒体都对我校的经验作了专题报告，从正面肯定了我校的办学成效。而且，新穗（工读）的成功带动了广州地区乃至珠三角的工读教育的发展，许多地区都纷纷以新穗为模本，提出建立“新穗”式学校的规划。

其次，我重视科研，并以科研带动学校的改革和发展。新穗学校建校伊始，我将“科技兴校、科技兴教”作为学校发展的重点，鼓励全体教师认真学习现代科学的教育管理理论和方法，苦练内功。我亲自制定的新穗学年教育教学经验总结论文评比条例，规定和规范了特殊学生个案的分析和研究，成为工读教师的“必修课程”。目前学校就“转变管理”开展全校性大讨论，进一步明确提出“科学、规范、人文”的办学理念，使大家充分认识到要改变过去陈旧的说教式的教育模式，工读教育就要引入科学工具，对不同个体进行科学鉴定，运用心理学、行为科学理论等科学方法实施对问题学生的教育。

2005 年 11 月 19 日在南京举行的“把工读学校办成优质教育资源”全国工读论坛上，我就“对工读优质教育效能的思考”畅谈了运用科学工具，掌握科学方法实施工读教育，创建优质工读教育学校的观点，引起了与会者很大的反响。集八年的实践和积累经验，我先后撰写并发表了《道德建构与亮点工程——工读德育教育探索》《新世纪工读教育思考》《校训诠释：礼孝并重，仁爱兼容》《对工读优质教育效能的思考》等多篇全国性的教育教学论文。为了完善学校的管理，总结几年来的工作经验，提升管理层次，2003 年暑期，广州酷暑逼人，我带领一批科研骨干撰写了《新穗学校教育辅导手册》。在我的带领下，新穗学校教师积极投身于教育科学研究中，共撰写论文八十多篇，发表论文于国家级刊物十多篇、省级刊物六篇、市级十二篇，并创办了《新穗月报》，迄今为止，已出版 44 期，通过《月报》和参与全国交流，展示了广州特教的风貌，不少报刊（如《羊城晚报》《中国工读教育》）还转载了《月报》的文章，引起了很大的反响。《新穗月报》受到了工读同行的一致好评。

走进一种境界——奉献和博爱

工读教育是一种特殊的教育，从事工读教育的人们，更多的是需要一种精神，一种为工读而活着的精神，也许我们的工作不为别人了解和理解，但是我们必须要热爱它。这就是我心中的工读教育精神——奉献和博爱。

工读教育是十分辛劳的工作。它不能有八小时的概念，不能有交换的商业意识，只有默默地付出，从而换来成功的喜悦、孩子的微笑、家长的欢心。不记任何报酬、任劳任怨的加班工作，多年来已经成为我的习惯。我们大多数教师尤其是班主任没有上下班的区别，无论是寒暑假，还是每一个周末，大家的心都牵挂着自己的校园，她就像自己的孩子，已经在不知不觉中吮取了所有的情感，只要学校有任何的风吹草动，大家都情不自禁地第一时间冲回校园。曾经因为长期待在学校里的缘故，我还受到了一些同事的误解，可是我从来就没有介意别人的误解，一个将事业视为生命的男人，是不会介意世俗的误解的。

作为工读学校的校长，我常常沉痛于不能帮助更多的家庭解决孩子入学的需求，常常面对家长在办公室里哭泣着恳求而不知所措。为了帮助更多的问题孩子，我一直努力地呼吁有关部门重视对广州市问题少年的综合教育，并且尽自己的一切努力帮助想到新穗就读但因为学位紧张而不能入读的孩子。我曾经专门与江海街居委会建立联系，主动承担帮助周边学校问题少年的教育工作，比如2002年正月初三，我登门去某学生家做思想工作，使他在新学年按时入学上课；我也常常利用周末和休息时间走访各类职业学校和社区，为即将毕业的工读生谋求出路。

我热爱党的教育事业，并深爱工读教育事业。作为校长，我以校为家，规范治校，求实创新，力求为广州的教育事业作出自己应有的贡献，并希望自己继续努力，为广州的工读教育事业乃至全国的工读教育事业作出更多的贡献。

后 记

教师的专业发展要通过一个个教师的具体教育教学行为来实现。不少教师已在教育教学生涯中，将自己对教育的信念、对学生的热爱、对教师专业的理解渗透于他们的教育教学行为中，为教师专业发展的理论研究和实践的推进积累了丰富的生动的资源。鉴于此，“沿海经济发达地区中心城市教师专业发展推进策略与模式研究”课题组在组织编写《教师专业发展》丛书时，便将“优秀教师的成长经历反思”定为一个重要的内容。

本书共包括34名教师的成长案例。这34名教师来自广州市教育界的不同领域，有中学教师、小学教师、幼儿园教师，还有职业学校、工读学校的教师及一些教研机构的代表。本书以教师个人的反思为主要形式，是教师们对自己多年的教育教学生涯的回顾和思考，试图真实再现优秀教师的成长轨迹，为广大教师的专业发展提供借鉴。

本书的整个组织工作由广州市海珠区教育局前副局长郑文勉同志负责，海珠区教育局教研室的李大纲等老师做了大量的协助工作。另外，由于部分教师的教育教学工作繁重，为减轻他们的负担，我们曾派广州大学教育学院2003级小学教育专业的部分学生对教师进行了访谈，并协助这些教师对材料进行了整理。这些学生是：何超华、吕玲玲、黄健宜、梁梦莉、陈凯荧、简欣、黄湘扬等。

本书最后由广州大学教育学院雷晓云统稿，郑文勉定稿。为方便阅读，我们按幼儿园、小学、中学和其他对教师进行了分类，并按姓氏笔画顺序对教师的材料进行了排列，另外，还对每位教师的材料作了一个概括，简要但不全面，仅仅是为了方便有兴趣的读者对相关教师有一个初步的了解。如若不当，还请相关教师谅解。

与其说是一个统稿、定稿的过程，不如说是一个学习、感动的过程；与其说是在阅读一行行文字，不如说是在感悟教师们用心灵谱写的教育诗篇。虽然教师们学校不同、教龄不同、学科不同、研究旨趣不同、教育成就不同、教育教学风格不同，但他们共同拥有对教育事业的执著信念、对学生的热爱、对教育教学工作的认真负责精神、对自我不断超越的追求精神和永不懈怠的行动。他们无怨无悔地将自己的青春、激情和智慧奉献给教育，但同时享受着、体验着、收获着教育带给他们的快乐和幸福，一种被学生、家长和社会肯定的快乐，一种自我价值在教育中实现的幸福……这些，在我们看来，已经是鲜活的教师专业发展。

最后需要说明的是，由于编者水平有限，定有不少纰漏和缺憾，恳请相关教师和广大读者批评指正。

编者

2007年3月